本书为教育部人文社会科学研究规划基金项目"现代汉语语法复杂性计量研究"（18YJA740033）中期成果

本书出版受南昌师范学院博士科研启动基金项目（NSBS-JJ2015031）资助

李为政 ◎ 著

弱任意观研究

基于词义基因的汉语起源

禙原詒

中国社会科学出版社

图书在版编目(CIP)数据

基于词义基因的汉语起源弱任意观研究／李为政著. —北京：
中国社会科学出版社，2022.7
ISBN 978-7-5203-9536-6

Ⅰ.①基… Ⅱ.①李… Ⅲ.①汉语—起源—研究 Ⅳ.①H1-09

中国版本图书馆 CIP 数据核字(2022)第 012158 号

出 版 人 赵剑英
责任编辑 宫京蕾 周怡冰
责任校对 朱妍洁
责任印制 郝美娜

出 版 中国社会科学出版社
社 址 北京鼓楼西大街甲 158 号
邮 编 100720
网 址 http://www.csspw.cn
发 行 部 010-84083685
门 市 部 010-84029450
经 销 新华书店及其他书店

印刷装订 北京君升印刷有限公司
版 次 2022 年 7 月第 1 版
印 次 2022 年 7 月第 1 次印刷

开 本 710×1000 1/16
印 张 15.5
插 页 2
字 数 267 千字
定 价 88.00 元

序：无冥冥之志则无昭昭之明

李葆嘉

李为政博士的《基于词义基因的汉语起源弱任意观研究》是一部引人入胜、发人深思的专著。该书的研究领域是"汉语起源"（实际上是"上古汉语单音节词的起源和同源"）问题，涉及作者提出的两个核心概念："词义基因"和"弱任意观"。所谓词义基因，指的是用相同音素表征一组字词（即上古汉语单音节词）的共有义素。如王力《同源字典》（商务印书馆，1982 年）举出的一组同源词：无［miua］、毋［miua］、亡［miuaŋ］、罔［miuaŋ］、莫［mak］、靡［miai］、蔑［miat］、末［muat］、未［miuət］、勿［miuət］，其中的相同音素——声母［m］表征共有义素［+否定］。通常的义素指的是对义位（词汇语义单位）加以分析得到的语义特征，而词义基因则具有相应的语音形式，即某组字词的相同音素所表征的特定义素。如该书中提到的词义基因 {m}，相同音素是［m］，所表征的特定义素是［+无/小］。

至于作者提出的"弱任意观"，意在与"强任意观"相对，指的是汉语"根词"的音义结合是相对任意的，部分是可论证的或者具有理据性。就汉语而言，作者所指的"根词"排除了拟声词、叹词、衍生词、合成词。拟声词、叹词是事物声、人发声的语音摹本，在音义之间具有直接可论证性或理据性。无论是词义引申，还是同源孳乳，衍生词都是次生的，通过考据探源，一般可获知得名之由。合成词更为明确，通过词素分析，即可获知其理据性。

该书的基础工作分为四章，在上古汉语 22 个韵母中，通过词义考证方法，共发现 315 个上古汉语字词具有词义基因 {m}。这些单音节词的本义虽然绝大部分各不相同，但是它们之间所存在的关联义素却可归为两类：一类是"无"之义，包括［+无］、［+消失］、［+空］；一类是"小"之义，包括［+小］、［+少］、［+细］、［+短］、［+低］、［+弱］、［+受损］。该书的理论研究见于第五章"口型说与上古汉语单音词的衍生"。在词义基因 {m} 的基础上，进而论证词语起源于"口型说"的合理性，并结合上古汉语字词衍生过程阐明字词起源（或音义联系）的弱任意观。作者认为，这些以［m］为声母的上古汉语单音节词（包括名、动、形、副），其音义之间的联系体现为发［m］口型的象征意义贯穿其中，其源头（即根词）就是"靡、麼、无、莫₂、未₂、勿₂"。作者由此推定，根词音义之间具有自然属性上的必然联系。作者的研究目标是：确定词义基因 {m} 的存在；论证口型说的合理性；阐明汉语起源的弱任意观。浏览全书，这些目标已经基本上实现。

研读一本新书，就是重新学习和继续思考的过程。该专题研究不易，所涉及的一系列理论问题有必要略作陈述，以推进该领域的探索。

一　关于语言的起源研究

"起源"，事物的最初产生或事物产生的根源。关于"语言的起源研究"，也称之为"语言的发生学研究"（详见 1994 年刊发的拙文《试论语言的发生学研究》），包括人类语言的发生、种系语言的发生（语言亲缘关系）、个体语言的发生（幼儿语言习得）。语言学界通常提及的"语言起源"，一般指人类语言的从无到有，也就是人类有声分节语言在远古是如何逐步形成的。《基于词义基因的汉语起源弱任意观研究》列出了多种传统说法：手势说、感叹说、摹声说、口型说（嘴势说）、约定说、游戏说、劳动说等。而作者的最终目标，则是阐明以约定俗成说为主、口型说为辅的汉语起源（语言符号命名）的弱任意观。仔细斟酌这些传统的起源说，可以分为三类：一类是语言符号起源说，如感叹说、摹声说；一类是语言能力或语言行为起源说，如手势说、游戏说、劳动说；还有一类是语言符号的最初命名说，如口型说、约定说。

约定说认为词语的音义联系具有特定社群的约定性，而口型说则认为词语的发音口型（即起首音素）具有象征意义。关于口型说或嘴势说，中国古代就有相关论述。清代古音学家陈澧（1810—1882）在《东塾读书记·卷十一小学》中提出"声象或口形表意说"：

　　盖天下之象，人目见之则心有意，意欲达之则口有声。意者，象乎事物而构之者也；声者，象乎意而宣之者也。……如"大"字之声大，"小"字之声小，"长"字之声长，"短"字之声短。又如说"酸"字如口食酸之形，说"苦"若口食苦之形，说"辛"字如口食辛之形，说"甘"字如口食甘之形，说"咸"字如口食咸之形等。

近人梁启超（1873—1929）在《从发音上研究中国文字之源》（1921）中列出若干音近义通之例，并且进一步提出"发音意味说"：

　　以上所举八十三语皆以"M"字发音者，其所含意味，可以两原则概括之：其一客观方面，凡物体或物态之微细暗昧难察见者，或竟不可察见者；其二主观方面，生理上或心理上有观察不明之状态者。（梁启超，1936：37）

曾任梁启超助教的蒋善国（1898—1986）继承和发展了"发音意味说"，在《汉字的组成与性质》（1960）中主张"口势拟意说"：

　　人类发音器官的运动跟思想有密切的关系。大概发音器官运动时，至少要发生两种感觉：一是触觉，例如唇跟唇的接触，舌跟齿的接触等。二是运动感觉，例如舌的上下，口腔的开闭等。接触的部位有广狭、程度有宽紧，遂发生种种不同的触觉，每一种触觉附带着一种微细的情感；每一种运动感觉也附带着一种微细的情感。这两种情感都直接地表示出意义。由于人类用口势拟意，出现了语音。语音的成立，一方面是有了概念，一方面是有意地使用了口势。……表现甚么概念，就作出什么口势；有甚么口势，就发生甚么声音。概念近的口势近，口势近的声音近，所以"音近义通"。语源或音根便在口势拟意的过程中形成了。例如双唇遮口，气从鼻出的口势说出些遮蔽、模糊等的音字……（蒋善国，1960：258）

蒋善国并用梁启超所举以 m 为声母的 83 例分析为证，依据"口势拟意说"阐述了语源或音根的形成，以及同源字词的音近义通性。

英语中也有音近义通或语音象征的现象。表房子的 house 由 h 开头，诸多含有同一首音的词，其义也与"住处"相关，如 home、hut、hovel、habitat 等。英语表"咔嚓""吱嘎"声音及碾压、痉挛引申义的词，大都以 cr 开头，如 crick、crack、creak、crush、crunch、craunch 等。或者在 cr 上加音以表微殊之意，如 scrunch、scraunch 等。（侯广旭，2012）

1930 年，英国学者佩吉特（Richard Paget，1869—1955）在《人类言语：关于人类言语的性质、起源、用途和可能改进的若干观察、实验和结论》（*Human Speech，Some Observations，Experiments，and Conclusions as to the Nature，Origin，Purpose and Possible Improvement of Human Speech*）中提出，在波利尼西亚语、闪米特语和汉语中发现了大量的手势象征词，反映了发音器官模仿外部世界动态与轮廓的能力，而且交际本身似乎就起源于手势所体现的原始生活基本动作，发音器官的肌肉只不过把这些手势微缩化。朱文俊（2000）由此认为：在综合感觉因素的支配下，发音器官往往对事物的形状、特征或声音进行模仿，声音自然会与被模仿物有着某种联系，即具有一定的象征性。赵维森（2001）提出，汉语的象声表意法有直接和间接之别，间接象声表意法又分两种。第一种，通过发音时的特定口形或气流运动的方式来类比事物的状态，以此语音指称事物。第二种，通过特定发音方式与音调风格的结合，来把握事物的抽象属性并加以命名。

17 世纪以来，欧洲学者热衷于"人类语言起源"问题的思辨，但所提假说皆缺乏实证，或无法验证。因此，巴黎语言学会（1866年）规定："本会不接受任何有关语言起源或发明普遍语言的论文"。该领域沉寂一个世纪以后，现代学者采取跨学科方法加以研究，形成了"演化语言学"这门新学科。20 世纪 50 年代以来，首先是动物行为学家，通过人与猿猴各自沟通系统的对比，探索人类语言产生和演化的生理、认知和社会基础。1972 年，"第一届语言起源和演化北美会议"在加拿大多伦多召开。20 世纪 90 年代以后，演化生物学、遗传学、分子人类学、神经科学、认知科学、考古学、人类学等更多学科，加入到语言起源与演化研究中来。1996 年，"第一届语言演化国际会议"在英国爱丁堡举办。当今演化语言学研究有两个分支：一是研究人类如何获得语言能力；一是研究人类语言如何演变。前者主要综合现代生物学、语言学、考古学、古人类学等相关学科的成果，探讨人类的语言能力是怎样、为何以及从何更早系统中产生的；它又是怎样从何时、为何经过一系列的修正之后，成为我们这样的现代语言的。后者则借用生物进化论的模式和方法，解释语言演变的各个环节。

我们说到的"汉语起源"，则是指原始汉语在历史上如何形成的。汉语是人类语言的一支，因此"汉语起源"并非从无语言到有语言，而是说，汉语是从什么更古老的原始语言演化（分化或混合）而来。显然，《基于词义基因的汉语起源弱任意观研究》并非针对这种"汉语起源"，而是探索汉语古老字词的命名机制，或得名之由（作者的观点是口型象征及词义基因）。准确地说，这些问题属于原初命名学研究。更简明的说法是，该书是关于上古汉语根词的命名机制及其同源衍生研究。可以推定，这种"声母+义素"的命名机制可能来自汉语的更古老祖语。

二 关于同源字和同源词

同源字和同源词的问题，牵涉到"汉语的基本结构单位"如何称呼。中国传统语言学和百姓日常语言都把汉语的基本结构单位称为"字"。这个"字"，既是文字的"字"，也是语言的"字"。从16世纪末以来，西洋学者的汉语文法学研究也把汉语的基本结构单位称为"字"。1829年，葡萄牙传教士江沙维（Joaquim Afonso Gonçalves，1781—1841）用葡萄牙文撰写的《中国文字和文法技艺》（*Arte China, Constante de Alphabeto e Grammática*），作者自定中文书名为《汉字文法》。直至1907年，章士钊在《中等国文典》始将汉语的基本结构单位改称为"词"：

> 句，集字而成者也。如《孟子》云："齐宣王见孟子于雪宫"，共九字为一句，分视之则为字，合观则为句。……而自文法上视之，则"孟子""齐宣王""雪宫"皆名词；"见"，动词；"于"，前置介词。名词三、动词一、前置介词一，共五词也，是一字可为

一词，而一词不必为一字。泛论之则为字，而以文法规定之则为词，此字与词之区别也。（章士钊，1907：1）

章士钊知道汉语句子集字而成，但他模仿的英语文法是以 word 为基本结构单位，因此就用汉语的"词"对译了英语的 word。此后，刘复（1920）仍然坚持："字是意义的最后的独立的单位，句是意义的独立的单位"。再以后，黎锦熙（1924）不但把英语的 word 对等于汉语的"词"，并且将"词"定义为"表达话语中一个观念的单位"。

长期以来，汉语语法学虽然袭用了"词（word）"，但是基于汉语语感则难免令人生疑。吕叔湘指出：

"词"在欧洲语言里是现成的，语言学家的任务是从词分析语素。……汉语恰好相反，现成的是"字"，语言学家的课题是研究哪些字群是词，哪些是词组。汉语里的"词"之所以不容易归纳出一个令人满意的定义，就是因为本来没有这样一种现成的东西。（吕叔湘，1964：12）

赵元任在《汉语词的概念及其结构和节奏》（1975）中指出，印欧语中的 word 不对应汉语的"字"：

印欧系语言中 word（词）这一级单位就是这一类的概念，它在汉语里没有确切的对应物。（赵元任，2002：892）

在说英语的人谈到 word 的大多数场合，说汉语的人说到的是"字"。这样说绝不意味着"字"的结构特性与英语的 word 相同，甚至连近乎相近也谈不上。"字"和 word 的关系就好比通用"橘子"对译英语的 orange，其实橘子在构造上属红橘（tangerine），与 orange（甜橙）是不同的植物。但由于橘子是中国最常见的柑橘属水果，就像甜橙在其他国家中最常见一样；于是"橘子"这一名称的作用就变成指"最常见的柑橘属水果"了。（赵元任，2002：893）

汉语的"字"（排除联绵词、音译词的字）是音义单位。就语音而言，"字"就是一个可言说的音节，不像西方语言中的音节，仅为 word 的待拼单位；就语义而言，"字"具有特定的语义，可以直接遣词造句，不像西方语言中的 word，还需要乔装打扮。在中国语言文化中，"字"兼有书面和口语基本单位的观念根深蒂固。

凡语义相通、语音相近的字，通过一定的鉴别程序，就可称为同源字。只是受到西方语言学的影响，把汉语的基本结构单位改称为"词"，才有了"同源字"和"同源词"这两种说法。王力的《同源字典》是根据中国传统说法，其同源字也就等同于所谓"同源词"。当然，"同源词"可以分为两种：一种是字形有孳乳关系的，一种是字形无孳乳关系的。由此也就有了"同源词"内部的"同源字"和仅为"同源词"的区分。

三　关于"词义基因"

所谓"词义基因"只是一个比喻。如该书中提到的 {m}，也就是一个在上古汉语中具有能产性的"音义素"（音素+义素）。在日常认知中，事物的最基本特征是形貌。人们可以通过形貌特征去认知（既与其他形貌的事物相区别，也与形貌类似的事物相联系）事物，也就可以通过形貌特征去给事物命名（认知联想）。反之，如果这些形貌特征成为命名要素，也就成为该类字词进行语义分析时提取出来的基本义征。一般而言，事物的特征通常用形容词表达，形容词也就是形貌特征范畴。西非的伊博语（Igbo）中只有八个形容词，分别表示"大—小；黑（明）—白（暗）；新—老；好—坏"，事物的其他属性则用其他词类加以描述。换而言之，这个八个形容词（4 对范畴）也就反映了伊博人对事物形貌特征的最基本认知：形体范畴（视觉）、明暗范畴（视觉）、时间范畴（视觉）、评估范畴（心理）。由此观之，该书中提到的词义基因 {m}（音素 [m]，义素 [+小/无]），属于人类早期最广泛感知的事物基本特征。

也许，作者所秉持的口型说或口型象征意义说，在这类最基本语义范畴（"小/无"）中才可以见到。汉语表示"大"的口型或语义基因，是否存在呢？或者，除了这 315 个上古汉语字词具有词义基因 {m}，

其他含有声母［m］的上古汉语字词蕴涵的是什么词义基因呢？进一步
而言，以其他声母开头的上古汉语字词，是否也蕴含其他类型的词义基
因呢？此外，如果汉语古音构拟体系（比如复辅音声母）不同，这一
语义基因｛m｝是否需要调整呢？

　　根据目前的研究，我们只能说，在315个含有声母［m］的上古汉
语字词中发现，它们的含义都蕴含了义素［+无/小］。而关于这方面的
研究，梁启超的"发音意味说"则为先行。作者的词义基因｛m｝与梁
启超所提出的以声母 m 的两个意味原则可以对比。

四　关于词源学说

　　词语的来源——词源或语源——从古代开始，就是学者们冥思苦
想、争论不休的问题。古印度最早的语言学著作，是作者难以确定的
《尼捷荼》（Nighaṇṭu，意译"词汇表"）。据玄应《一切经音义》卷二
十三："尼捷荼书，此即异名书也，如一物有多名等"，可知其研究的
是同义词（还有同音异义词、诸神名字）。公元前6世纪，古印度学者
雅士卡（Yāska）注释《尼捷荼》，题名《尼卢致论》（Nirukta，意译
"词源学"）。雅士卡把其前辈娑迦吒衍（Śākaṭāyana）提出的"名词
都派生于动词"奉为词源学的信条，确立了由动词推求名词的法则。雅
士卡提出，所有的词都可以缩减至其原始要素——语根，每个词都可以
追溯其词源，只要词义相应，其音同则词源亦必同。（详见饶宗颐，
1984）公元前4世纪，巴尼尼（Pāṇini）的《巴尼尼经》（Pāṇ
inisūtras）发扬了雅士卡的思想，认为词可以析为词根、词缀、词尾；
一个词加上词素或与别的词复合可构成新词。

　　公元前4世纪，古希腊哲人之间出现了关于名称和事物之间关系的争
辩，形成了名称是按事物本质命名的"自然派"与名称是按人为规定命
名的"约定派"。赫拉克利特（Heraclitus，公元前530—前470）主张，
名称与事物是自然结合而成。德谟克利特（Democritus，公元前460—前
370）认为，名称出于无规可循的约定。克拉底鲁（Kratýlos，公元前5世
纪后期）坚持，事物的名称源于人们受到的自然刺激，是根据其性质赋
予的。赫莫吉尼斯（Hermogenes）强调，事物的名称出于惯例和习俗。柏
拉图（Plato，公元前429—前347）提出"标签"说，不管名称是按本质

还是按约定，词语都可以视为贴在事物上的标签。而亚里士多德（Aristotle，公元前 384—前 322）则提出"意义"说，在语言和现实世界之间存在思想的中介，词语是"情感的符号、灵魂的印象"。公元前 3 世纪，斯多噶学派继承了自然派的观点，而亚历山大里亚学派则继承了约定派的观点。斯多噶学派认为词语应与物质世界有关，词与事物之间存在着某种中介，即表现为感觉的心理映象。在马其顿时代，克拉特斯（Krates，公元前 365—前 285）提出语言是天然形成而不受规则制约的"非系统"。亚里斯塔库斯（Aristarchus，公元前 310—前 230）则提出"类比"说，语言用相似的形式指代相似的范畴，不但具有系统和规则且受制于一定的规律。此后，希腊学者特拉克斯（Dionysius Thrax，公元前 170—前 90）的《语法技艺》（*Téchnē Grámmatiké*）包括词源探讨。罗马学者瓦罗（Marcus Terrentius Varro，公元前 116—公元前 27）的《拉丁语研究》（*De Lingua Latin*）也包括词源学研究。在欧洲，词源学研究一直延续到 19 世纪。中世纪的代表作是在君士坦丁堡汇编的百科全书式的《词源集》（Ἐτυμολογικòν，850）。17 世纪的代表作是尼德兰学者沃西乌斯（Gerardue Vossius，1577—1649）的《拉丁语词源集》（*Etymologicon Linguæ Latinæ*，1662）、英国学者斯金纳（Stepheno Skinner，1623—1667）的《英语词源集》（*Etymologicon Linguæ Anglicanæ*，1671）。18 世纪的代表作是英国学者莱蒙（George W. Lemon，1726—1797）的《英语词源或英语派生词典》（*English Etymology*；*or，a Derivative Dictionary of the English Language*，1783）。

在中国，东汉训诂学家刘熙（活动于 2 世纪，汉献帝建安末年去世）在《释名》中提出"名之于实，各有义类"，欲以声训"论叙指归"。刘熙一方面探索"名源"，研究事物的命名原则；一方面探索"音源"，以音同、音近的词互相训释。至宋代，王圣美（宋神宗年间人）创"右文说"，其后王观国（宋徽宗政和九年进士）、戴侗（1200—1285）以及明人黄生（1622—?）等都支持这一说法。清代小学大倡，右文说进一步得到发展，但时有偏颇。段玉裁（1735—1815）《说文解字注》提出"凡从某之字皆有某某义"，黄承吉（1771—1842）《字义起于右旁之声说》中所论"古书凡同声之字皆为一义"，皆失之以偏概全。程瑶田（1725—1814）在《果裸转语记》中基于语根［gl-］、［kl-］，将音义相近的 250 个词丝联绳引，提出"声随形命"之说。至于近世，沈兼士（1887—1947）在《右文说在训诂学上之沿革及其推阐》（1933）中，对右文说进行了系统梳理。

五　关于语言符号的任意性

王灿龙在《现代汉语句法语义研究 70 年》中开篇即言：

> 语言约定俗成的本质属性最先为我国先秦哲学家荀子所认识。荀子在《正名篇》中论述名（称）与实（物）的关系时明确指出："名无固宜，约之以命，约定俗成谓之宜，异于约则谓之不宜；名无固实，约之以命实，约定俗成谓之实名。"这里的"名"和"实"即对应于西方现代语言学之父费尔迪南·德·索绪尔（Ferdinand de Saussure）所讲的"能指"（signifier）和"所指"（signified）。索绪尔认为，语言符号的能指与其所指的关系是任意的。这个所谓的"任意性"其实就是约定俗成性。这样看来，荀子关于语言本质属性的认识比索绪尔足足早了 2000 余年。（刘丹青主编，2019：1）

首先荀子（公元前 313—前 238）生活的年代，晚于德谟克利特（Democritus，公元前 460—前 370）和柏拉图（Plato，公元前 429—前 347）的年代，因此"语言约定俗成的本质属性最先为我国先秦哲学家荀子所认识"言之无据。其次，有几个问题需要澄清：（1）荀子《正名篇》中的"约定俗成"含义是什么？（2）荀子的"名"和"实"对应于索绪尔所讲的"能指"和"所指"吗？（3）索绪尔所谓的"任意性"其实就是"约定俗成性"吗？

第一个问题，关于荀子《正名篇》中"约定俗成"的含义，详见拙文《荀子的王者制名论与约定俗成说》（1986）：

> 一些公认的语言学"公理"，其实是权威的谬误和学人的盲从。通过对《荀子·正名》上下文的诠释和"王者制名"论的贯通，澄清了"（王者）约定、（民众）俗成"的本来含义。以己强人、

以今臆古的主观发挥以致曲解荀子"约定俗成"说的原意，胡适是始作俑者，其后的语言学界学人盲从，乃缘于与索绪尔符号任意性原则的攀比。

先师徐通锵教授在《语言论》（1997）中指出：

> 过去一直引用荀子的"约定俗成"的观点，以此证明我们早在两千多年前的这种音义结合任意性的论述，远远早于索绪尔的语言符号任意性的学说。……我们需要从这种理论体系中去考察荀子关于"约定俗成"理论的真实含义，而不能望文生义，以今人的理解代替古人的认识。……李葆嘉（1986）根据荀子的思想理论和语辞结构对此作过具体分析，认为"约定俗成"的"约定"是规定、确定、制定的意思；"俗"字据段注《说文》，其义是："俗，习也。习者，数飞也，引申之凡相效谓之习"，应是"相效"之义；"成"的意思是成就、实行、推广。所以"约定俗成"的实际含义是"王者制名，其民相效"，而不是"人们（或社会）的共同意向决定"。这一解释比较符合荀子正名论的原意。（徐通锵，1997：29—30）

第二个问题，王寅在《"名/实"与"能指/所指"对应的思考》（2006）中指出，先秦的"名—实"与索绪尔的"能指—所指"并非对应术语。拙文《先秦名论：认知—思辨论和伦理—权术论》（2010）进一步加以考证。先秦名论包括道家的认知论"名论"、儒家的伦理论"名论"、名家的王道论"名论"、《墨辩》派的思辨论"名论"、法家的权术论"名论"，由此呈现出认知—思辨论"名论"和伦理—权术论"名论"的两条线索。占主流的先秦伦理—权术论"王者制名、循名督实"的"名实之辩"，本质上是"伦理主义"；古希腊"按规定"还是"按本质"的"名实之争"，本质上是"物理主义"：

> 索绪尔认为：语言符号是一种两面的心理实体，"语言符号连结的不是事物和名称，而是概念和音响形象"。"能指"是符号的

音响形象,"所指"是符号的概念。当代国外学者使用"能指"时已不限音响形象,更多地指语言表达的形式,"所指"也不仅限于概念,而是用来指语言表达的意义。先秦"名论"中"名—实"的两解:①指称之名—指称之物;②名分—实绩,与结构主义符号学的"能指"(音响形象)和"所指"(概念)之间都不存在直接对应关系。因此,"名—实"与"能指—所指"并非对应术语,王寅教授所言极是。

第三个问题,需要追溯索绪尔所言符号"任意性"的来源。梳理结果如下:索绪尔(1907—1911讲授)的符号绝对任意性和相对任意性<辉特尼(1875)的符号任意性和惯例性<斯坦塔尔(1860)的词源遗忘说及音义关系演变任意性。

索绪尔(Ferdinand de Saussure,1857—1913)起初用辉特尼的"约定论"(即惯例性)解释语言符号的属性,即只有约定才能把声音与意义结合成统一体。但他后来觉得,无论声音还是意义,在结合成符号之前都是捉摸不定的。因此,索绪尔将语言符号的属性归结为"任意性"(法语l'arbitraire,其含义是"武断的、任意的"),但并未完全放弃辉特尼的"惯例性"。在将任意性分为绝对任意性和相对任意性时,又以"相对任意性"把"惯例性"纳入。索绪尔断言:"符号的任意性原则没有人反对,但是发现真理往往比为这真理派定一个适当的地位来得容易。"(高名凯译,1980:103)批评辉特尼发现了任意性,但没有贯彻到底。

1875年,美国语言学家辉特尼(William Dwight Whitney,1827—1894)在《语言的生命与成长:语言科学纲要》(*The Life and Growth of Language：An Outline of Linguistic Science*)中写道:

> 人类每种语言中传承下来的每个词都是任意性和惯例性的符号。之所以具有任意性(arbitrary),是因为人们现行语言中数以万计,或者有可能造出来的几万个词中的任何一个,人们都能同样掌握并使用于特定的意图;之所以具有惯例性(conventional),是因为使用这个词而非另一个词,唯一的理由就在于这一事实,这个词

已经为说话者的所在社区所使用。（Whitney，1875：19）

辉特尼并没有摈弃词源研究，而是考证了不同语言中若干词的音义关系。与之不同，索绪尔的看法却是：

　　任意性……不应该使人想起能指完全取决于说话者的自由选择。……我们的意思是说，它是不可论证的，即对现实中跟它没有任何自然联系的所指来说是任意的。（高名凯译，1980：104）

高名凯译文中的"不可论证的"，索绪尔的法语术语是 immotivé（无动机，无理据），也就是说，索绪尔在此不承认词语的形成具有说话者的动机性或理据性。显然，这一看法，违背了人类认知的主动性、场景性和心理联想性，反而给词语的形成蒙上了神秘主义的色彩。

辉特尼的符号任意性，则来自斯坦塔尔的学说。1860 年，德国语言学家斯坦塔尔（Heymann Steinthal，1823—1899）在《语言结构主要类型的特征》（*Charakteristik der Hauptsächlichsten Typen des Sprachbaus*）中提出，就日常语言的使用而言，语音仅仅是一个映射，由此区分了"语言内在形式"的三种类型。语音和词语的词源义都可能被遗忘，从而致使音义关系变得具有任意性（或随意性）。换而言之，词语的音义关系有一个从"非任意性"（存在自然联系）演变为任意性的历史过程。

斯坦塔尔是这样阐述的，人类初始表达发自单纯的情感或直觉，初始表达来自人们天然反应的拟声根词。原始情境中的音义之间的联系是基于情感或直觉的。在语言演化过程中，情感联系渐渐松弛。在感知新的心理内容加以表达的革新中，语言变得越来越具有任意性。（Steinthal，1860：82—83）依据三种不同的"语言内在形式"，语言的发展经历了相应的三个阶段——拟声根词阶段、词源派生阶段以及任意组合阶段。在第三阶段中，自由而有意识地使用语符的特点，使我们失去了起初根词在第二阶段仍存在的词源义知识。（Steinthal，1860：428）"我们现存的语言感知，已经丢失所有根词的词源义以及语言的特定内在形式。"（Steinthal，1860：428）例如，Eisen（铁）或 Bahn（火车）已经变得具有任意性，然而在复合词 Eisenbahn（铁路）中，我

们仍然可以感受到造词时的感知过程。词语的音义关系演变为任意性的
原因在于：

> 因为我们不是用词语，而是用句子讲话。并且因为这样做时，
> 最重要的是主语和谓语的彼此统觉……由此使词语黯然失色，而单
> 个词的单方面统觉就显得模糊不清了。（Steinthal，1860：429—
> 430）

1863 年，法国语言学家布雷阿尔（Bréal，Michel，1832—1915）在
《海格力斯和凯克斯：比较神话学研究》（*Hercules et Cacus*，*Études de
Mythologie Comparée*）中提出，语言演变及其研究的必要条件，就是要
承认词源义的遗忘。布雷阿尔发现，神话中的一些词的音义关系起初相
当透明，但是随着原始义的渐渐遗忘或词源的丢失，语义变化的大门便
敞开了。

1887 年，法国语言学家达梅斯泰特尔（Arsène Darmesteter，1846—
1888）在《基于意义的词语生命研究》（*The Life of Words as Symbols of I-
deas*）中提出，隐喻和转喻是语义变化的最重要过程，它们引发新词义
的产生，而这些修辞手法的运行条件就是词源义的遗忘。（Darmesteter，
1887：45）

> 隐喻的形成过程包括两个阶段：第一阶段，在给后一物体名称
> 时，仍然可以唤起前一物体的形象，隐喻痕迹依然可见；第二阶
> 段，这个名称单独给后一物体并适合使用，前一物体的形象已经遗
> 忘。（Darmesteter，1887：63）
>
> 在词语串联之中，该词语传递给第二个客体时遗忘了其原始
> 义；然后，借助于新特点依次遗忘，将这个名称从第二个传到第三
> 个，依次类推。（Darmesteter，1887：76）

1900 年，德国语言学家埃德曼（Karl Otto Erdmann，1858—
1931）在《词语的意义：语言心理学和逻辑学的边界探索》（*Die Be-
deutung des Wortes. Aufsätze aus dem Grenzgebiet der Sprachpsychologie und*

Logik）中将此种现象称之为"遗忘的艺术"（Kunst des Vergessens）。

综上所述，贯穿 19 世纪下半叶西方语义学研究的主旋律就是——只有遗忘词源，语义演变才有可能。斯坦塔尔的"词源遗忘说"以及"音义关系演变任意性"，在辉特尼那里成为语言符号的任意性和惯例性，而到索绪尔那里，则表述为绝对任意性和相对任意性。

六　关于语言符号的可论证性

1983—1986 年，我在攻读汉语史专业期间，曾反复研读《普通语言学教程》。所撰长文《论语言符号的可论证性》，1986 年 10 月提交"全国青年语法学研讨会"。1994 年春，《语言文字应用》主编于根元先生来南京师范大学召开座谈会并约稿。我将长文一分为二，驳论部分题名《论索绪尔符号任意性原则的失误和复归》，立论部分题名《论语言符号的可论证性、论证模式及其价值》发表。

就《普通语言学教程》的文本自身，索绪尔的任意性原则可以归纳如下：

1. 任意性的含义是所指与能指之间没有自然的或内在的联系（高名凯译，1980：104）

2. 任意性可分为相对和绝对，相对任意性即可论证性（高名凯译，1980：181）

3. 绝对任意性即可论证性的转移或丧失（高名凯译，1980：185）

4. 在一种语言内部，论证性和任意性往返变化（高名凯译，1980：185）

研究某学者的理论，要基于该理论的文本自身，也就是《教程》中怎么说就怎么理解。不宜借题发挥，用自己的理解来发扬光大《教程》的观点，即"代人立言"。其结果必然导致，所说的内容，到底是原作者的观点，还是阐述者的强加，就像对荀子"约定俗成"的误解一样。根据西方阐释学的原则，对以往文本的理解需要重建历史语境，否则就可能误解、曲解。

　　人类是历史的创造者。初民在其历史活动和认知过程中，绝不会对其认知对象的命名漠不关心、任意起名，他们具有认知的能动性、对象的特征性、活动的场景性以及手段的隐喻性、心理的联想性。在人类语言的发展长河中，语言符号的可论证性（或动机性、理据性）是其原生属性，而任意性（或无动机性、无理据性）是语言符号在使用过程中形成的次生属性。语言符号的可论证性原则，为词的内部形式或理据性探讨提供了理论基础。

　　拙文《论索绪尔符号任意性原则的失误与复归》发表后，引发了20世纪90年代语言观大讨论。从那以后，语言符号基本原则的争辩断断续续。大体而言，理论探讨多，而实际研究少。其中，王艾录、司富珍合著的《汉语的语词理据》（商务印书馆，2001）引人注目。

　　无冥冥之志者，无昭昭之明；无惛惛之事者，无赫赫之功。如今，李为政博士采用传统训诂方法，在根词口型说和语义基因说领域展开新的探索，其精神难能可贵，其成果值得玩味。"一箪食，一瓢饮，在陋巷，人不堪其忧，回也不改其乐。"我们这些20世纪80年代成长起来的学人，今已榆桑之晚。中国当代学术的发展全仗"70后""80后"的新生代。

　　希冀更多的年轻学人潜心治学、不断探索，故乐于为序。

东亭李葆嘉谨识

时在 2021 年 4 月 3—6 日

目　　录

绪论 ……………………………………………………………………………… (1)

第一节　研究目标和意义 ………………………………………………… (1)

第二节　研究对象和语料 ………………………………………………… (1)

第三节　全书框架和研究方法 …………………………………………… (2)

第四节　研究综述 ………………………………………………………… (3)

　一　对汉语同源词的研究 ……………………………………………… (4)

　二　对语言起源之约定俗成说和口型说的研究 …………………… (10)

第一章　词义基因 {m} 在 a 等四韵的分布 ……………………………… (15)

第一节　a 韵 ……………………………………………………………… (15)

第二节　o 韵 ……………………………………………………………… (17)

第三节　ie 韵 …………………………………………………………… (29)

第四节　i 韵 ……………………………………………………………… (32)

第五节　小结 …………………………………………………………… (48)

第二章　词义基因 {m} 在 u 等四韵的分布 ……………………………… (55)

第一节　u 韵 ……………………………………………………………… (55)

第二节　ai 韵 …………………………………………………………… (71)

第三节　ei 韵 …………………………………………………………… (75)

第四节　uei 韵 …………………………………………………………… (84)

第五节　小结 …………………………………………………………… (87)

第三章　词义基因 {m} 在 ao 等七韵的分布 …………………………… (94)

第一节　ao 韵 …………………………………………………………… (94)

第二节　iao 韵 ………………………………………………………… (105)

第三节　ou 韵 …………………………………………………………… (109)

第四节　iou 韵 ………………………………………………………… (112)

　第五节　an 韵 ……………………………………………（112）

　第六节　　ian 韵 …………………………………………（118）

　第七节　uan 韵 …………………………………………（125）

　第八节　小结 ……………………………………………（127）

第四章　词义基因｛m｝在 en 等七韵的分布 ……………（134）

　第一节　en 韵 ……………………………………………（134）

　第二节　in 韵 ……………………………………………（137）

　第三节　uen 韵 …………………………………………（142）

　第四节　ang 韵 …………………………………………（146）

　第五节　uang 韵 ………………………………………（148）

　第六节　eng 韵 …………………………………………（151）

　第七节　ing 韵 …………………………………………（160）

　第八节　小结 ……………………………………………（164）

第五章　口型说与上古汉语单音词的衍生 ………………（170）

　第一节　口型说与汉语起源弱任意观 …………………（170）

　第二节　上古汉语单音词的衍生与汉语起源弱任意观………（185）

　第三节　小结 ……………………………………………（216）

第六章　结论 ………………………………………………（218）

参考文献 ……………………………………………………（224）

后记 …………………………………………………………（228）

绪　　论

第一节　研究目标和意义

本书研究目标有三：一是确定词义基因 ｛m｝ 的存在，二是论证口型说的合理性，三是阐明汉语起源弱任意观。本书的写作意义在于：可以就汉语起源问题提供一些与以往不同的思路和结论，略微弥补一下学界在这方面的不足，同时引起人们的关注及思考，以促进对该问题的更进一步的探索。

第二节　研究对象和语料

本书的研究对象是汉语起源问题，涉及词义基因和弱任意观这两个概念，这里需要对它们作出说明。所谓词义基因，指的是存在于单音词语音内部的可以表示与该单音词词义有关联的意义的音素。如王力（1982）举出了一组含有否定义的同源词"无［miua］""毋［miua］""亡［miuaŋ］""罔［miuaŋ］""莫［mak］""靡［miai］""蔑［miat］""末［muat］""未［miuət］""勿［miuət］"。在这组同源词中，都含有一个共同的音素［m］。假如能确定［m］同否定义有联系，那么就可以说 ｛m｝ 是存在于上述八个语音形式中的一个词义基因①。词义基因在汉语中可能有很多，但本书只涉及 ｛m｝。在上古汉语单音

① 由定义可见，词义基因和义素很相似。唯一的不同是，义素没有语音只有意义，而词义基因既有语音又有意义，可以看作一种附带语音的特殊义素。如本书中提到的词义基因 ｛m｝ 的语音是［m］，语义是"无""小"。

词中，[m] 可以充当声母，也可充当韵尾，但本书只考虑充当声母的情形，因为 [m] 只有充当声母，才有可能同否定义挂钩。至于弱任意观，则是指汉语根词的音义结合是相对任意的（占主要地位)[①]、部分可论证的、部分具有理据性（占次要地位）。

由于研究的范围限于上古汉语单音词，所以本书的语料是郭锡良编著的《汉字古音手册》。该手册收了东汉以前（包括东汉）的汉字约11700 个，每个汉字都注出了上古音音标，用起来十分方便。但需要注意的是，上古韵部的某些拟音王力先生在 20 世纪 80 年代以后改动过，这些改动过的拟音和《汉字古音手册》采用的拟音对应关系如下（前者为新拟音，后者为旧拟音）：幽部 [u] →幽部 [əu]，觉部 [uk] →觉部 [əuk]，宵部 [o] →宵部 [au]，药部 [ok] →药部 [auk]，侯部 [ɔ] →侯部 [o]，屋部 [ɔk] →屋部 [ok]，东部 [ɔŋ] →东部 [oŋ]，鱼部 [a] →鱼部 [ɑ]，铎部 [ak] →铎部 [ak]，阳部 [aŋ] →阳部 [ɑŋ]，歌部 [ai] →歌部 [a]。本书采用的是新拟音。另外，本书还涉及了大量古注。这些古注除了《说文》、段注以及《康熙字典》是直接引用外，其余都是间接引用宗福邦等人编纂的《故训汇纂》。

第三节 全书框架和研究方法

全书框架分为绪论、第一章（词义基因 {m} 在 a 等四韵的分布）、第二章（词义基因 {m} 在 u 等四韵的分布）、第三章（词义基因 {m} 在 ao 等七韵的分布）、第四章（词义基因 {m} 在 en 等七韵的分布）、第五章（口型说与上古汉语单音词的衍生）、第六章（结论）等七部分。其中第一章到第五章是主干部分，下面简述每部分的内容。

绪论。

论述研究目标和意义、研究对象和语料、全书框架和研究方法、研究综述等内容。

---

① 就汉语而言，根词排除了拟声词、叹词以及合成词、衍生而来的词。这里衍生而来的词包括表示引申义的词，以及一组同源词中除源词外的其他词等。

第一章　词义基因 {m} 在 a 等四韵的分布；

第二章　词义基因 {m} 在 u 等四韵的分布；

第三章　词义基因 {m} 在 ao 等七韵的分布；

第四章　词义基因 {m} 在 en 等七韵的分布。

以上四章针对以下两个方面进行描写：其一，315 个上古汉语单音词的语音种类及［m］在其中的地位；其二，与 315 个上古汉语单音词的本义关联的义素有哪些，以及这些本义与各自的关联义素之间的关系有哪些。

第五章　口型说与上古汉语单音词的衍生。

在第一至第四章的基础上，阐明词义基因 {m} 确实存在，进而论证口型说的合理性，并结合对上古汉语单音词衍生过程的分析，最终阐明汉语起源弱任意观。

第六章　结论。

对全书内容进行总结。

通过以上分析，可知全书的基本思路如下：首先，假设词义基因 {m} 是存在的；其次，描写［m］在所有可能蕴含词义基因 {m} 的上古汉语单音词音节中的地位以及其语义与这些单音词本义之间的关系；再次，根据描写的事实，证明词义基因 {m} 确实存在；最后，以"词义基因 {m} 确实存在"这一结论为基础，证明口型说的合理性，并结合对上古汉语单音词衍生过程的分析，同时对比口型说和约定俗成说，指出约定俗成说中存在的问题，最终得出结论，即对汉语的起源阐明自己的看法。与基本思路相对应，使用的研究方法主要有归纳法、词义分析法以及比较法。其中归纳法可用于为单音词的本义提供充足的例证，以确定其本义的可靠性；词义分析法可用于分析单音词的词义，以确定某词义中是否含有与词义基因 {m} 相对应的义素；比较法可用于比较各个单音词的语音形式，以确定它们形成的时间先后顺序。

第四节　研究综述

与本书相关的成果比较丰富，主要分为两类：一是对汉语同源词的研究，二是对语言起源的研究。相对于前者而言，后者与本书的关系更为密切。下面逐一对这两类中的一些主要成果来作一下综述。

一　对汉语同源词的研究

（1）对同源词与同源字关系的研究

王力（1982）指出，凡是语音和意义都相近，或者语音相同意义相近的字，叫作同源字。同源字的特点是都有同一来源，并且以某一概念为中心，以语音的细微差别或以同音的手段表示相近或相关的一些概念。在他看来，同源字和同源词是一回事。王力先生对同源字或同源词下的定义学者们一般没有什么异议，但对二者之间的关系，学者们则有不同的看法。主要观点就是同源字和同源词不是一个概念，应区别对待，不能混为一谈。如王宁（1996）就认为，同源字是同源词的书写形式，二者在概念上是不一样的。王蕴智（1993）进一步认为，语音相同或相近，具有同一语义来源的一组词叫作同源词，而读音相同或相近，具有同一形体来源的一组字叫作同源字。可见，同源词着眼于词的音义来源和音义关系，而同源字着眼于字的形体来源及其形义关系。同源词属于词义系统范畴的，而同源字则属于字形系统范畴的。

我们赞成同源字和同源词不是一个概念的看法，同源字和同源词是一种交集的关系。也就是说，有些形式既可以看成同源字，又可以看成同源词；除此之外的其他形式要么只能视为同源字，要么只能视为同源词，不能混淆。王力（1982）所说的同源字实际上都是同源词，都是具有同一语义来源的，但又可细分为两类。第一类从字形上看没有共同的来源，如上文说过的"无［miua］""毋［miua］""亡［miuaŋ］""罔［miuaŋ］""莫［mak］""靡［miai］""蔑［miat］""末［muat］""未［miuət］""勿［miuət］"，这一类只能视为同源词，不能看作同源字。第二类从字形上看有共同的来源，如"右［hiuə］""佑［hiuə］""祐［hiuə］"，这一类既可视为同源词，也可看作同源字。至于"辟""避""僻""壁""譬"，只能视为同源字，不能看作同源词。综上所述，本书将始终使用"同源词"这个述语，而非"同源字"这个述语。

（2）对同源词判断标准的研究

王力（1982）指出，判断同源词，其一是根据古代的训诂，包括互训、同训、通训、声训等几种；其二是根据先秦古音，要求语音相同或相近；其三是根据先秦古义，要求语义相同或相近。王力先生的这个标准影响很大，不少学者在研究同源词时都是依据这个标准，主要着眼于词义和语音，有时还辅以字形（郑振峰、李冬鸽，2005），尽管在表述上有所不同。

值得注意的是，马清华（2012）提出的一种新的判断同源词的方法。马清华认为，以往的语源研究存在着两个明显的弊端：一是语源关系的判断指标缺乏相对确证性，二是满足于对无向语源关系的描写，忽略对语源关系的序列研究，甚至根本无意通过论证来将各条语源链有向串联起来，因而有必要探索一种新的确定同源词的途径。这种新的途径就是利用三种大指标以及下辖的若干种小指标来确定同源词，整个指标系统见表 0-1。

表 0-1　　　　　　　　　　　　确定同源词的指标系统

A. 言外指标		A1. 现实指标
		A2. 心理指标
		A3. 其他言外指标
B. 言内指标（即本系统指标）	B1. 共时指标	B1a. 单纯词词形指标
		B1b. 意义指标
		B1c. 合成词构词指标
		B1d. 语用指标
	B2. 历时指标	
C. 言际指标（即异系统指标）	C1. 泛时指标	
	C2. 非借贷关系指标	

利用上述指标系统并配合数据分析来探讨"日"的语源，可知"日"的语源是"热"，也就是说，"日"和"热"是同源关系，从而否定了传统的"日""实"同源的说法。马清华强调，上述确定同源词的思路是基于系统语源学思想的，它综合运用证实、证伪、计量等多种方法，提出并论证了语源关系的系统指标和语源信度，优点在于可以将语源研究朝有向性、确证性方向推进一大步，从而提升该领域研究的科学水平。马清华的方法虽然复杂，但很严谨，结论也更加可靠。但就目前情况而言，这种新的理论受到的关注还不多，用它研究同源词的成果

更是罕见。所以该理论的适用性如何，还需要更多的相关成果出来后才能有定论。

（3）对同源词本体系统的研究

探讨汉语中究竟哪些词可以算得上同源词的论文和专著汗牛充栋，同源词研究中的绝大部分成果都集中在这一块，可分为两类：一类是对汉语同源词的归纳和分析，如王力（1982）、刘钧杰（1999a、1999b）、殷寄明（2007）等；一类是对专书同源词的归纳和分析，如胡继明（2003）、王浩（2017）等。这些论著梳理出了几百组的同源词，很有参考价值。但本书研究的重点是词义基因，与同源词虽有密切关联，但并不等同于同源词①，所以更值得我们注意的有两点：一是对同源词的分析方法。先看一下王力（1982：81—82）作的一个分析：

kə 改：keaŋ 更（之阳旁对转）

kə 改：kək 革（之职对转）

说文："改，更也。"广雅释诂三："改，更也。"诗郑风缁衣："敝予又改为兮。"传："改，更也。"公羊传庄公三年："盖改葬也。"注："改，更也。"国语晋语三："乃改馆晋君。"注："改，更也。"鲁语下："执政未改。"注："改，更也。"楚辞离骚："何不改此度也？"注："改，更也。"又："来违弃而改求。"注："改，更也。"九章怀沙："前图未改。"注："改，更也。"文选张衡东京赋："春秋改节"。薛注："改，更也。"

易革卦："革，巳日乃孚。"郑注："革，改也。"疏："革者，改变之名也。"书尧典："鸟兽希革。"传："革，改也。"汉书任敖传："故因秦时，本十月为岁首，不革。"师古曰："革，改也。"严助传："愿革心易行。"师古曰："革，改也。"刘屈氂传："终不自革。"师古曰："革，改也。"吕氏春秋执一："天地阴阳不革而

---

① 词义基因与同源词的联系在于二者都是音义结合的，都是与词源有关；区别在于前者是词的语音内部的一个音素与同该词词义有关联的意义的结合，而后者是词的整个语音形式与该词词义的结合。同源词不一定含有词义基因，但含有词义基因的一定是同源词。因为含有词义基因就意味着这些词的语音形式中均有一个共同的音素，这个共同的音素又可以表示共同的语义，如果不是同源词是不可能出现这种现象的。

成。"注："革，改也。"文选张衡东京赋："汤武谁革而用师哉?"薛注："革，改也。"诗大雅皇矣："不长夏以革。"传："革，更也。"左传襄公十四年："失则革之。"注："革，更也。"公羊传成公二年："革取清者。"注："革，更也。"国语周语上："工协革。"注："革，更也。"又周语下："厉始革典。"注："革，更也。"管子山权数："革筑室。"注："革，更也。"吕氏春秋荡兵："武者不能革。"注："革，更也。"楚辞天问："何后益作革?"注："革，更也。"

说文："更，改也。"论语子张："更也，人皆仰之。"皇疏："更，改也。"管子侈靡："应国之称号亦更矣。"注："更，改也。"任法："国更立法以典民则祥。"注："更，改也。"淮南子说林："无更调焉。"注："更，改也。"国语越语上："寡人请更。"注："更，改也。"史记晋世家："更葬矣。"索隐："更丧谓改丧。"孟尝君传："更封传。"索隐："更者，改也。"吕氏春秋似顺："必数更。"注："更，革也。"先识："闻五尽而更之。"注："更，犹革也。"

上面是王力先生对"更""改""革"这组同源词的分析论述。一开始是论述了三者在语音上的联系，然后举了大量古注来证明，目的就是为了说明三者同源。这种先语音后语义的方法对我们很有启发，所以下文在论述具体某个词时，先给出该词的上古音，然后举充足的古注（占大部分）或今人的训诂（占少数）来证明该词的本义，最后陈述[m]在语音上同该词之间的联系以及该词本义同关联义素之间的联系。

二是对同源词的韵与韵之间关系的研究，看一下王力（1982：14—17）的描述：

同类同直行者为对转，这是元音相同而韵尾的发音部位也相同。无韵尾的韵部和韵尾为舌根音-k，-ng的韵部相对应，韵尾为舌面元音-i的韵部和韵尾为舌尖音-t，-n的韵部相对应，韵尾为唇音-p的韵部和韵尾为唇音-m的韵部相对应。例如：

之职对转　[ə：ək]　　　　　　负[biuə]：背[puək]

之蒸对转 ［ə：əŋ］　起［kʰiə］：兴［xiəŋ］

职蒸对转 ［ək：əŋ］　陟［tiək］：登［təŋ］

支锡对转 ［e：ek］　斯［sie］：析［syek］

支耕对转 ［e：eŋ］　题［dye］：定［dyeŋ］

锡耕对转 ［ek：eŋ］　溢［jiek］：盈［jieŋ］

鱼铎对转 ［a：ak］　舍［sjya］：释［sjyak］

鱼阳对转 ［a：aŋ］　吾［ŋa］：卬［ŋaŋ］

铎阳对转 ［ak：aŋ］　逆［ŋyak］：迎［ŋyaŋ］

侯屋对转 ［o：ok］　趣［tsio］：促［tsiok］

侯东对转 ［o：oŋ］　聚［dzio］：丛［dzoŋ］

屋东对转 ［ok：oŋ］　读［dok］：诵［zioŋ］

宵沃对转 ［ŏ：ŏk］　超［tʰiŏ］：卓［teŏk］

幽觉对转 ［u：uk］　鞣［njiu］：肉［njiuk］

微物对转 ［əi：ət］　非［piuəi］：弗［piuət］

微文对转 ［əi：ən］　饥［kiəi］：馑［giən］

物文对转 ［ət：ən］　类［liuət］：伦［liuən］

脂质对转 ［ei：et］　细［syei］：屑［syet］

脂真对转 ［ei：en］　比［piei］：频［bien］

质真对转 ［et：en］　跌［dyet］：颠［tyen］

歌月对转 ［ai：at］　施［sjiai］：设［ajiat］

歌元对转 ［ai：an］　鹅［ŋai］：雁［ŋean］

月元对转 ［at：an］　阔［kʰuat］：宽［kʰuan］

缉侵对转 ［əp：əm］　袭［ziəp］：侵［tsiəm］

阖谈对转 ［ap：am］　柙［heap］：槛［heam］

同类同横行者为旁转。这是元音相近，韵尾相同（或无韵尾）。

例如：

侯幽旁转 ［o：u］　叩［kho］：考［khu］

职铎旁转 ［ək：ak］　逼［piək］：迫［peak］

职屋旁转 ［ək：ok］　踣［bək］：仆［pʰiok］

耕阳旁转 ［eŋ：aŋ］　省［sieŋ］：相［siaŋ］

微脂旁转 ［əi：ei］　饑［kiəi］：饥［kiei］

质月旁转 ［et：at］　　　　质 ［tjiet］：贽 ［tjiuat］

文元旁转 ［ən：an］　　　　焚 ［biuən］：燔 ［biuan］

缉盍旁转 ［əp：ap］　　　　合 ［həp］：阖 ［hap］

侵谈旁转 ［əm：am］　　　　浸 ［tziəm］：渐 ［dziam］

旁转而后对转者为旁对转。例如：

幽屋旁对转 ［u：ok］　　　　雕 ［tyu］：琢 ［teok］

幽沃旁对转 ［u：ǒk］　　　　柔 ［njiu］：弱 ［njiǒk］

幽东旁对转 ［u：oŋ］　　　　冒 ［mu］：蒙 ［moŋ］

微元旁对转 ［əi：an］　　　　回 ［huəi］：还 ［hoan］

月真旁对转 ［at：en］　　　　曳 ［jiat］：引 ［jien］

不同类而同直行者为通转。这是元音相同，但是韵尾发音部位不同。例如：

之文通转 ［ə：ən］　　　　在 ［dzə］：存 ［dzuən］

鱼歌通转 ［a：ai］　　　　吾 ［ŋa］：我 ［ŋai］

鱼元通转 ［a：an］　　　　徒 ［da］：但 ［dan］

职侵通转 ［ək：əm］　　　　极 ［giək］：穷 ［giuəm］

锡质通转 ［ek：et］　　　　递 ［dyek］：迭 ［dyet］

铎元通转 ［ak：an］　　　　莫 ［mak］：晚 ［miuan］

阳月通转 ［aŋ：at］　　　　境 ［kyaŋ］：界 ［keat］

阳元通转 ［aŋ：an］　　　　强 ［giaŋ］：健 ［gian］

歌盍通转 ［ai：ap］　　　　何 ［hai］：盍 ［hap］

月盍通转 ［at：ap］　　　　介 ［keat］：甲 ［keap］

元谈通转 ［an：am］　　　　岸 ［ŋan］：岩 ［ŋeam］

虽不同元音，但是韵尾同属塞音或同属鼻音者，也算通转（罕见）。例如：

质盍通转 ［et：ap］　　　　疾 ［dziet］：捷 ［dziap］

真侵通转 ［en：əm］　　　　年 ［nyen］：稔 ［njiəm］

在同源字中，叠韵最为常见，其次是对转。至于旁转、旁对转、通转，都比较少见。但通转也有比较常见的，例如鱼铎阳和歌月元的通转。

上面是王力先生对同源词的韵与韵之间关系的描述，该描述全面清晰，对本书的写作很有价值，因为它对我们判断上古汉语单音词衍生时间的先后有很大的帮助。

二　对语言起源之约定俗成说和口型说的研究

对语言起源问题的探讨，学者们有过很多的假说。据姚小平（1987），有手势说、摹声说、感叹说、游戏起源说、儿语转化说、本能说、嘴势说、图画说、天赋倾向说、交际需要说或社会需要说、约定俗成说、劳动喊声说以及劳动起源说等十几种。由于本书的最终目标是阐明以约定俗成说为主、口型说为辅的汉语起源弱任意观这种新观点，所以在此只谈约定俗成说和口型说（即上面的嘴势说）。

约定俗成说最早是由索绪尔在其《普通语言学教程》中系统论述的，目前已是学界的主流观点。该说谈的是语言符号的任意性问题，即语言符号从根本上来看，是没有理据的、不可论证的。但对这种观点也存在着一些争论，主要集中在语言符号的可论证与不可论证上，即音与义之间有无自然属性上的必然联系上。岑运强、李海荣（2005）对这些争论作了一个综述，概要如下：

其一，对索绪尔的观点持完全肯定态度。代表性论文有索振羽（1995）。索振羽认为即使对语言共时系统中的任意性符号进行溯源，也不都是可以成为论证的，任意性原则一直都在发挥着作用。在相对可论证的语言符号如派生词、复合词之中，其构成要素仍然是不可论证的，而这不可论证的要素中最典型、最重要的是词根和根词。语言中词根和根词的数量虽然比较少，但它们在构词中起了非常重要的作用。语言符号是有一些可论证性的，但这些可论证性是建立在任意性基础之上的，而非本原的。岑运强、李海荣也持这种观点，并作了补充，认为任意性着眼的是人类语言符号音义之间没有必然联系，而理据性反映的是具体语言中一些词的命名关系：一个是普遍的音义关系，一个是具体的命名关系。同时多次强调要辨别清楚语言符号的绝对任意性和相对任意性，不能将二者混为一谈。

其二，对索绪尔的观点持肯定态度，但有所补充。代表性论文有石安石（1994）。石安石的观点是可以承认语言符号的任意性和可论证性共存，这种共存并不以牺牲对方为代价，任意性是语言的基本属性，可论证性也是。

其三，对索绪尔的观点持完全否定态度。代表性论文有李葆嘉（1994）。李葆嘉认为语言符号具有可论证性，索绪尔的符号任意性原则实际上是个虚构的原则。他指出了索绪尔任意性原则的三个失误，首先是对能指和所指的关系不加历史的探讨，而以一概用任意性来概括；其次是以不同的语言系统之间能指和所指结合关系的差别来证明同一语言系统之内能指和所指结合关系的任意性；再次是把符号的历时演变性与符号的不可论证性混为一谈。

对约定俗成说的赞同和质疑都为我们更好地审视语言起源提供了坚实的理论基础，在第五章我们会分析约定俗成说的不足，同时提出自己的新观点。

最早提到口型说的应该是陈澧。他在《东塾读书记·小学》中有以下论述：

> 声象乎义者，以唇舌口气象之也。（此邹特夫说。）《释名》云："天，豫司兖冀以舌腹言之。天，显也，在上高显也。青徐以舌头言之。天，坦也，坦然高而远也。""风，豫司兖冀横口合唇言之。风，泛也。其气博泛而动物也。青徐言风，蹙口开唇推气言之。风，放也，气放散也。"此以唇舌口气象之之说也。（更有显而易见者，如大字之声大，小字之声小；长字之声长，短字之声短。又如说酸字，口如食酸之形；说苦字，口如食苦之形；说辛字，口如食辛之形；说甘字，口如食甘之形；说咸字，口如食咸之形，故曰以唇舌口气象之也。）（228页）

括号外的部分为邹特夫的话，括号内的部分为陈澧的话。口型说认为口型在语言产生过程中起了极为重要的作用，语言的产生本质上是用口型通过相似性的方式模拟词义，然后发出相应的音。邹特夫举的是《释名》对"天"和"风"得名之由的解释，但这种解释稍显隐晦，很难看作口型说的支撑例证，于是陈澧又进一步举了几个例子来加以说明。"大字之声大，小字之声小"说的是"大"有"广大"义，而发"大"

音时口型张得很大；"小"有"渺小"义，而发"小"音时口型张得较小。"又如说酸字……口如食咸之形"说的是"酸""苦""辛""甘""咸"的味道义都与品尝相应味道的食品时的口型相符：按照吃酸的东西时的口型发出的音就是"酸"，按照吃苦的东西时的口型发出的音就是"苦"，按照吃辣的东西时的口型发出的音就是"辛"，按照吃甜的东西时的口型发出的音就是"甘"，按照吃咸的东西时的口型发出的音就是"咸"。很明显陈澧是意识到了发出一个词的读音的口型与该词意义之间存在着某种联系。

据朱文俊（2000），外国语言学家也曾为口型说提供了一些证据，这些证据大致可分为两类。一类是试验法，即通过做试验来确定口型和语义的关系。如萨丕尔曾经做过一次元音比较试验，他假设 mil 和 mal 两种形式都有意义，都表示桌子，他让被试者判断哪种形式表示大桌子，哪种形式表示小桌子。结果 80% 的被试者认为 mil 表示小桌子，而 mal 表示大桌子，因为他们普遍认为 [a] 象征的东西要比 [i] 大。一类是调查法，即通过调查现有的词汇来确定口型和语义的关系。如叶斯泊森认为，[i] 所在的单词常有小、弱、次、快等意义，如英语的 little、德语的 kleine、法语的 petite、意大利语的 piccola、拉丁语的 minor、匈牙利语的 kis、希腊语的 mikros 都是如此。作者在相关证据的基础上提出了如下看法：

> 人皆有表达之欲望，在表达中起关键作用的是人体各发音器官，如舌、唇、牙、颚、声带等，它们在多感官综合感觉因素的支配下，往往有意或无意地对自然界事物形状、特征或声音进行模仿，在这种再现行为中所产生的声音自然会与被模仿物有着某种联系，具有一定的象征性。这种声音不再是任意的，如同文字符号一样，是人类规定的。自然，与意念有关联的声音，乃人类表达锁链（自然物—感官—综合感觉—发声器官—模拟声音—自然物再现）的一个环节。

作者还举了一系列现代汉语的例子加以说明。比如说，他认为 [a]、[o]、[u] 在发音时舌位靠后，口腔变大并且气流显得浑厚，这对应的是所在的词多有形体大的意味，例子有"大 dà""达 dá""胖 pàng""莽 mǎng""满 mǎn""蔓 màn""泛 fàn""展 zhǎn""涨 zhàng""张 zhāng""瀚 hàn""发 fā"（均含［a］）、"宏 hóng""洪 hóng""鸿 hóng""肿 zhǒng""博 bó""臃 yōng""弘 hóng"（均含［o］）、"鲲 kūn""普 pǔ""溥 pǔ""铺 pū""群 qún""舒 shū""逾 yú"（均含［u］）、"浩 hào""饱 bǎo"（均含［ao］）、"括 kuò""阔 kuò""硕 shuò"（均含［uo］）。而［e］、［i］在发音时舌位靠前，口腔变窄并且气流显得纤细，这对应的是所在的词多有形体小的意味，例子有"细 xì""隙 xì""溪 xī""枝 zhī""滴 dī""仔 zǐ""丝 sī""密 mì""眯 mī""抿 mǐn""粒 lì"（均含［i］）、"尘 chén""粉 fěn""缝 féng"（均含［e］）、"微 wēi""萎 wěi"（均含［ei］）。

汤炳正（2015）对口型说也有阐发，有不少值得重视的观点，看下面这段话：

> 以声纽表义者：如凡"齿头"音的精、清、从、心、邪等纽之发音，乃以舌尖抵上齿（接近上下齿缝之间）而发出 s、z 等摩擦声音，其特征是气流通过舌齿之间而发出丝丝之音，因而使人有纤细或尖细之感。故先民之创造语言，对事物之有纤细或尖细之特征者，多用 s、z 等因素表达之。（8—9页）

接下来，书中又从《说文》里举了一些例证加以说明，如"细，微也""丝，蚕所吐也""纤，细也""韱，山韭也""线，缕""须，颐下毛也""衰，草雨衣""小，物之微也""瑣，玉声（段注：玉之小声也）""佃，小貌"。这些词都属于心纽 s 声，发 s 声时口型偏细，只留一条缝，所以它们也都含有纤细义。

前人对口型说的讨论确实鼓舞人心，但存在以下三个问题：一是缺乏系统观。往往是找出几个独立的例子来对某个音素的口型和含有该音素的几个词的意义之间的关系进行说明而已，没有对该音素的口型和含有该音素的所有词的意义之间的关系进行全面而系统的考察，没有一定数量的例子支撑。因而得出来的结论不免以偏概全，难以令人信服，从而导致了口型说不能成立。本书则系统研究了以［m］为声母的上古汉语单音词共

448 个，涵盖了《汉字古音手册》中有可能具备词义基因 ｛m｝ 的所有成员。二是缺乏历史观。多拿现代语言作为研究对象，但语言起源是很久远的事情，比文字的起源要早得多，所以最起码应该拿离语言起源最近的有文献记载的古代语言作为研究对象，才算合理。从这样一种古代语言到现代语言，经历了巨大变化，同前者相比，现代语言离语言起源在时代上差得更远，不适合作为研究对象。所以，我们选择了上古汉语而非现代汉语的单音词为语料进行相关的分析和探讨①，并且分析和探讨的是这些单音词的本义，毕竟本义才是最接近语言起源的词义，正如上面所举的汤炳正（2015）的分析。三是缺乏辩证观。认为口型说可以独立解决汉语起源问题，所以排斥其他说法。在汉语起源问题上，口型说当然是占据着极为重要的地位的，但汉语起源是一个非常复杂的问题，仅靠口型说难以支撑全部的语言事实，所以有必要结合其他观点尤其是约定俗成说来加以分析。有鉴于此，本书要做的工作就是在较好地解决上述三个问题的基础上实现我们的研究目标。同前人相比，本书的创新之处体现在以下三点，即在坚持系统观、历史观、辩证观的基础上，做到了：

第一，以汉语起源问题为研究对象。

第二，以词义基因 ｛m｝ 的音义为研究视角。

第三，以占主要地位的约定俗成说和占次要地位的口型说构成了汉语起源弱任意观为研究结论。

---

① 之所以选择单音词，是因为上古汉语以单音词为主。

第一章 词义基因 ⎰m⎱ 在 a 等四韵的分布①

第一节　a韵

（1）麻［meai］

《说文·麻部》："麻。与枲同。人所治。在屋下。从广。从林。凡麻之属皆从麻。"段注："（枲也。）麻与枲互训。皆兼苴麻、牡麻言之。（从林。从广。）会意。莫遐切。古音在十七部。（林，人所治也。在屋下。）说从广之意。林必于屋下绩之。故从广。然则未治谓之枲。治之谓之麻。以已治之称加诸未治。则统谓之麻。此条今各本皆夺误。惟韵会所据小徐本不误。今从之。"又《说文·林部》："林。葩之总名也。林之为言微也。微纤为功。象形。凡林之属皆从林。"段注："（葩之总名也。）各本葩作葩。字之误也。与吕览季冬纪注误同。今正。艸部曰。葩，枲实也。颗，或葩字也。葩本谓麻实。因以为苴麻之名。此句疑尚有夺字。当云治葩枲之总名。下文云麻。人所治也。可证。葩枲则合有实无实言之也。赵岐、刘熙注孟子妻辟纑皆云。缉绩其麻曰辟。按辟音劈。今俗语缉麻析其丝曰劈。即林也。（林之为言微也。）林微音相近。春秋说题辞曰。麻之为言微也。林麻古盖同字。（微纤为功。）丝起于糸。麻缕起于林。（象形。）按此二字当作从二木三字。木谓析其皮于茎。林谓取其皮而细析之也。匹卦切。十六部。"《玉篇·麻部》："麻，

---

①　每章单音词的顺序依照《汉字古音手册》。该手册先按照这些单音词的现代汉语读音排列它们的韵，然后再根据每个韵统摄的不同的词进行排列，每个词的上古音也是来自该手册。

枲属也。"《广韵·麻韵》:"麻,麻绂也。"《周礼·天官·典枲》:"掌布缌缕绂之麻草之物。"孙诒让正义:"麻即枲也。"《论语·子罕》:"麻冕,礼也。"刘宝楠正义:"麻者,枲麻,续其皮以为布。"

由上可知,"麻"的上古音是[meai],[m]在其中作声母。"麻"的本义指一种草本植物,原先写作"枛",可以制作绳索和布料。制作绳索和布料的第一步是把麻分成更细的纤维,然后再把它们编在一起制成成品。把麻分成更细的纤维是加工麻中非常关键的一步,而细和微在意义上相通,所以古注中说道:"麻之为言微也。"可见麻的得名之由就在于它常被析为更细的纤维,"麻"的本义同义素"[+细]"紧密相连。

(2)鬖[mea]

《说文·髟部》:"鬖。带结饰也。从髟。莫声。"段注:"(鬖带,)逗。(结头饰也。)各本夺二字。今依西京赋注补。鬖带二字为句。如方言之鬖带。所以绕于髻上为饰者。西京赋朱鬖。薛注。以绛帕额。按薛注帕乃帞之误。帞即鬖字。其字之本义乃饰髻上也。故从髟。(从髟。莫声。)莫驾切。古音在五部。"《说文通训定声·豫部》:"鬖,鬖带,结饰也。"又《髟部》:"绕于髻上为饰者谓之鬖带。"《广韵·祃韵》:"鬖,妇人结带。"《集韵·铎韵》:"鬖,髻饰。"又《祃韵》:"鬖,鬖帓额也。"《文选·张衡〈西京赋〉》:"朱鬖虣髢。"李善注引《说文》:"鬖,带髻头饰也。"

由上可知,"鬖"的上古音是[mea],[m]在其中作声母。"鬖"的本义指用来扎住头发使之成髻的带子。扎住头发使之成髻意味着使原来松散的头发被约束,从而变得更紧凑。从体积上看,自然是由大变小。因此,"鬖"的本义同义素"[+小]"紧密相连。

(3)瘑[mea]

《说文·疒部》:"瘑。目病。一曰恶气着身也。一曰蚀创。从疒。馬声。"段注:"(目病。一曰恶气着身也。一曰蚀创。)凡三义。蚀者,败创也。(从疒。馬声。)莫驾切。古音在五部。"《集韵·谏韵》:"瘑,目疾也。"又"瘑,恶气着身也。"《广雅·释诂一》:"瘑,创也。"

由上可知,"瘑"的上古音是[mea],[m]在其中作声母。"瘑"的本义可能有三种:一指眼病,二指生病,三指溃烂的伤口。由于无法确定三种意思中的哪一种为真正本义，所以这里暂且将眼病视为"瘝"的本义。眼睛有病自然就看不清楚东西，看不清楚东西就意味着进入视野的清晰部分少，因此"瘝"的本义同义素"［＋少］"紧密相连。

（4）骂［mea］

《说文・网部》："罵。詈也。从网。馬声。"段注："（詈也。从网。馬声。）莫驾切。古音在五部。"《说文系传・网部》："骂，谓以恶言加网之也。"《广韵・马韵》："骂，骂詈。"又《祃韵》："骂，恶言。"《释名・释言语》："骂，迫也，以恶言被迫人也。"《慧琳音义》卷二十七："骂，恶言及之曰骂，诽谤咒诅曰詈。"又卷四十一："骂，以恶言相辱也，骂詈也。"

由上可知，"骂"的上古音是［mea］，［m］在其中作声母。"骂"的本义指用难听的话侮辱别人，而侮辱别人则意味着使别人的名誉受损，因此"骂"的本义同义素"［＋受损］"紧密相连。

（5）袜［mǐwǎt］

《说文・韦部》："韈。足衣也。从韦。蔑声。"段注："（足衣也。）左传曰。褚师声子韈而登席。谓燕礼宜跣也。（从韦。蔑声。）望发切。十五部。"《释名・释衣服》："袜，末也，在脚末也。"

由上可知，"袜"的上古音是［mǐwǎt］，［m］在其中作声母。"袜"的本义指袜子，值得注意的是"段注"中的这句话"褚师声子韈而登席，谓燕礼宜跣也"，很明显是把穿袜子同光脚（跣）作对比，这也表明袜子的作用就是为了防止脚露在外面而将其隐蔽起来使之看不见，而看不见则意味着使脚在视野中消失。因此，"袜"的本义同义素"［＋消失］"紧密相连。当然，依据《释名》的说法，"袜"因"末"而得名，袜子穿在脚上，而脚处于小腿的末端，末端则意味着再往下，就不存在小腿了，也就是说，小腿部分就消失了。因此，"袜"的本义仍然同义素"［＋消失］"紧密相连。

第二节　o 韵

（6）模［mua］

《说文・木部》："模。法也。从木。莫声。读若嫫母之嫫。"段注：

"（法也。）以木曰模。以金曰镕。以土曰型。以竹曰范。皆法也。汉书亦作橅。"《说文系传·木部》："模，以木为规模也。"《慧琳音义》卷四十二："模，规形也，掩取象也。"《文选·张衡〈归田赋〉》："陈三室之轨模。"李善注引《毛诗》笺云："模，法也。"又《张协〈七命〉》："奇锋异模。"李善注引《毛诗》笺曰："模，法也。"

　　由上可知，"模"的上古音是［mua］，［m］在其中作声母。"模"的本义指把材料压制或浇铸成型的工具。成型后的成品由于同该工具形状相似，所以"模"后来可以引申出"法式""规范""模仿"等义。又因为形状相似意味着差别小，因此"模"的本义同义素"［+小］"紧密相连。

　　（7）谟［mua］

　　《说文·言部》："谟。议谋也。从言。莫声。虞书曰。咎繇谟。"段注："（议谋也。）释诂曰。谟，谋也。许于双声释为议谋。诗巧言假莫为谟。（从言。莫声。）莫胡切。五部。（虞书曰。）曰当作有。（咎繇谟。）谓自曰若稽古咎繇至帝拜曰往钦哉一篇也。"《说文系传·言部》："虑一事画一计为谋，泛议将定其谋曰谟。"《希麟音义》卷十："谟，议也。"《尔雅·释诂上》："谟，谋也。"邵晋涵正义："谟明弼谐。史记作谋明辅和。"《诗·大雅·抑》："吁谟定命。"毛传："谟，谋也。"《周礼·秋官·大行人》："夏宗以陈天下之谟。"孙诒让正义："谟谋义同。"

　　由上可知，"谟"的上古音是［mua］，［m］在其中作声母。"谟"的本义指谋划，谋划即在行动之前对整个行动的步骤和方法的一种推测，是还没有实现的，因此"谟"的本义同义素"［+无］"紧密相连。

　　（8）摹［mua］

　　《说文·手部》："摹。规也。从手。莫声。"段注："（规也。）规者，有法度也。以注度之亦曰规。广韵曰。摹者，以手摹也。杨雄传。参摹而四分之。三摹九据。或手在旁作摸。今人谓之摸索。读入声。实一字。摹与模义略同。韵会此下有谓所规仿也五字。盖庾俨默注语之存者。仿当作放。（从手。莫声。）莫胡切。五部。"《玉篇·手部》："摹，规摹也。"《说文句读·手部》："摹，谓规摹之也。"《集韵·模韵》："摹，谓有所规仿。"《慧琳音义》卷七十七："摹，取象也。" 又卷八十一："摹，犹写形也。"《汉书·高帝纪下》："规摹宏远矣。" 颜师古注引邓展曰："摹，若画工规模物之摹。" 又引韦昭曰："摹者，如画工未施采事摹之矣。"

由上可知，"摹" 的上古音是 [mua]，[m] 在其中作声母。"摹" 的本义指临摹，临摹即照着实物模仿去画，既然是模仿，肯定与实物非常接近，差别很小，因此 "摹" 的本义同义素 "[+小]" 紧密相连。

（9）膜 [mak]

《说文·肉部》："膜。肉间胲膜也。从肉。莫声。" 段注："（肉间胲膜也。）释名。膜，幕也。幕络一体也。广雅。膌膊膜也。膊与膜为一。许意为二。膜在肉里也。许为长。胲膜者，累呼之。胲之言该也。按膜膊皆人物所同。许专系之物者，在人者不可得见也。（从肉。莫声。）慕各切。五部。"《说文句读·肉部》："膜者，俗所谓脂皮也。"《玉篇·肉部》："膜，肉间膜也。"《广韵·铎韵》："膜，肉膜。"《希麟音义》卷二："皮内肉外曰膜。"

由上可知，"膜" 的上古音是 [mak]，[m] 在其中作声母。"膜" 的本义指动物皮肉之间的薄膜，覆盖着血肉和内脏，起保护作用，而覆盖着血肉和内脏则意味着看不见血肉和内脏，看不见血肉和内脏即血肉和内脏从视野中消失了。因此，"膜" 的本义同义素 "[+消失]" 紧密相连。

（10）瘕 [muai]

《说文·骨部》："瘕。瘕病也。从骨。麻声。" 段注："（瘕病也。）疒部曰。瘕，半枯也。汉书叙传曰。又况幺瘕不及数子。郑氏曰。瘕音么。小也。晋灼曰。此骨偏瘕之瘕也。按二说皆是。本骨偏瘕字借为幺么。是以文选作幺么。且偏瘕是不全之病。不全则不大。故引申为不长曰幺、细小曰么之义。许书无么字。盖以瘕包之。不得以瘕平么上为疑也。（从骨。麻声。）莫都切。十七部。"《广韵·戈韵》："瘕，偏病。"《集韵·戈韵》："瘕，谓身支半枯。"《汉书·叙传上》："又况偏瘕。" 颜师古注引晋灼曰："瘕，此骨偏瘕之瘕也。"《读书杂志·汉书第十五·叙传》："又况幺瘕。" 王念孙按："瘕之言靡也，幺瘕二字连文，俱是微小之意。"

由上可知，"瘕" 的上古音是 [muai]，[m] 在其中作声母。"瘕"

的本义指偏瘫，偏瘫是不全之病，使人体大部分活动能力丧失，只具备少量的活动能力，所以可由此引申出"小"义，而"髍之言靡也"一句更是道出了"髍"的得名之由是来自"靡"，"靡"有"无"义，"无"义与"小"义相通，只具备少量的活动能力本质上也是一种数量上的小。因此，"髍"的本义同义素"［+少］"紧密相连。

（11）麼［muai］

《说文新附·幺部》："麼。细也。从幺麻声。"《广雅·释诂四》："麼，微也。"《集韵·支韵》："麼，小也。"《玄应音义》卷四："细小曰麼也。"《广韵·果韵》："麼，幺麼，细小。"《玉篇·幺部》："麼，小麼也。"《文选·班彪〈王命论〉》："又况么麼不及数子。"李善注引《通俗文》曰："不长曰么，细小曰麼。"

由上可知，"麼"的上古音是［muai］，［m］在其中作声母。"麼"的本义指细小，实际上该义是"髍"的引申义，而"麼"也是为这个引申义新造的一个字。很明显，"麼"的本义同义素"［+小］"紧密相连。

（12）墨［mək］

《说文·土部》："墨。书墨也。从土从黑。黑亦声。"段注："（书墨也。）聿下曰。所以书也。楚谓之聿。吴谓之不律。燕谓之弗。秦谓之笔。此云墨，书墨也。盖笔墨自古有之。不始于蒙恬也。著于竹帛谓之书。竹木以桼。帛必以墨。用帛亦必不起于秦汉也。周人用玺书印章必施于帛。而不可施于竹木。然则古不专用竹木信矣。引申之为晋于是始墨。肉食者无墨。为贪以败官为墨。（从土黑。）小徐曰会意。大徐有黑亦声三字。莫北切。一部。"《说文·土部》桂馥义证引《辍耕录》："上古无墨，竹挺点漆而书；中古方以石磨汁，或云是延安石液。"又引苏易简《文房四谱》："墨者，黑土也。"《广韵·德韵》："墨，笔墨。"《国语·周语下》："其母梦神规其臀以墨。"董增龄正义引王鸣盛曰："墨者，烟煤所成，则墨者，所以规也。"《战国策·楚策三》："粉白墨黑。"吴师道注："墨，画眉墨也。"

由上可知，"墨"的上古音是［mək］，［m］在其中作声母。"墨"的本义指用黑土制成的用来书写和绘画的黑色液体，而黑色则意味着暗淡无光看不见东西，即东西在视野中消失了，因此"墨"的本义同义素"［+消失］"紧密相连。

（13）默［mǎk］

《说文·犬部》："默。犬暂逐人也。从犬。黑声。读若墨。"段注："（犬暂逐人也。）假借为人静穆之称。亦作嘿。（从犬。黑声。读若墨。）莫北切。一部。"《玉篇·犬部》："默，犬暂逐也。"《慧琳音义》卷七十八："默，犬不吠，暂逐人也。"

由上可知，"默"的上古音是［mǎk］，［m］在其中作声母。"默"的本义指狗突然窜出来追人，而狗突然窜出来追人则意味着狗先前是无声无息、没有动静的（犬不吠），因此"默"的本义同义素"［+无］"紧密相连。

（14）蟔［mǎk］

《尔雅·释虫》："蟔，蚼蠜。"郭璞注："蟔，载属也，今青州人呼载为蚼蠜。"《说文·虫部》："蚼。蚼斯。墨也。从虫占声。"段注："（蚼斯，）逗。（墨也。）释虫云。蟔，蚼蠜。郭云。载属。按许载下云。毛虫也。此乃食木叶之虫。非木中之蠹。其卵育自藏之壳曰雀瓮。宜与载篆类列。（从虫。占声。）职廉切。古音在七部。"

由上可知，"蟔"的上古音是［mǎk］，［m］在其中作声母。"蟔"的本义指一种毛虫，而毛虫的最大特点是长着细毛，因此"蟔"的本义同义素"［+细］"紧密相连。

（15）纆［mǎk］

《说文·糸部》："纆。索也。从糸。黑声。"段注："（索也。）易。系用徽纆。刘表曰。三股曰徽。两股曰纆。字林曰。两合曰纠。三合曰纆。（从糸。黑声。）莫北切。一部。按从黑者，所谓黑索拘挛罪人也。今字从墨。"《华严经音义》卷下："纆，绳索也。"《史记·屈原贾生列传》："何异纠纆。"司马贞索隐引《字林》："纆，三合绳也。"《文选·孙楚〈征西官署送丁陀阳侯作诗〉》："吉凶如纠纆。"李善注："纆，三股索。"《文选·马融〈长笛赋〉》："或乃植持旋纆。"李善注引《汉书音义》张晏曰："三股谓之纆。"《易·坎》："系用徽纆。"陆德明释文引刘云："三股曰徽，两股曰纆，皆索名"。《文选·张华〈答何劭〉》："缨绥为徽纆。"李周翰注："徽、纆，并纠绳。"柳宗元《游南亭夜还叙志七十韵》："长沙哀纠纆。"蒋之翘辑注："纠、纆，皆索也。"

由上可知，"繆"的上古音是 [mǎk]，[m] 在其中作声母。"繆"的本义指由两股或三股绳拧成的一根绳，而由两股或三股绳拧成的一根绳则意味着原先的绳子变细了，因此"繆"的本义同义素"［＋细］"紧密相连。

（16）嘿 [mǎk]

《集韵·德韵》："嘿，静也。"《慧琳音义》卷九十："嘿，寂嘿无声也。"《玉篇·口部》："嘿，与默同。"《小学搜佚·考声五》："嘿，不言也。"《文选·陆机〈汉高祖功臣颂〉》："爰渊爰嘿。"吕延济注："嘿，静也。"《资治通鉴·汉纪二十五》："临朝渊嘿。"胡三省注："嘿，静也。"

由上可知，"嘿"的上古音是 [mǎk]，[m] 在其中作声母。"嘿"的本义指不说话，不说话就没有声音以及相应的话语，因此"嘿"的本义同义素"［＋无］"紧密相连。

（17）嫼 [mǎk]

《说文·女部》："嫼。怒貌。从女。黑声。"段注："（怒貌。从女。黑声。）呼北切。一部。按此字广韵乌黠切。嫉怒也。则黑非声矣。玉篇莫勒切。奴也。奴者怒之误。"《玉篇·女部》："嫼，怒也。"《集韵·黠韵》："嫼，嫉而怒也。"

由上可知，"嫼"的上古音是 [mǎk]，[m] 在其中作声母。"嫼"的本义指因嫉妒而发怒，而嫉妒则意味着自己在水平、地位等方面比对方低，因此"嫼"的本义同义素"［＋低］"紧密相连。

（18）莫$_2$ [mǎk]

《说文·茻部》："莫。日且冥也。从日在茻中。"段注："（日且冥也。）且冥者，将冥也。木部曰。杳者，冥也。夕部曰。夕，莫也。引申之义为有无之无。（从日在茻中。）会意。（茻亦声。）此于双声求之。莫故切。又慕各切。五部。"《广韵·铎韵》："莫，无也。"《集韵·铎韵》："莫，无也。"《论语·雍也》："何莫由斯道也。"皇侃疏："莫，无也。"《孟子·尽心下》："莫非命也。"赵岐注："莫，无也。"《诗·邶风·谷风》："德音莫违。"郑玄笺："莫，无也。"

由上可知，"莫$_2$"的上古音是 [mǎk]，[m] 在其中作声母。

"莫₂"的本义指无，该本义主要有三种用法，出现在不同的语境中：一种是一般性的否定，相当于"不"，如"何莫由斯道也"之"莫"；一种是无定代词的用法，如"莫非命也"之"莫"；一种是表禁止的用法，如"德音莫违"之"莫"。"莫₂"的语音形式和字形来自于另一个本义为"太阳快要下山的时候"的词"莫₁"，也就是说后者的语音形式和字形常被假借来承载前者的本义。因此"莫₂"的本义同义素"［＋无］"紧密相连。

（19）漠［mǎk］

《说文·水部》："漠。北方流沙也。一曰清也。从水。莫声。"段注："（北方流沙也。）汉书亦假幕为漠。（一曰清也。）毛诗传曰。莫莫言清静。（从水。莫声。）慕各切。五部。"《慧琳音义》卷八十九："漠，谓北方幽冥沙漠也。"《玉篇·水部》："漠，沙漠也。"《文选·曹植〈白马篇〉》："扬声沙漠垂。"李善注："漠，北方流沙也。"《后汉书·杜笃传》："席卷漠北。"李贤注："漠，沙漠也。"

由上可知，"漠"的上古音是［mǎk］，［m］在其中作声母。"漠"的本义指沙漠，而沙漠是杳无人烟的地方，因此"漠"的本义同义素"［＋无］"紧密相连。

（20）瘼［mǎk］

《说文·疒部》："瘼。病也。从疒。莫声。"段注："（病也。）小雅曰。乱离瘼矣。释诂、毛传皆云。瘼，病也。方言曰。瘼，病也。东齐海岱之间曰瘼。（从疒。莫声。）慕各切。五部。"《尔雅·释诂下》："瘼，病也。"郭璞注："今江东呼病曰瘵，东齐曰瘼。"《广韵·铎韵》："瘼，病也。"《诗·大雅·柔桑》："瘼此下民。"毛传："瘼，病也。"《文选·王融〈永明九年策秀才文〉》："惟瘼恤隐。"李善注引毛苌曰："瘼，病也。"

由上可知，"瘼"的上古音是［mǎk］，［m］在其中作声母。"瘼"的本义指病，而生病身体自然就会虚弱，因此"瘼"的本义同义素"［＋弱］"紧密相连。

（21）嗼［mǎk］

《说文·口部》："嗼。啾嗼也。从口。莫声。"段注："（啾嗼也。）按夕部云寂寞。义略同。尔雅释诂曰。嗼，定也。吕览首时篇嗼然。高注。嗼然，无声也。今毛诗。求民之莫。毛曰。莫，定也。又貊其德音。左传、韩诗貊皆作莫。韩云。莫，定也。（从口。莫声。）莫各切。五部。玉篇亡格切。"《玉篇·口部》："嗼，静也。"《广雅·释诂一》："嗼，安也。"《说文·口部》朱骏声通训定声："嗼，今字作寞。"

由上可知，"嗼"的上古音是［mǎk］，［m］在其中作声母。"嗼"的本义指安静无声，因此"嗼"的本义同义素"［+无］"紧密相连。

（22）纆［mǎk］

《康熙字典·糸部》："纆，《广韵》《集韵》《韵会》并莫故切，音暮。《类篇》恶絮也。齐人语。"

由上可知，"纆"的上古音是［mǎk］，［m］在其中作声母。"纆"的本义指质量低的絮，因此"纆"的本义同义素"［+低］"紧密相连。

（23）貉［meǎk］

《说文·豸部》："貉。北方豸种。从豸。各声。孔子曰。貉之为言恶也。"段注："（北方貉。）各本夺貉字。今补。此与西方羌从羊、北方狄从犬、南方蛮从虫、东南闽越从虫、东方夷从大参合观之。郑司农云。北方曰貉、曰狄。周礼大甸。猎祭表貉。注云。貉读为十百之百。（豸种也。从豸。）长脊兽之种也。故从豸。（各声）莫白切。古音在五部。下各切。俗作貊。（孔子曰。貉之言貉貉恶也。）七字一句。各本作貉之为言恶也。今依尚书音义、五经文字正。尚书音义作貊貊。浅人所改耳。貉与恶叠韵。貉貉，恶貌。貊貉二篆各本在犴篆之后。貆狸篆之前。今以虫部之蛮闽，次于以虫为象之末。犬部之狄，次于犬末。羊部之羌，次于羊末。人部之僥，次于人末。大部夷字，次于大末。依类求之。移易次此。必有合乎古本矣。"《玉篇·豸部》："貉，蛮貉也。"《尔雅·释兽》："貉子，貆。"陆德明释文引《字林》："貉，北方人也。"《荀子·劝学》："干越夷貉之子。"杨倞注："貉，东北夷也。"《孟子·告子下》："貉道也。"赵岐注："貉，夷貉之人，在荒服者也。"

由上可知，"貉"的上古音是［meǎk］，［m］在其中作声母。"貉"的本义指古代北方少数民族，而在古代，北方少数民族常被认为没有开化，愚昧无知，因此"貉"的本义同义素"［+无］"紧密相连。

（24）脉［mĕk］

《说文·永部》："衇。血理分邪行体者。从辰。从血。"段注："（血理分邪行体中者。）理分犹分理。序曰。见鸟兽蹄远之迹。知分理之可相别异。邪行体中，而大候在寸口。人手却十分动脉为寸口也。（从辰。从血。）会意。不入血部者，重辰也。辰亦声。莫获切。十六部。"《玉篇·肉部》："脉，血理也。"《希麟音义》卷六："脉，血脉也。"《素问·五藏生成篇》："凝于脉者为泣。"张志聪集注："脉者，见于皮肤之络脉也。"《资治通鉴·周纪三》："绝脉而薨。"胡三省注："脉者，系络脏腑，其血理分行于支体之间。"

由上可知，"脉"的上古音是［mĕk］，［m］在其中作声母。"脉"的本义指人体中的筋脉，而筋脉一般都是细的，因此"脉"的本义同义素"［+细］"紧密相连。

（25）眽［mĕk］

《说文·目部》："眽。目财视也。从目。辰声。"段注："（目财视也。）财当依广韵作邪。邪当作衺。此与辰部、覛音义皆同。财视非其训也。辰者，水之衺流别也。九思。目眽眽兮寙终朝。注曰。眽眽，视貌也。古诗十九首。脉脉不得语。李引尔雅。脉，相也。郭璞曰。脉脉谓相视貌。按今释诂无郭注。释文曰。覛字又作眽。五经文字有眽字。文选脉皆系眽之讹。（从目。辰声。）形声包会意。莫获切。十六部。"《说文·目部》徐锴系传："眽，谓目略视之也。"《广韵·麦韵》："眽，目邪视也。"《楚辞·九章·逢尤》："目眽眽兮寙终朝。"洪兴祖补注："眽，目财视貌。"

由上可知，"眽"的上古音是［mĕk］，［m］在其中作声母。"眽"的本义指斜着眼看，而斜着眼看必然导致看得不清楚，看得不清楚意味着进入视野的清晰部分少，因此"眽"的本义同义素"［+少］"紧密相连。

（26）没［muə̆t］

《说文·水部》："湝。沉也。从水。从叏。"段注："（湛也。）湛各本作沉。浅人以今字改之也。今正。没者全入于水。故引申之义训尽。小雅。曷其没矣。传云。没，尽也。论语没阶。孔安国曰。没，尽也。凡贪没、干没皆沉溺之引申。（从水。冒声。）莫勃切。十五部。"《慧琳音义》卷十："没，沉也。"《集韵·队韵》："没，沉溺也。"

由上可知，"没"的上古音是［muət］，［m］在其中作声母。"没"的本义指淹没，而淹没必然导致看不见被淹没的人或物，看不见被淹没的人或物则意味着被淹没的人或物从视野中消失了，因此"没"的本义同义素"［+消失］"紧密相连。

（27）殁［muət］

《说文·歹部》："歾。终也。从歹。勿声。歾或从冒。"段注："（终也。）白起王翦列传曰。偷合取容。以至歾身。徐广云。歾音没。按今歾讹歾。集韵传会之云。歾，埋也。（从歹。忽声。）莫勃切。十五部。（歾或从冒。）按殪死字当作此。入水有所取曰冒。湛于水曰没。内头水中曰頮。此许之分别也。"《玉篇·歹部》："殁，死也。"《广韵·没韵》："殁，死也。"《小尔雅·广言》胡承珙义证："《说文》云：没，沉也。歾，终也。本二字，后世歾通作没，经典多作没，或又作殁。"《国语·晋语一》："君未终命而不殁。"韦昭注："殁，终也。"《文选·张协〈七命〉》："殁则勒洪伐于金册。"李周翰注："殁，死也。"

由上可知，"殁"的上古音是［muət］，［m］在其中作声母。"殁"的本义指死，而死必然导致人或动物生命的消失，因此"殁"的本义同义素"［+消失］"紧密相连。

（28）頮［muət］

《说文·页部》："頮。内头水中也。从頁冒。冒亦声。"段注："（内头水中也。）内者，入也。入头水中。故字从頁冒。与水部之没义同而别。今则冒頮废而没专行矣。（从頁冒。冒亦声。）乌没切。十五部。"《玉篇·页部》："頮，内头水中也。"《广韵·没韵》："頮，内头水中也。"

由上可知，"頮"的上古音是［muət］，［m］在其中作声母。"頮"的本义指把头部潜入水中，而把头部潜入水中必然导致看不见头部，看不见头部则意味着头部从视野中消失了，因此"頮"的本义同义素"［+消失］"紧密相连。

（29）叟［muăt］

《说文·又部》："叟。入水有所取也。从又在冋下。冋古文回。回，渊水也。读若沫。"段注："（入水有所取也。从又在冋下。）莫勃切。十五部。（冋古文回。回，渊水也。读若沫。）沫各本作沫。沫荒内切。凡未声近于十三部。凡末声近于十四部。叟之平音在十三部。故知必读若沫也。檀弓。瓦不成味。郑曰。味当作沫。沫，靧也。此沫亦荒内切。洒面也。恐人不了。故又以古今字释之云沫即今内则之靧字。谓瓦器之光泽如洒面然。今俗所谓釉也。释文作沫。亡葛反。与此沫作沫同误。"《集韵·黠韵》："叟，入水取物。"

由上可知，"叟"的上古音是［muăt］，［m］在其中作声母。"叟"的本义指潜入水中取东西，而潜入水中取东西必然导致看不见整个人，看不见整个人则意味着整个人从视野中消失了，因此"叟"的本义同义素"［+消失］"紧密相连。

（30）圽［muăt］

《康熙字典·土部》："圽，《集韵》《韵会》《正韵》并同殁。《史记·王翦赞》偷合取容，以致圽身。按韵书并同殁，惟《类篇》训埋，分圽殁为二。"

由上可知，"圽"的上古音是［muăt］，［m］在其中作声母。"圽"的本义指埋，而埋东西必然导致看不见被埋物，看不见被埋物即被埋物在视野中消失了，因此"圽"的本义同义素"［+消失］"紧密相连。

（31）末［muăt］

《说文·木部》："末。木上曰末。从木。一在其上。"段注："（木上曰末。从木。从丄。）此篆各本作末。解云从木，一在其上。今依六书故所引唐本正。莫拨切。十五部。六书故曰。末，木之穷也。因之为末杀、末减、略末。又与蔑莫无声义皆通。记曰。末之卜也。语曰。吾末如之何、末由也已。"《广韵·末韵》："末，木上也。"《玉篇·木部》："末，端也。"《文选·马融〈长笛赋〉》："挑截本末。"李周翰注："末，茎也。"《文选·王褒〈洞箫赋〉》："翔风萧萧而径其末兮。"李周翰注："末，梢头也。"

由上可知，"末"的上古音是［muăt］，［m］在其中作声母。"末"

的本义指树梢，而树梢同枝干相比自然是比较细的，因此"末"的本义同义素"［+细］"紧密相连。

（32）苜［muǎt］

《说文·苜部》："苜。目不正也。从𦫳从目。凡苜之属皆从苜。莧从此。读若末。"段注："（目不正也。从𦫳目。）𦫳者，外向之象。故为不正。（凡苜之属皆从苜。读若末。）模结切。十五部。"《集韵·屑韵》："苜，目不正也。"

由上可知，"苜"的上古音是［muǎt］，［m］在其中作声母。"苜"的本义指眼睛歪斜，而眼睛歪斜则意味着看东西看不清楚，看东西看不清楚意味着进入视野的清晰部分少，因此"苜"的本义同义素"［+少］"紧密相连。

（33）糵［muǎt］

《说文·米部》："糵。麸也。从米。蔑声。"段注："（末也。）末小徐本作麸。据玉篇云。糵或作麸。则糵麸一字。大徐作麸。麸乃麸之误。汲古后人又依小徐改作麸矣。今正作末。凡糵而粉之曰末。麦部曰。面，麦末也是也。面专谓麦末。糵则统谓凡米之末。广雅。糵谓之面。此谓面亦糵之一耳。糵者，自其细蔑言之。今之米粉、面勃皆是。（从米。蔑声。）莫拨切。古在十二部。"《广雅·释器》："糵谓之面。"王念孙疏证："面、糵语之转，糵犹末也。"《广韵·末韵》："糵，米和细屑。"

由上可知，"糵"的上古音是［muǎt］，［m］在其中作声母。"糵"的本义指面粉，而面粉当然是由细小的粉末构成的，因此"糵"的本义同义素"［+小］"紧密相连。

（34）眜［muǎt］

《说文·目部》："眜。目不明也。从目。末声。"段注："（目不明也。）吴都赋。相与眜潜险，搜怪奇。刘曰。眜，冒也。李曰。说文眜，门拨切。谓之潜隐之穴也。拨，俗本作废。（从目。末声。）莫拨切。十五部。"《玉篇·目部》："眜，目不明也。"《说文·目部》朱骏声通训定声："眜，目不明也。按与从未之眛同字。"

由上可知，"眜"的上古音是［muǎt］，［m］在其中作声母。"眜"

的本义指眼睛看东西看不清楚，看东西看不清楚意味着进入视野的清晰部分少，因此"眛"的本义同义素"［+少］"紧密相连。

（35）沫［muǎt］

《玉篇·水部》："沫，水浮沫也。"《广韵·末韵》："沫，水沫。"李贺《杨生青花紫石砚歌》："轻沤漂沫松麝薰。"王琦注："沤、沫，皆水中细泡。"《孙子兵法·行军》："上雨，水沫至。"张预注："沫，谓水上泡沤。"

由上可知，"沫"的上古音是［muǎt］，［m］在其中作声母。"沫"的本义指浮在水面上的小泡沫，因此"沫"的本义同义素"［+小］"紧密相连。

第三节　ie 韵

（36）覕［miět］

《说文·见部》："覕。蔽不相见也。从见。必声。"段注："（蔽不相见也。）覕之言閟也。秘也。蔽覕双声。（从见。必声。）莫结切。十二部。"《广韵·震韵》："覕，不相见也。"《集韵·稕韵》："不见谓之覕。"

由上可知，"覕"的上古音是［miět］，［m］在其中作声母。"覕"的本义指隐蔽起来使对方看不见，而使对方看不见就是使某事物在对方视野中消失，因此"覕"的本义同义素"［+消失］"紧密相连。

（37）灭［mǐǎt］

《说文·水部》："滅。尽也。从水。威声。"段注："（尽也。从水。威声。）此举形声包会意。亡列切。十五部。"《尔雅·释诂下》："灭，绝也。"《玉篇·水部》："灭，尽也。"《诗·大雅·柔桑》："灭我立王。"郑玄笺："灭，尽也。"《庄子·人问世》："且为颠为灭。"成玄英疏："灭，绝也。"

由上可知，"灭"的上古音是［mǐǎt］，［m］在其中作声母。"灭"的本义指消失，因此"灭"的本义同义素"［+消失］"紧密相连。

（38）蔑［miǎt］

《说文·苜部》："蔑。劳目无精也。从苜。人劳则蔑然。从戍。"

段注："（劳目无精也。）目劳则精光茫然。通作眜。如左传公及邾仪父盟于蔑、晋先蔑、公谷皆作眜是也。引申之义为细。如木细枝谓之蔑是也。又引申之义为无。如亡之命矣夫、亦作蔑之命矣夫是也。左传酆蔑，字然明。此以相反为名字也。（从苜。从戍。人劳则蔑然也。）说从戍之意。戍人聚劳者。此十字依广韵、韵会订。莫结切。十五部。"《玉篇·苜部》："蔑，劳目无精也。"

由上可知，"蔑"的上古音是［miǎt］，［m］在其中作声母。"蔑"的本义指眼睛因疲劳看东西无精打采，而看东西无精打采则必然导致看不清楚，看不清楚意味着进入视野的清晰部分少，因此"蔑"的本义同义素"［+少］"紧密相连。

（39）懱［miǎt］

《说文·心部》："懱。轻易也。从心。蔑声。商书曰。以相陵懱。"段注："（轻易也。）易当作傷。人部曰。傷，轻也。懱者，轻易人蔑视之也。剥之初六曰。蔑贞凶。马云。蔑，无也。郑云。轻慢。郑谓蔑即懱之假借字也。（从心。蔑声。）莫结切。十五部。（商书曰。以相陵懱。）今商书无此文。陵读如在上位不陵下之陵。"《玉篇·心部》："蔑，侮也。"《广韵·屑韵》："蔑，轻懱。"

由上可知，"懱"的上古音是［miǎt］，［m］在其中作声母。"懱"的本义指轻蔑，而轻蔑就是看不起人，意味着对方在水平、地位上比自己低，因此"懱"的本义同义素"［+低］"紧密相连。

（40）瞙［miǎt］

《说文·目部》："瞙。目眵也。从目。蔑省声。"段注："（瞙兜，）逗。（目眵也。）各本无瞙兜二字。今依玄应书卷十、卷廿一补。蒙上弟二义言之。宋玉风赋。中唇为胗。得目为蔑。吕氏春秋。气郁处目则为瞙。高注。瞙，眵也。按蔑者假借。瞙者或体。瞙兜，见部作覴。云目蔽垢。（从目。蔑省声。）莫结切。十五部。"《玄应音义》卷十八："瞙，瞙兜，眵也。今江南呼眵为眵兜也。"《说文·目部》朱骏声通训定声："瞙，今苏俗曰眼疵。"

由上可知，"瞙"的上古音是［miǎt］，［m］在其中作声母。"瞙"的本义指眼屎，而眼屎会导致眼睛看东西不清楚，看东西不清楚意味着进入视野的清晰部分少，因此"薎"的本义同义素"［＋少］"紧密相连。

（41）篾［miăt］

《玉篇·竹部》："篾，竹皮也。"《广韵·屑韵》："篾，竹皮也。"《书·顾命》："敷重篾席。"孔颖达疏引郑注："篾，析竹之次青者。"《资治通鉴·梁纪二十二》："揆绳破篾。"胡三省注："篾，竹筎也。"

由上可知，"篾"的上古音是［miăt］，［m］在其中作声母。"篾"的本义指竹子的硬皮，而竹子的硬皮覆盖着竹子内部，使内部不被看见，从视野中消失，因此"篾"的本义同义素"［＋消失］"紧密相连。

（42）幭［miăt］

《说文·巾部》："幭。盖幭也。从巾。蔑声。一曰禅被。"段注："（盖幭也。）幭之言幎也。大雅浅幭传曰。浅，虎皮浅毛也。幭，覆式也。按幭之本义个专为覆轼。而覆轼其一端也。司马彪、徐广曰。乘舆车文虎伏轼。龙首衡轭。文虎伏轼即经之浅幭。龙首衡轭即经之金厄也。说详诗经小学。曲礼素篾注。篾，覆笭也。释文。篾，本又作幭。幭者正字也。篾者假借字也。篇、韵皆以帊幞释幭。今义也。（从巾。蔑声。）莫结切。十五部。（一曰禅被。）别一义。被，寝衣也。"《说文·巾部》朱骏声通训定声："幭者，覆物之巾，覆车覆衣覆体之具皆得称幭。"《广雅·释器》："幭，幞也。"王念孙疏证："幭，巾属，所以覆物者也。"《诗·大雅·韩奕》："鞹鞃浅幭。"朱熹集传："幭，覆式也，以有毛之皮覆式上也。"《管子·小称》："乃援素幭以裹首而绝。"尹知章注："幭，所以覆軡也。"

由上可知，"幭"的上古音是［miăt］，［m］在其中作声母。"幭"的本义指覆盖东西的织物，而覆盖东西就意味着看不见该东西了，即该东西在视野中消失了，因此"幭"的本义同义素"［＋消失］"紧密相连。

（43）莫［miăt］

《说文·昏部》："莫。火不明也。从昏。从火。昏亦声。周书曰。布重莫席。织蒻席也。读与蔑同。"段注："（火不明也。）按火当作目。浅人所改也。假令训火不明。则当入火部矣。此部四字皆说目。（从昏。从火。）火易眩故从火。（昏亦声。）莫结切。十五部。（周书曰。

布重莫席。）顾命文。今作敷重蔑席。蔑，卫包又改为篾。俗字也。莫者，蔑之假借字也。（莫席，）二字今补。（纤蒻席也。）纤各本作织。今正。马融云。蔑，纤蒻。王肃云。蔑席，纤蒻苹席。则许亦当作纤。纤与蔑皆细也。莫者蔑之假借。马、王谓底席为青蒲席。则谓蔑席为纤蒻席。许说当同之。艸部曰。蒻，蒲子。可以为苹席也。蒲子，蒲之幼稚者。细于蒲。故谓之纤蒻。郑注四席皆谓竹席。与马、许不同。详尚书撰异。莫盖壁中古文。蔑盖孔安国以今文字读之，易为蔑。（读与蔑同。）上文已云昔亦声。此专谓莫席言。"《广韵·屑韵》："莫，火不明貌。"《集韵·末韵》："莫，火不明也。"

　　由上可知，"莫"的上古音是［miǎt］，［m］在其中作声母。"莫"的本义指眼睛看东西看不清楚，看东西看不清楚意味着进入视野的清晰部分少，因此"莫"的本义同义素"［+少］"紧密相连。

第四节　i 韵

　　（44）麛［mie］

　　《说文·鹿部》："麛。鹿子也。从鹿。弭声。"段注："（鹿子也。）释兽曰。鹿子麛。字亦作麑。论语麑裘，即麛裘。国语注曰。鹿子曰麑。麕子曰䴏。按䴏，王制只作夭。注云。少长曰夭。（从鹿。弭声。）莫兮切。十六部。儿声同部也。"《玉篇·鹿部》："麛，鹿子也。"《广韵·齐韵》："麛，鹿子也。"《吕氏春秋·孟春》："无麛无卵。"高诱注："鹿子曰麛也。"《礼记·檀弓上》："袒之可也。"郑玄注："吉时麛裘。"孔颖达疏："大者曰鹿，小者曰麛。"

　　由上可知，"麛"的上古音是［mie］，［m］在其中作声母。"麛"的本义指鹿所生的小鹿，因此"麛"的本义同义素"［+小］"紧密相连。

　　（45）麋［mǐei］

　　《说文·鹿部》："麋。鹿属。从鹿。米声。麋冬至解其角。"段注："（鹿属。从鹿。米声。）武悲切。十五部。（麋冬至解角。）月令。仲冬。日短至。麋角解。夏小正。十有一月陨麋角。"《玉篇·鹿部》："麋，鹿属。"《广韵·脂韵》："麋，鹿属。"《玄应音义》卷八："麋，

以冬至解角者也。"《楚辞·九歌·湘夫人》："麋何食兮庭中。"王逸
注："麋，兽名，似鹿也。"《逸周书·世俘》："麋五千二百三十五。"
朱右曾集训校释："麋，似鹿，泽兽。"

由上可知，"麋"的上古音是［mǐei］，［m］在其中作声母。"麋"
的本义指一种像鹿的动物，该动物的一个显著特点是在冬天它的角会脱
落，而脱落则意味着角的消失，因此"麋"的本义同义素"［+消失］"
紧密相连。

（46）𥸫［mǐei］

《说文·米部》："𥸫。溃米也。从米。尼声。交址有𥸫泠县。"段
注："（溃米也。）溃，漏也。谓米之弃于地者也。禾部曰。稌，舂粟不
溃也。不抛散谓之不溃。（从米。尼声。）武夷切。十五部。（交止有𥸫
泠县。）止俗作址。误。今正。地理志交止郡麋泠。后郡国志同。麋者，
𥸫之误。应劭曰。麋音弥。孟康曰。泠音螟蛉之蛉。"《玉篇·米部》：
"𥸫，溃米也。"

由上可知，"𥸫"的上古音是［mǐei］，［m］在其中作声母。"𥸫"
的本义指遗漏在地上的米，而遗漏在地上的米从数量上来说一般是少
的，因此"𥸫"的本义同义素"［+少］"紧密相连。

（47）鸍［mǐei］

《玉篇·鸟部》："鸍，鸟，似鸭而小，背上有文。"《广韵·支韵》：
"鸍，鸼鸟名。又名沉凫，似鸭而小也。"

由上可知，"鸍"的上古音是［mǐei］，［m］在其中作声母。"鸍"
的本义指一种像鸭子但比鸭子小的水鸟，因此"鸍"的本义同义素"［+
小］"紧密相连。

（48）罞［mǐei］

《说文·网部》："罞。周行也。从网。米声。诗曰罞入其阻。"段
注："（网也。）各本作周行也。诗释文引作冒也。乃涉郑笺而误。今寻
上下文皆网名。篇、韵皆云。罞，罟也。更正。盖罞亦网名。其用主自
上冒下。故郑氏笺诗殷武。改毛之深入其阻为罞入。云冒也。就字本义
引申之。此郑笺之易旧。非经本有作罞者也。各本米声下有诗曰罞入其
阻六字。似许用郑本。恐后人所增。今删。（从网。米声。）武移切。

按古音在十五部。"《玉篇·网部》:"罘,罥也,置也。"《广韵·支韵》:"罘,罥也。"

由上可知,"罘"的上古音是［mǐei］,［m］在其中作声母。"罘"的本义指一种网,而网的最大特点就是由很多网眼组成,网眼自然是中空的,因此"罘"的本义同义素"［+空］"紧密相连。

(49)弥［mǐei］

《说文·弓部》:"弥。弛弓也。从弓。尔声。"段注:"(弛弓也。)弛弓者,弥之义。弥非弛字也。玉篇以为今之弥字。广韵以为玉名。皆非是。(从弓。尔声。)斯氏切。十五十六部。"

由上可知,"弥"的上古音是［mǐei］,［m］在其中作声母。"弥"的本义指使弓弦松弛,而松弛则意味着紧度小,因此"弥"的本义同义素"［+小］"紧密相连。

(50)迷［miei］

《说文·辵部》:"迷。或也。从辵。米声。"段注:"(惑也。)见释言。惑,宋本作或。心部曰。惑,乱也。(从辵。米声。)莫兮切。十五部。"《玉篇·辵部》:"迷,惑也。"《广韵·齐韵》:"迷,惑也。"《楚辞·九章·涉江》:"迷不知吾所如。"王逸注:"迷,惑也。"《文选·张衡〈思玄赋〉》:"何迷故而不忘。"旧注:"迷,惑也。"

由上可知,"迷"的上古音是［miei］,［m］在其中作声母。"迷"的本义指迷惑,而迷惑则意味着头脑不清楚,头脑不清楚意味着对某事一无所知,因此"迷"的本义同义素"［+无］"紧密相连。

(51)眯［miei］

《说文·见部》:"眯。病人视也。从见氏声。读若迷。"段注:"(病人视也。从见民声。读若迷。)按各本篆作眯。解作氏声。氏声则应读若低。与读若迷不协。考广韵十二齐曰。眯,病人视貌。集韵曰。眯眯二同。类篇曰。眯眯二同。集韵、类篇眯又民坚切。训病视。盖古本作眯,民声。读若眠者,其音变。读若迷者,双声合音也。唐人讳民。偏旁省一画。多似氏字。始作眯。继又讹作眯。乃至正讹并存矣。今改从正体。莫兮切。古音在十一部。"《玉篇·见部》:"眯,病人视也。"

由上可知,"眯"的上古音是［miei］,［m］在其中作声母。"眯"

的本义指在生病的状态下看东西，而在生病的状态下看东西则很容易导致看不清楚，看不清楚意味着进入视野的清晰部分少，因此"睧"的本义同义素"［+少］"紧密相连。

（52）䊕［mǐai］

《说文·米部》："䊕。糁也。从米。麻声。"段注："（糁䊕也。）各本无䊕字。浅人所删。今补。以米和羹谓之糁。专用米粒为之谓之糁。䊕亦谓之鬻。亦谓之饘。食部曰。饘，䊕也。释名曰。䊕，煮米使䊕烂也。粥淖于䊕。粥粥然也。引申为䊕烂字。（从米。麻声。）靡为切。古音在十七部。（黄帝初教作䊕。）各本无此六字。今依韵会所据锴本补。初学记、艺文类聚、北堂书钞皆引周书黄帝始亨谷为粥。此记化益作井、挥作弓、奚仲造车之例。"《广韵·支韵》："䊕，䊕粥。"《慧琳音义》卷六十八："䊕，原粥也。"《资治通鉴·汉纪五十三》："出太仓米豆为贫人作粥。"胡三省注："䊕，粥也。"《左传·昭公七年》："饘于是。"孔颖达疏："糊、饘、鬻、䊕，相类之物，稠者曰䊕，淖者曰鬻，糊、饘是其别名。"

由上可知，"䊕"的上古音是［mǐai］，［m］在其中作声母。"䊕"的本义指粥，而粥必定是将米煮烂，将米煮烂意味着米变松弛了，在紧度上变小，因此"䊕"的本义同义素"［+小］"紧密相连。

（53）縻［mǐai］

《说文·糸部》："縻。牛辔也。从糸。麻声。縻或从多。"段注："（牛辔也。）辔本马辔也。大车驾牛者则曰牛辔。是为縻。潘岳赋曰。洪縻在手。凡言羁縻勿绝，谓如马牛然也。（从糸。麻声。）靡为切。古音在十七部。（縻或从多。）多声、麻声同十七部。"《玉篇·糸部》："縻，牛縻也。"《史记·司马相如列传》："其义羁縻勿绝而已。"司马贞索隐："縻，牛缰也。"《资治通鉴·汉纪十九》："此则羁縻之谊。"胡三省注："牛纼曰縻。"

由上可知，"縻"的上古音是［mǐai］，［m］在其中作声母。"縻"的本义指牛的缰绳，而牛的缰绳是用来限制牛的行动的，使牛的行动范围变小，因此"縻"的本义同义素"［+小］"紧密相连。

（54）爢［mǐai］

《说文·火部》："爢。烂也。从火。靡声。"段注："（烂也。）古多假糜为之。糜训糁。爢训烂。义各有当矣。孟子。糜烂其民而战之。文选答客难。至则糜耳。皆用假借字也。(从火。靡声。)靡为切。古音在十七部。"《玉篇·火部》:"爢,烂熟也。"《广雅·释诂三》:"爢,熟也。"

由上可知,"爢"的上古音是[mǐai],[m]在其中作声母。"爢"的本义指煮熟至烂,而煮熟至烂意味着食物变松弛了,在紧度上变小,因此"爢"的本义同义素"[+小]"紧密相连。

(55)糜[mǐai]

《说文·米部》:"糜。碎也。从米。靡声。"段注:"(碎也。)石部云。碎,糜也。二字互训。王逸注离骚琼靡云。靡,屑也。靡即糜字。广雅糜字二见。曰糜,饘也。与说文同。曰糜,糊也。即说文之糜碎也。糜与糜音同义少别。凡言粉碎之义当作糜。(从米。靡声。)此字玉篇、广韵、集韵皆忙皮切。徐鼎臣乃云莫卧切。而类篇从之。盖误认为礳字耳。鼎臣所说不必皆唐韵也。糜古音在十七部。"《玉篇·米部》:"糜,糜碎也。"《广韵·支韵》:"糜,糜碎也。"

由上可知,"糜"的上古音是[mǐai],[m]在其中作声母。"糜"的本义指碎,而碎意味着在体积上的变小,因此"糜"的本义同义素"[+小]"紧密相连。

(56)䵓[mǐai]

《说文·黍部》:"䵓。穄也。从黍。麻声。"段注:"(穄也。)穄见禾部。䵓,黍之不黏者。如秫为稻之不黏者、稷为秫之不黏者也。高注吕氏春秋曰。穄,关西谓之䵓。冀州谓之䵉。九谷考曰。特牲馈食礼。尸嘏主人有抟黍之仪。必是炊䵓为饭。不相黏着。故令佐食者抟之而后授尸。按周礼上训注云。荆扬地宜稻。幽并地宜麻。依李氏、聂氏皆忙皮反。则麻本作䵓。九谷考云。郑据职方氏为说也。幽州宜三种。并州宜五种。内皆有黍。(从黍。麻声。)靡为切。古音在十七部。"《玉篇·黍部》:"䵓,穄也。"《广韵·支韵》:"䵓,穄别名。"《仪礼·公食大夫礼》:"宰夫设黍稷六簋于俎西。"胡培翚正义引程瑶田《九谷考》云:"黍,大名也。黏者得专黍名,其不黏者则曰䵓,曰穄。"《吕氏春秋·本味》："阳山之穄。"高诱注："穄,关西谓之麖。"

由上可知,"麖"的上古音是［mǐai］,［m］在其中作声母。"麖"的本义指不黏的黍,不黏意味着没有黏着度,因此"麖"的本义同义素"［+无］"紧密相连。

（57）穈［mǐai］

《类篇·禾部》："穈,赤苗,嘉谷。"《集韵·脂韵》："穈,赤苗曰穈。"《诗·大雅·生民》："维穈维芑。"毛传："穈,赤苗也。"陆德明释文："穈,赤梁粟也。"孔颖达疏："《释草》穈作虋。"《说文·艸部》："苗。草生于田者。从艸从田。"段注："（草生于田者。从艸田。）武镳切。二部。按苗之故训禾也。禾者,今之小米。诗。诞降嘉谷。维秬维秠。维虋维芑。尔雅、毛传、说文皆曰虋,赤苗。芑,白苗。魏风。无食我苗。毛曰。苗,嘉谷也。此本生民诗。首章言黍。二章言麦。三章则言禾。春秋经庄七年。秋,大水。无麦苗。廿八年。冬,大无麦禾。麦苗即麦禾。秋言苗。冬言禾。何休曰。苗者,禾也。生曰苗。秀曰禾。仓颉篇曰。苗者,禾之未秀者也。孔子曰。恶莠恐其乱苗。魏文侯曰。幽莠似禾。明禾与苗同物。苗本禾未秀之名。因以为凡草木初生之名。诗言稷之苗。稷之穗、稷之实,是也。说文立文当以苗字次虋字之前。云禾也。嘉谷也。则虋为赤苗。籀文芑为白苗。言之有序。草生于田。皮傅字形为说而已。古或假苗为茅。如士相见礼古文草茅作草苗。洛阳伽蓝记所云魏时苗茨之碑,实即茅茨。取尧舜茅茨不翦也。"又《说文·艸部》："虋。赤苗。嘉谷也。从艸。釁声。"段注："（赤苗。）句。（嘉谷也。）大雅曰。诞降嘉谷。维虋维芑。尔雅、毛传皆曰。虋,赤苗。芑,白苗。按仓颉篇曰。苗者,禾之未秀者也。禾者今之小米。赤苗白苗谓禾茎有赤白之分。非谓粟。云嘉谷者,据生民诗言之。今诗作嘉种。许君引诞降嘉谷。维秬维秠。虋芑下皆曰嘉谷。（从艸。釁声。）莫奔切。十三部。今诗作穈非。"

由上可知,"穈"的上古音是［mǐai］,［m］在其中作声母。"穈"的本义指初生的赤梁粟（嘉谷名）,而初生则意味着年龄小,因此"穈"的本义同义素"［+小］"紧密相连。

（58）攗［mǐai］

《集韵·支韵》："攗,钟击处。"《周礼·考工记·凫氏》："于上之攠谓之隧。"郑玄注："攠，所击之处攠弊也。"

由上可知，"攠"的上古音是［mǐai］，［m］在其中作声母。"攠"的本义指钟受撞击而磨损的地方，因此"攠"的本义同义素"［+受损］"紧密相连。

（59）籢［mǐai］

《说文·竹部》："籢。笢也。从竹。羃声。"段注："（笢也。）谓笢之也。释草。鄰坚中。鄰同磨磷之磷。谓坚中者必磨之也。籣笢中。籣同籢。谓空中者必析之也。（从竹。羃声。）武移切。古音在十二部。"《说文·竹部》："笢。折竹箮也。从竹。余声。读若絮。"段注："（析竹箮也。）析各本讹折。今正。方言。茶，析也。析竹谓之茶。郭云。今江东呼篾竹里为茶。亦名茶之也。按此注谓已析之篾为茶。人析之亦称茶之。本无误字。戴氏疏证改茶之二字为箮字。非也。尔雅。籣，茶中。盖此义之引申。肉薄好大者谓之笢中。如析去青皮而薄也。医方竹筎音如。即此字。别录从竹。俗从艸。（从竹。余声。读若絮。）絮宋刻作絮。小徐同。同都切。五部。"《玄应音义》卷十五："籢，析竹箮也。"

由上可知，"籢"的上古音是［mǐai］，［m］在其中作声母。"籢"的本义指把完整的竹子析成一条一条的竹篾，而把完整的竹子析成一条一条的竹篾意味着由粗变细，因此"籢"的本义同义素"［+细］"紧密相连。

（60）湎［mǐe］

《说文·水部》："湎。饮也。从水。瓕声。"段注："（饮歃也。）周礼。王崩大肆。以秬鬯湎。杜子春读湎为泯。以秬鬯浴尸也。按浴尸则灊尸口鼻。与饮歃义相近。（从水。瓕声。）绵婢切。十六部。"《说文系传·水部》："湎，饮歃也。"《广雅·释诂四》："湎，饮也。"《集韵·准韵》："湎，浴尸也。"《周礼·春官·大祝》："湎尸。"贾公彦疏："湎，浴也。"《周礼·春官·小祝》："大丧赞湎。"郑玄注引杜子春曰："湎，谓浴尸。"

由上可知，"湎"的上古音是［mǐe］，［m］在其中作声母。"湎"的本义指洗涤尸体，而洗涤尸体就是使尸体变得干净，干净则意味着没有污垢，因此"涐"的本义同义素"［＋无］"紧密相连。

（61）弭［mǐe］

《说文·弓部》："弭。弓无缘可以解辔纷者。从弓。耳声。弭或从兒。"段注："（弓无缘可以解辔纷者。）释器曰。弓有缘者谓之弓。无缘者谓之弭。孙云。缘谓缴束而漆之。弭谓不以缴束、骨饰两头者也。小雅。象弭鱼服。传曰。象弭，弓反末也。所以解纷者。笺云。弓反末别者，以象骨为之。以助御者解辔纷宜骨也。按纷犹乱。今诗作紒，亦通。紒者，今之结字。许合尔雅、毛诗为说也。弭可以解纷。故引申之训止。凡云弭兵，弭乱者是也。（从弓。耳声。）绵婢切。按古音当在一部。而入纸韵在十六部者，以或从兒声也。（弭或从兒。）兒声也。弥盖此篆之正体。故亦作弥。尔兒声同。故周礼弥灾兵、汉书弥乱，即弥字也。弭节亦作麛节。郊特牲有由辟焉。辟亦弭字。"《玉篇·弓部》："弭，弓无缘也。"《广韵·纸韵》："弭，亦无缘弓也。"《国语·晋语四》："其左执鞭弭。"韦昭注引《尔雅》曰："弓无缘者谓之弭。"《仪礼·既夕礼》："有弭饰焉。"郑玄注："弓无缘者谓之弭，弭以骨角为饰。"

由上可知，"弭"的上古音是［mǐe］，［m］在其中作声母。"弭"的本义指一种没有用丝线包裹并且没有涂漆的弓，因此"弭"的本义同义素"［＋无］"紧密相连。

（62）蒫［mǐe］

《玉篇·艸部》："蒫，春草。"《尔雅·释草》："蒫，春草。"邢昺疏："莽草一名蒫，一名春草。"《周礼·秋官·翦氏》："掌除蠹物。以攻禜攻之，以莽草熏之。"郑玄注："莽草，药物杀虫者，以熏之则死。"《山海经·中山经》："又东南一百五十里，曰朝歌之山。潕水出焉，东南流注于荥。其中多人鱼，其上多梓枏，其兽多麢麋。有草焉，名曰莽草，可以毒鱼。"

由上可知，"蒫"的上古音是［mǐe］，［m］在其中作声母。"蒫"的本义指一种有毒的草，常被用来毒死小虫子和鱼之类，而死则意味着生命的消失，因此"弭"的本义同义素"［＋消失］"紧密相连。

（63）蛗［mǐe］

《尔雅·释虫》："姑蟗，强蛗。"郭璞注："今米谷中蠹小黑虫是也，建平人呼为蝉子。"

由上可知，"蝉"的上古音是［mǐe］，［m］在其中作声母。"蝉"的本义指一种生在谷类作物中的小黑虫，会吃谷类作物使之受损，因此"蝉"的本义同义素"［+受损］"紧密相连。

（64）愐［mǐe］

《说文·心部》："愐。厉也。一曰止也。从心。弭声。读若沔。"段注："（厉也。）盖淬厉之意。（一曰止也。）左传弭兵之弭、周礼弭灾兵之弭、郊特牲有由辟焉之辟皆当作此字。（从心。弭声。读若沔。）弭兖切。按弭在弓部。亦作弢。古音在十六部。愐亦当在十六部。读若沔者，音之转耳。"《玉篇·心部》："愐，止也。"《广韵·纸韵》："愐，止也。"

由上可知，"愐"的上古音是［mǐe］，［m］在其中作声母。"愐"的本义指停止，而停止则意味着某种行为消失了，因此"愐"的本义同义素"［+消失］"紧密相连。

（65）敉［mǐei］

《说文·攴部》："敉。抚也。从攴。米声。周书曰。亦未克敉公功。读若弭。"段注："（抚也。）见释言。（从攴。米声。周书曰。亦未克敉公功。）洛诰文。（读若弭。）绵婢切。十六部。按米声十五。弭十六。此合音也。"《玉篇·攴部》："敉，抚也。"《广韵·纸韵》："敉，安也。"《书·大诰》："予翼以于敉宁武图功。"蔡沈集传："敉，抚也。"《书·洛诰》："亦未克敉公功。"孙星衍今古文注疏引郑注《周礼》云："敉，安也。"

由上可知，"敉"的上古音是［mǐei］，［m］在其中作声母。"敉"的本义指安抚，而安抚就是让对方安定下来，安定则意味着没有矛盾冲突，因此"敉"的本义同义素"［+无］"紧密相连。

（66）米［miei］

《说文·米部》："米。粟实也。象禾实之形。凡米之属皆从米。"段注："（粟实也。）卤部曰。粟，嘉谷实也。嘉谷者，禾黍也。实当作人。粟举连秵者言之。米则秵中之人。如果实之有人也。果人之字古书皆作人。金刻本草尚无作仁者。至明刻乃尽改为仁。郑注冢宰职。九谷不言

粟。注仓人掌粟人之藏云。九谷尽藏焉。以粟为主。粟正谓禾黍也。禾
者，民食之大同。黍者，食之所贵。故皆曰嘉谷。其去秠存人曰米。因以
为凡谷人之名。是故禾黍曰米。稻稷麦菰亦曰米。舍人注所谓六米也。六
米即膳夫、食医之食用六谷也。宾客之车米、筥米。丧纪之饭米。不外黍
粱稻稷四者。凡谷必中有人而后谓之秀。故秀从禾人。（象禾黍之
形。）大徐作禾实。非是。米谓禾黍。故字象二者之形。四点者，聚米
也。十其闲者，四米之分也。篆当作四圆点以象形。今作长点。误矣。莫
礼切。十五部。"《玉篇·米部》："米，粟实也。"《广韵·荠韵》："米，
谷实。"《仪礼·公食大夫礼》："宰夫授公饭粱。"胡培翚正义引《九谷
考》："始成曰苗，成秀曰禾，禾实曰粟，粟实曰米。"《周礼·地官·舍
人》："掌米粟之出入。"孙诒让正义："已舂者为米。"

由上可知，"米"的上古音是［miei］，［m］在其中作声母。"米"
的本义指小米，即粟去壳剩下的部分，而每粒小米在体积上自然是很小
的，因此"米"的本义同义素"［＋小］"紧密相连。

（67）眯［miei］

《说文·目部》："眯。草入目中也。从目。米声。"段注："（草入
目中也。）庄子。簸穅眯目。字林云。眯物入眼为病。然则非独草也。
（从目。米声。）莫礼切。十五部。"《玉篇·目部》："眯，物入目中。"
《广韵·荠韵》："眯，物入目中。"《淮南子·缪称》："故若眯而抚。"
高诱注："眯，芥入目也。"《资治通鉴·唐纪二十一》："眯目圣神皇。"
胡三省注："眯，物入目中。"

由上可知，"眯"的上古音是［miei］，［m］在其中作声母。"眯"
的本义指因异物入眼而闭上眼，而闭上眼自然就看不见东西了，看不见
东西则意味着一切事物在视野中消失了，因此"眯"的本义同义素
"［＋消失］"紧密相连。

（68）緀［miei］

《说文·糸部》："緀。绣文如聚细米也。从糸从米。米亦声。"段
注："（绣文如聚细米也。）绣谓画也。米緀叠韵。今咎陶谟作粉米。许
所见壁中古文作黺絺。黹部云。黺，画粉也。此云緀，绣文如聚细米
也。皆古文尚书说也。此不言虞书者，经文已见于七篇矣。画粉为卫宏
说。此盖亦卫说与。（从糸米。米亦声。）莫礼切。十五部。"《广韵·

荠韵》："緐，绣文如聚米。"《玉篇·系部》："緐，画文若聚米。"

由上可知，"緐"的上古音是［miei］，［m］在其中作声母。"緐"的本义指画出细条纹，就像把一粒粒米排列起来构成线条一样，因此"緐"的本义同义素"［+细］"紧密相连。

（69）蔜［miei］

《尔雅·释草》："蔜，薂。"《尔雅·释草》："薂，蔜蕠。"郭璞注："薂，今繁蕠也，或曰鸡肠草。"《广韵·豪韵》："薂，繁蕠，蔓生，或曰鸡肠草也。"

由上可知，"蔜"的上古音是［miei］，［m］在其中作声母。"蔜"的本义指鸡肠草，鸡肠草顾名思义就是草细如鸡肠，因此"蔜"的本义同义素"［+细］"紧密相连。

（70）靡［mǐai］

《说文·非部》："靡。披靡也。从非。麻声。"段注："（披靡也。）披各本作披。今正。披靡，叠韵字。旟下曰。旌旗披靡也。项羽传。汉军皆披靡。颜师古、张守节皆普彼反。盖其字本作披。从木。析也。写者讹从手。披靡，分散下垂之貌。易中孚九二曰。吾与尔靡之。孟、王皆曰。散也。凡物分散则微细。引申之谓精细可喜曰靡丽。尔下曰丽尔犹靡丽也是也。又与亡字、无字皆双声。故谓无曰靡。（从非。麻声。）文彼切。古音在十七部。"《玉篇·非部》："靡，无也。"《广韵·纸韵》："靡，无也。"《诗·邶风·泉水》："靡日不思。"毛传："靡，无也。"《国语·周语下》："靡国不泯。"韦昭注："靡，无也。"

由上可知，"靡"的上古音是［mǐai］，［m］在其中作声母。"靡"的本义指无，《说文》对其的解释是披靡（倒下的意思），显然是错的，因为它是从非麻声的字，非作为形旁和"无"义是相通的，因此"靡"的本义同义素"［+无］"紧密相连。

（71）嬤［mǐai］

《康熙字典·女部》："嬤，《广韵》文被切《集韵》母被切，并音靡。女字。汉许皇后姊嬤。又修嬤，妇官名。汉广川王幸姬望卿，为修嬤夫人，主缯帛。"

由上可知，"嬤"的上古音是［mǐai］，［m］在其中作声母。"嬤"的本义指古代女性人名或官职名用字，而同男性相比，女性偏柔弱，因此"嬔"的本义同义素"［+弱］"紧密相连。

（72）觅［mǐek］

《玉篇·见部》："觅，索也。"《广韵·锡韵》："觅，求也。"

由上可知，"觅"的上古音是［mǐek］，［m］在其中作声母。"觅"的本义指寻找，而寻找的对象自然是暂时还看不见的人或物，暂时还看不见的人或物则意味着该人或物在视野中消失了，因此"觅"的本义同义素"［+消失］"紧密相连。

（73）幎［mǐek］

《说文·巾部》："幎。幔也。从巾。冥声。周礼有幎人。"段注："（幔也。）谓蒙其上也。周礼注曰。以巾覆物曰幎。礼经。鼎有鼏。尊彝有幎。其字亦作幂。俗作冪。算家幎积是此字。魏都赋注引左传。幎馆宫室。涂暨曰幎者，亦谓蒙其上也。今本作塓乃俗字。（从巾。冥声。）莫狄切。古首在十一部。（周礼有幎人。）天官所属。掌供巾幎。今周礼作幂。"《玉篇·巾部》："幂，大巾也。"《史记·越王句践世家》："乃蔽其面。"张守节正义引顾野王云："幂，大巾覆也。"

由上可知，"幎"的上古音是［mǐek］，［m］在其中作声母。"幎"的本义指覆盖东西的织物，而覆盖东西就意味着看不见该东西了，即该东西在视野中消失了，因此"幎"的本义同义素"［+消失］"紧密相连。

（74）幦［mǐek］

《说文·巾部》："幦。漆布也。从巾。辟声。周礼曰。駹车大幦。"段注："（漆布也。）既夕礼玉藻少仪郑注、公羊传昭廿五年何注皆曰。幦，覆笭也。按车覆笭与车笭是二事。车笭者，周礼之蔽。毛诗、尔雅之第。说文之笭。郑曰。车旁御风尘者也。覆笭者，礼经、周礼、礼记、公羊传之幦。大雅、曲礼之幭。今周礼之幎。盖乎轼上者也。以御旁之名名之也。车笭多以竹。故字从竹。覆笭不用竹，用皮。巾车曰。王丧之车。犬褾、鹿浅褾、然褾、豻褾。各用其皮也。大雅之浅幭，虎皮也。与玉藻之羔幦、鹿幦皆诸侯大夫士之吉礼也。曲礼之素幭即士丧礼之白狗幦。大夫士之凶礼也。然则车覆笭古无用漆布者。许以漆布释幦。幦之本义也。经典用为车覆笭之字也。（从巾。辟声。）莫狄切。十六部。（周礼曰。駹车犬幦。）巾车职文。按巾车云。木车犬褾。素车犬褾。駹车然褾。盖许一时笔误。如或簸或舀之比。褾幦不同。盖故书今书之异。车覆笭之字当是幭为正字。上文云盖幭是也。幦为假借字。大雅毛传曰。幭覆轼。然则幦者主谓轼覆。舆服志曰。文虎伏轼。经之浅幦也。士丧礼记曰。古文幦为幂。又可证礼古文不作幦。"《玉篇·巾部》："幦，漆布也。"《广雅·释器》："覆笭谓之幦。"《公羊传·昭公二十五年》："以幦为席。"何休注："幦，车覆笭也。"《礼记·玉藻》："君羔幦虎植。"郑玄注："幦，覆苓也。"

由上可知，"幦"的上古音是［mǐek］，［m］在其中作声母。"幦"的本义指覆盖车轼的布或皮，而覆盖车轼就意味着看不见车轼了，看不见车轼即车轼在视野中消失了，因此"幦"的本义同义素"［+消失］"紧密相连。

（75）糸［mǐek］

《说文·糸部》："糸。细丝也。象束丝之形。凡糸之属皆从糸。读若覛。"段注："（细丝也。）丝者。蚕所吐也。细者，微也。细丝曰糸。糸之言蔑也。蔑之言无也。（象束丝之形。）此谓古文也。古文见下。小篆作糸，则有增益。（凡糸之属皆从糸。读若覛。）莫狄切。十六部。"《玉篇·糸部》："糸，细丝也。"《广韵·锡韵》："糸，细丝也。"

由上可知，"糸"的上古音是［mǐek］，［m］在其中作声母。"糸"的本义指细丝，因此"糸"的本义同义素"［+细］"紧密相连。

（76）鼏［mǐek］

《说文·鼎部》："鼏。以木横贯鼎耳而举之。从鼎。冂声。周礼庙门容大鼏七个。即易玉铉大吉也。"段注："（以木横贯鼎耳举之。）贯当作册。许亦从俗也。礼经十七篇多言扃、鼏。注多言今文扃为铉，古文鼏为密。按扃者，假借字。鼏者，正字。铉者，音近义同字也。以木横册鼎耳是曰鼏。两手举其木之端是曰扛鼎。鼏横于鼎盖之上。故礼经必。先言抽扃。乃后取鼏。犹扃为户外闭之关。故或以扃代之也。（从鼎。冂声。）五篇有冂部。此从之为声。古荧切。十一部。按大小徐篆皆作鼏。解作冂声。莫狄切。以鼎盖字之音。加诸横册鼎耳之义。误矣。广韵、集韵、礼部韵略、玉篇、类篇皆佚此字。然广韵、玉篇皆云亡狄切。鼎盖也。则鼏字尚未亡。集韵、类篇引横贯鼎耳云云于锡韵冥狄切。而鼏字亡矣。惟匡谬正俗及毛晃礼部韵略增字独不误。（周礼庙门容大鼏七个。）考工记匠人文。今本作大扃七个。许所据作鼏。用此知礼经古文本亦作鼏。古文以鼏密连文。今文以铉密连文。郑上字从古文。下字从今文。遂鼏鼏连文。转写恐其易混。则上字易为扃耳。韵会无大。（即易玉铉大吉也。）鼎上九爻辞。金部铉下曰。所以举鼎也。易谓之铉。礼谓之鼏。据此则许所据礼古文作鼏。郑则据礼今文作铉。同易也。鼏铉异字同义。或读铉古冥反。则非矣。韵会无大吉也。（鼎覆也。从鼎冖。冖亦声。）此九字各本无。以鼏篆鼏解牛头马脯而合之。今补正。鼏见礼经。所以覆鼎。用茅为之。今本作鼏。正字也。礼古文作密。假借字也。从鼎冖者冖覆也。冖亦声者据冥字之解知之。古者覆巾谓之帲。鼎盖谓之鼏。而礼经时亦通用。蚰部蠠从鼏声。亦作蜜。虎部魊读若鼏。是知鼏古音同冥。亦同密。在十一十二部之间。今音则莫狄切。”《玉篇·鼎部》："鼏，鼎盖也。"《广雅·释诂二》："幂，覆也。"王念孙疏证："鼎覆谓之鼏，车覆轼谓之幦，义亦与幂同。"《仪礼·公食大夫礼》："士举鼎，去鼏于外次入。"胡培翚正义："鼏，鼎盖也。"

由上可知，"鼏"的上古音是［mǐek］，［m］在其中作声母。"鼏"的本义指鼎盖，而鼎盖上了盖子后鼎里的东西就看不见了，就在视野中消失了，因此"鼏"的本义同义素"［+消失］"紧密相连。

（77）冖［mǐek］

《说文·冖部》："冖。覆也。从一下垂也。凡冖之属皆从冖。"段注："（覆也。）覆者，盖也。（从一下垂。）一者所以覆之也。覆之则四面下垂。广韵引文字音义云。以巾覆。从一下垂。莫狄切。十六部。按冥下曰冖声。鼏亦冖声。则亦在十一部。支耕之合也。"《玉篇·冖部》："冖，覆也。"

由上可知，"冖"的上古音是［mǐek］，［m］在其中作声母。"冖"的本义指盖东西的盖子，而盖上了盖子后被盖的东西就看不见了，就在视野中消失了，因此"冖"的本义同义素"［+消失］"紧密相连。

（78）魊［mǐek］

《说文·虎部》："魊。白虎也。从虎。昔省声。读若鼏。"段注："（白虎也。从虎。昔省声。读若鼏。）昔当作冥。字之误也。水部曰。汩，从水，冥省声。玉篇曰。魊俗魊字，可证也。又按汉书金日磾，说者谓密低二音。然则日声可同密。蚰部蠠蜜同字。礼古文鼏皆为密。则鼏密音同也。今音魊莫狄切。"《玉篇·虎部》："魊，白虎也。"

由上可知，"虦"的上古音是［mǐek］，［m］在其中作声母。"虦"的本义指白虎，而跟一般老虎相比，白虎的最大特点是身上没有斑纹，因此"虦"的本义同义素"［+无］"紧密相连。

（79）謐［mǐět］

《说文·言部》："謐。静语也。从言。监声。一曰无声也。"段注："（静语也。）今文尚书维刑之谧哉。周颂。誐以谧我。释诂曰。谧，静也。按周颂谧亦作溢，亦作恤。尧典谧亦作恤。释诂。溢，慎也。溢，慎，谧，静也。恤与谧同部。溢盖恤之讹体。慎静二义相成。许云静语者，为其从言也。（从言。监声。）弥必切。十二部。（一曰无声也。）今多用此义。"《玉篇·言部》："謐，静也。"《广韵·质韵》："謐，静也。"《文选·左思〈魏都赋〉》："开务有谧。"李善注引《尔雅》："谧，静也。"《文选·潘岳〈笙赋〉》："泄之反谧。"刘良注："謐，静也。"

由上可知，"謐"的上古音是［mǐět］，［m］在其中作声母。"謐"的本义指安静，而安静则意味着没有声音，因此"謐"的本义同义素"［+无］"紧密相连。

（80）醀［mǐět］

《说文·酉部》："醀。饮酒俱尽也。从酉。监声。"段注："（饮酒俱尽也。从酉。监声。）迷必切。十二部。"《玉篇·酉部》："醀，饮酒俱尽也。"《广韵·质韵》："醀，饮酒俱尽也。"

由上可知，"醀"的上古音是［mǐět］，［m］在其中作声母。"醀"的本义指把酒全部喝完，把酒全部喝完也就意味着酒没有了，因此"醀"的本义同义素"［+无］"紧密相连。

（81）盤［mǐět］

《说文·皿部》："盤。械器也。从皿。必声。"段注："（拭器也。）广韵、集韵、类篇皆作拭。许书以饰为拭。不出拭。此作拭者，说解中容不废俗字，抑后人改也。可以箧拭之器，若今刷子之类。韩非所谓怀刷，其是欤。古箧刷通用也。今各本作械器。非古本。（从皿。必声。）弥毕切。十二部。"《广韵·质韵》："盤，拭器也。"《说文·皿部》朱骏声通训定声："盤，受水以刷发之器，如苏俗所谓水雹者。"

由上可知，"监"的上古音是［mǐět］，［m］在其中作声母。"监"的本义指擦拭用的器具，而擦拭则意味着使器物变干净，干净就是没有污垢，因此"监"的本义同义素"［+无］"紧密相连。

（82）宓［mǐět］

《说文·宀部》："宓。安也。从宀。必声。"段注："（安也。）此字经典作密。密行而宓废矣。大雅。止旅乃密。传曰。密，安也。正义曰。释诂曰。密、康，静也。康，安也。转以相训。是密得为安。按上林赋宓泪，去疾也。义似异而实同。孔子弟子子贱姓宓。（从宀。必声。）美毕切。十二部。"《广雅·释诂一》："宓，安也。"《广韵·质韵》："宓，宁也。"《淮南子·览冥》："宓穆休于太祖之下。"高诱注："宓，宁也。"

由上可知，"宓"的上古音是［mǐět］，［m］在其中作声母。"宓"的本义指安宁，而安宁则意味着没有喧闹，因此"宓"的本义同义素"［+无］"紧密相连。

（83）蔤［mǐět］

《说文·艸部》："蔤。芙蕖本。从艸。密声。"段注："（扶渠本。）释艸。其本蔤。郭云。茎下白蒻在泥中者。按蔤之言入水深密也。蒲本亦称蔤。周书莫席。今作蔑席。纤蒻席也。檀弓。子蒲卒。哭者呼灭。注曰。灭盖子蒲名。哭呼名。故子皋非之。莫灭皆蔤之假借也。名蔤。故字蒲。（从艸。密声。）美必切。十二部。"《玉篇·艸部》："蔤，荷本也，茎下白蒻在泥中者。"《广韵·质韵》："蔤，荷本下白。"《说文·艸部》徐锴系传："蔤，藕节上初生茎时萌芽壳也，在泥中者。"《文选·何晏〈景福殿赋〉》："茄蔤倒植。"李善注引《尔雅》曰："荷，芙蕖。其本蔤。"

由上可知，"蔤"的上古音是［mǐět］，［m］在其中作声母。"蔤"的本义指荷花的茎的下端埋在泥中的部分，而埋在泥中就意味着看不见这一部分，意味着这一部分在视野中消失了，因此"蔤"的本义同义素"［+消失］"紧密相连。

（84）昒［mǐět］

《说文·日部》："昒。不见也。从日。勿省声。"段注："（不见也。

从日。否省声。）此字古籍中未见。其训云不见也。则于从日无涉。其音云否省声。则与自来相传密音不合。且何不云不声也。以理求之。当为不日也。从不日。王风曰。不日不月。谓不知其旋反之何日何月。即上章之不知其期也。大雅。不日成之。笺云。不设期日。今俗谓不远而不定何日亦曰不日。即形即义许书有此例。如止戈为武、日见为晛是也。其音美毕切者，盖谓远不可期则读如蔑。近不可期则读如密也。自读许书者不解。而妄改其字。或改作㫫。广韵改作㫫。意欲与覓之俗字作觅者比附为一。十一部。”《玉篇·日部》：“否，不见也。”《集韵·质韵》：“否，不见也。”

由上可知，“否”的上古音是［mǐět］，［m］在其中作声母。“否”的本义指看不见，而看不见则意味着某事物在眼前消失，因此“否”的本义同义素“［+消失］”紧密相连。

（85）沕［mǐət］

《集韵·质韵》：“沕，潜藏也。”《楚辞·招隐士》：“罔兮沕。”洪兴祖补注：“沕，潜藏也。”《史记·屈原贾生列传》：“沕深潜以自珍。”裴骃集解引徐广曰：“沕，潜藏也。”

由上可知，“沕”的上古音是［mǐət］，［m］在其中作声母。“沕”的本义指潜藏，而潜藏就是使人看不见，使该事物在别人眼前消失，因此“沕”的本义同义素“［+消失］”紧密相连。

第五节 小结

本章一共考察了“麻”“鬓”等85个上古汉语单音词，它们的语音、本义和与本义关联的义素见表1-1。

表1-1 “麻”“鬓”等85个上古汉语单音词的语音、本义和与本义关联的义素

序号	单音词	语音形式	本义	关联义素	本义与关联义素的联系
1	麻	meai	一种草本植物	［+细］	麻可以制作绳索和布料。制作绳索和布料的第一步是把麻分成更细的纤维，然后再把它们编在一起制成成品；间接

序号	单音词	语音形式	本义	关联义素	本义与关联义素的联系
2	鬟	mea	用来扎住头发使之成髻的带子	[+小]	扎住头发使之成髻意味着使原来松散的头发被约束，从而变得更紧凑。从体积上看，自然是由大变小；间接
3	瘼	mea	眼病	[+少]	眼睛有病自然就看不清楚东西，看不清楚东西就意味着进入视野的清晰部分少；间接
4	骂	mea	用难听的话侮辱别人	[+受损]	侮辱别人意味着使别人的名誉受损；间接
5	袜	mǐwǎt	袜子	[+消失]	袜子的作用就是为了防止脚露在外面而将其隐蔽起来使之看不见，而看不见则意味着使脚在视野中消失；间接
6	模	mua	把材料压制或浇铸成型的工具	[+小]	成型后的成品同该工具形状相似，而形状相似则意味着差别小；间接
7	谟	mua	谋划	[+无]	谋划即在行动之前对整个行动的步骤和方法的一种推测，是还没有实现的；间接
8	摹	mua	临摹	[+小]	临摹即照着实物模仿去画，既然是模仿，肯定与实物非常接近，差别很小；间接
9	膜	mak	动物皮肉之间的薄膜	[+消失]	该薄膜覆盖着血肉和内脏，起保护作用，而覆盖着血肉和内脏则意味着看不见血肉和内脏，看不见血肉和内脏即血肉和内脏从视野中消失了；间接
10	瘼	muai	偏瘫	[+少]	偏瘫是不全之病，使人体大部分活动能力丧失，只具备少量的活动能力；间接
11	麼	muai	细小	[+小]	直接
12	墨	mǝk	用黑土制成的用来书写和绘画的黑色液体	[+消失]	黑色意味着暗淡无光看不见东西，即东西在视野中消失了；间接
13	默	mǝk	狗突然窜出来追人	[+无]	狗突然窜出来追人意味着狗先前是无声无息、没有动静的；间接
14	蟔	mǝk	一种毛虫	[+细]	毛虫的最大特点是长着细毛；间接

序号	单音词	语音形式	本义	关联义素	本义与关联义素的联系
15	纆	mǝk	由两股或三股绳拧成的一根绳	[+细]	两股或三股绳拧成的一根绳意味着原先的绳子变细了；间接
16	嘿	mǝk	不说话	[+无]	不说话就没有声音以及相应的话语；间接
17	嫼	mǝk	因嫉妒而发怒	[+低]	嫉妒意味着自己在水平、地位等方面比对方低；间接
18	莫₂	mǎk	无	[+无]	直接
19	漠	mǎk	沙漠	[+无]	沙漠是杳无人烟的地方；间接
20	瘼	mǎk	病	[+弱]	生病身体自然就会虚弱；间接
21	嗼	mǎk	安静无声	[+无]	间接
22	纀	mǎk	质量低的絮	[+低]	间接
23	貉	meǎk	古代北方少数民族	[+无]	在古代，北方少数民族常被认为没有开化，愚昧无知；间接
24	脉	měk	人体中的筋脉	[+细]	筋脉一般都是细的；间接
25	眽	měk	斜着眼看	[+少]	斜着眼看必然导致看得不清楚，看得不清楚意味着进入视野的清晰部分少；间接
26	没	muǝt	淹没	[+消失]	淹没必然导致看不见被淹没的人或物，看不见被淹没的人或物则意味着被淹没的人或物从视野中消失了；间接
27	殁	muǝt	死	[+消失]	死必然导致人或动物的消失；间接
28	頮	muǎt	把头部潜入水中	[+消失]	把头部潜入水中必然导致看不见头部，看不见头部则意味着头部从视野中消失了；间接
29	䍦	muǝt	潜入水中取东西	[+消失]	潜入水中取东西必然导致看不见整个人，看不见整个人则意味着整个人从视野中消失了；间接
30	坲	muǝt	埋	[+消失]	埋东西必然导致看不见被埋物，看不见被埋物即被埋物在视野中消失了；间接
31	末	muǎt	树梢	[+细]	树梢同枝干相比自然是比较细的；间接

续表

序号	单音词	语音形式	本义	关联义素	本义与关联义素的联系
32	盲	muǎt	眼睛歪斜	[+少]	眼睛歪斜则意味着看东西看不清楚，看东西看不清楚意味着进入视野的清晰部分少；间接
33	糱	muǎt	面粉	[+小]	面粉当然是由细小的粉末构成的；间接
34	眛	muǎt	眼睛看东西看不清楚	[+少]	看东西看不清楚意味着进入视野的清晰部分少；间接
35	沫	muǎt	浮在水面上的小泡沫	[+小]	间接
36	烕	miět	隐蔽起来使对方看不见	[+消失]	使对方看不见就是使某事物在对方视野中消失；间接
37	灭	mǐǎt	消失	[+消失]	直接
38	蔑	miǎt	因眼睛疲劳看东西无精打采	[+少]	看东西无精打采必然导致看不清楚，看不清楚意味着进入视野的清晰部分少；间接
39	懱	miǎt	轻蔑	[+低]	轻蔑就是看不起人，意味着对方在水平、地位上比自己低；间接
40	薎	miǎt	眼屎	[+少]	眼屎会导致眼睛看东西不清楚，看东西不清楚意味着进入视野的清晰部分少；间接
41	篾	miǎt	竹子的硬皮	[+消失]	竹子的硬皮覆盖着竹子内部，使内部不被看见，从视野中消失；间接
42	幭	miǎt	覆盖东西的织物	[+消失]	覆盖东西就意味着看不见该东西了，即该东西在视野中消失了；间接
43	莫	miǎt	眼睛看东西看不清楚	[+少]	看东西看不清楚意味着进入视野的清晰部分少；间接
44	麛	mie	鹿所生的小鹿	[+小]	间接
45	麋	mǐei	一种像鹿的动物	[+消失]	该动物的一个显著特点是在冬天它的角会脱落，而脱落则意味着角的消失；间接
46	眷	mǐei	遗漏在地上的米	[+少]	遗漏在地上的米从数量上来说一般是少的；间接
47	鷛	mǐei	一种像鸭子但比鸭子小的水鸟	[+小]	间接
48	罘	mǐei	一种网	[+空]	网的最大特点就是由很多网眼组成，网眼自然是中空的；间接

续表

序号	单音词	语音形式	本义	关联义素	本义与关联义素的联系
49	弭	mĭei	使弓弦松弛	[+小]	松弛意味着紧度小；间接
50	迷	miei	迷惑	[+无]	迷惑意味着头脑不清楚，头脑不清楚意味着对某事一无所知；间接
51	覭	miei	在生病的状态下看东西	[+少]	在生病的状态下看东西很容易导致看不清楚，看不清楚意味着进入视野的清晰部分少；间接
52	糜	mĭai	粥	[+小]	粥必定是将米煮烂，将米煮烂意味着米变松弛了，在紧度上变小；间接
53	縻	mĭai	牛的缰绳	[+小]	牛的缰绳是用来限制牛的行动的，使牛的行动范围变小；间接
54	爢	mĭai	煮熟至烂	[+小]	煮熟至烂意味着食物变松弛了，在紧度上变小；间接
55	䊳	mĭai	碎	[+小]	碎意味着在体积上的变小；间接
56	糜	mĭai	不黏的黍	[+无]	不黏意味着没有黏着度；间接
57	穈	mĭai	初生的赤梁粟	[+小]	初生意味着年龄小；间接
58	攠	mĭai	钟受撞击而磨损的地方	[+受损]	间接
59	簚	mĭai	把完整的竹子析成一条一条的竹篾	[+细]	把完整的竹子析成一条一条的竹篾意味着由粗变细；间接
60	渳	mĭe	洗涤尸体	[+无]	洗涤尸体就是使尸体变得干净，干净则意味着没有污垢；间接
61	弭	mĭe	一种没有用丝线包裹并且没有涂漆的弓	[+无]	间接
62	葞	mĭe	一种有毒的草	[+消失]	该草常被用来毒死小虫子和鱼之类，而死则意味着生命的消失；间接
63	蝆	mĭe	一种生在谷类作物中的小黑虫	[+受损]	该小黑虫会使谷类作物受损；间接
64	惼	mĭe	停止	[+消失]	停止意味着某种行为消失了；间接
65	敉	mĭei	安抚	[+无]	安抚就是让对方安定下来，安定则意味着没有矛盾冲突；间接

序号	单音词	语音形式	本义	关联义素	本义与关联义素的联系
66	米	miei	小米	[+小]	间接
67	眯	miei	因异物入眼而闭上眼	[+消失]	闭上眼自然就看不见东西了，看不见东西则意味着一切事物在视野中消失了；间接
68	絖	miei	画出细条纹	[+细]	间接
69	蔝	miei	鸡肠草	[+细]	鸡肠草顾名思义就是草细如鸡肠；间接
70	靡	mǐai	无	[+无]	直接
71	嬎	mǐai	古代女性人名或官职名用字	[+弱]	同男性相比，女性偏柔弱；间接
72	觅	mǐek	寻找	[+消失]	寻找的对象自然是暂时还看不见的人或物，暂时还看不见的人或物则意味着该人或物在视野中消失了；间接
73	幂	mǐek	覆盖东西的织物	[+消失]	覆盖东西就意味着看不见该东西了，即该东西在视野中消失了；间接
74	幦	mǐek	覆盖车轼的布或皮	[+消失]	覆盖车轼就意味着看不见车轼了，看不见车轼即车轼在视野中消失了；间接
75	糸	mǐek	细丝	[+细]	间接
76	鼏	mǐek	鼎盖	[+消失]	鼎盖上了盖子后鼎里的东西就看不见了，就在视野中消失了；间接
77	冖	mǐek	盖东西的盖子	[+消失]	盖上了盖子后被盖的东西就看不见了，就在视野中消失了；间接
78	䮵	mǐek	白虎	[+无]	跟一般老虎相比，白虎的最大特点是身上没有斑纹；间接
79	谧	mǐět	安静	[+无]	安静意味着没有声音；间接
80	醑	mǐět	把酒全部喝完	[+无]	把酒全部喝完也就意味着酒没有了；间接
81	幭	mǐět	擦拭用的器具	[+无]	擦拭则意味着使器物变干净，干净就是没有污垢；间接
82	宓	mǐět	安宁	[+无]	安宁意味着没有喧闹；间接

序号	单音词	语音形式	本义	关联义素	本义与关联义素的联系
83	蔤	mǐět	荷花的茎的下端埋在泥中的部分	[+消失]	埋在泥中就意味着看不见这一部分，意味着这一部分在视野中消失了；间接
84	否	mǐět	看不见	[+消失]	看不见意味着某事物在眼前消失；间接
85	汩	mǐət	潜藏	[+消失]	潜藏就是使人看不见，使该事物在别人眼前消失；间接

从表 1-1 中可以看出，85 个上古汉语单音词的语音有 [meai]、[mea]、[mǐwǎt]、[mua]、[mak]、[muai]、[mək]、[mǎk]、[meǎk]、[měk]、[muət]、[muǎt]、[miět]、[mǐǎt]、[miǎt]、[mie]、[mǐei]、[miei]、[mǐai]、[mǐe]、[mǐek]、[mǐět]、[mǐət] 等 23 种，[m] 在其中均作声母。这些单音词虽然本义各不相同，但从与本义关联的义素的视角来看，可以归为两类：其一是"小"类，对应的关联义素为"[+细]""[+小]""[+少]""[+弱]""[+低]""[+受损]"；其二是"无"类，对应的关联义素为"[+无]""[+消失]""[+空]"。值得注意的是，85 个单音词的本义与各自的关联义素之间的关系可以分为直接和间接两种。直接是指本义与关联义素是等同的，这样的单音词一共有"麼""莫₂""靡"3 个。如"麼"的本义为"细小"，相应的关联义素也是"[+小]"，二者之间的联系很明显。间接是指本义与关联义素不一致，这样的单音词一共有"麻""冀"等 82 个，二者之间的联系有的明显有的不明显。如"麻"的本义为"一种草本植物"，相应的隐性关联义素是"[+细]"①，二者之间的联系就在于麻这种草本植物可以制作绳索和布料，而制作绳索和布料的第一步是把麻分成更细的纤维，这样"麻"的本义就和义素"[+细]"联系起来了，这是属于不明显的；"綟"的本义为"画出细条纹"，相应的显性关联义素是"[+细]"，关联义素包含在本义之中，二者之间的联系是明显的。

---

① 对隐性义素的详细讨论，参见苏瑞（1995）。

第二章 词义基因 {m} 在 u 等四韵的分布

第一节　u 韵

(86) 诬 [mǐwa]

《说文·言部》："諬。加也。从言。巫声。"段注："（加也。）玄应五引皆作加言。加言者架言也。古无架字。以加为之。淮南时则训。鹊加巢。加巢者，架巢也。毛诗笺曰。鹊之作巢。冬至加之。刘昌宗加音架。李善引吕氏春秋注曰。结，交也。构，架也。云加言者，谓凭空构架听者所当审慎也。按力部曰。加，语相增加也。从力口。然则加与诬同义互训。可不增言字。加与诬皆兼毁誉言之。毁誉不以实皆曰诬也。方言。诬諕与也。吴越曰诬。荆楚曰諕与。犹齐晋言阿与。表记。受禄不诬。注曰。于事不信曰诬。（从言。巫声。）武扶切。五部。"《玉篇·言部》："诬，欺罔也。"《广韵·虞韵》："诬，诬罔。"《书·仲虺之诰》："矫诬上天。"孔颖达疏："诬，加也。"《国语·周语上》："诬其王也。"韦昭注："诬，罔也。"

由上可知，"诬"的上古音是 [mǐwa]，[m] 在其中作声母。"诬"的本义指说假话，而假话就是没有事实根据的话，因此"诬"的本义同义素"［+无］"紧密相连。

(87) 巫 [mǐwa]

《说文·巫部》："巫。祝也。女能事无形、以舞降神者也。象人两袖舞形。与工同意。古者巫咸初作巫。凡巫之属皆从巫。"段注："（巫祝也。）依韵会本。三字一句。按祝乃觋之误。巫觋皆巫也。故觋篆下总言其义。示部曰。祝，祭主赞辞者。周礼祝与巫分职。二者虽相须为用。不得以祝释巫也。（女能事无形、以舞降神者也。）无舞皆与巫叠韵。周礼女巫无数。旱暵则舞雩。许云。能以舞降神。故其字象舞袖。（象人两袖舞形。）谓㢩也。太史公曰。韩子称长袖善舞。不言从工者。工小篆也。巫，小篆之仍古文者也。古文不从小篆也。不言工象人有规矩者。已见上文工下矣。式、巧，何以从工。式、巧之古文本从叿也。叿，何以从工也。叿下云从工，犹云象规矩也。（与工同意。）此当云与叿同意。说见工下。武扶切。五部。（古者巫咸初作巫。）盖出世本作篇。君奭曰。在大戊。时则有巫咸乂王家。书序曰。伊陟相大戊。伊陟赞于巫咸。马云。巫，男巫。名咸。殷之巫也。郑云。巫咸谓为巫官者。封禅书曰。伊陟赞巫咸。巫咸之兴自此始。谓巫觋自此始也。或云大臣必不作巫官。是未读楚语矣。贤圣何必不作巫乎。筮之小篆从此。"《玄应音义》卷十六："事鬼神曰巫，在男曰觋，在女曰巫。"《玉篇·巫部》："神降男为巫，女为觋。"《左传·僖公二十一年》："公欲焚巫尫。"杜预注："巫尫，主祈祷请雨者。"孔颖达疏："巫，是祷神之人。"《论语·子路》："人而无恒不可以作巫医。"皇侃疏："巫，接事鬼神者。"

由上可知，"巫"的上古音是［mǐwa］，［m］在其中作声母。"巫"的本义指向鬼神祈祷以办事的人，而鬼神则是无形的，因此"巫"的本义同义素"［+无］"紧密相连。

（88）无［mǐwa］

《说文·亡部》："橆。亡也。从亡。無声。"段注："（亡也。）凡所失者、所未有者皆如逃亡然也。此有無字之正体。而俗作无。无乃橆之隶变。橆之训丰也。与无义正相反。然则隶变之时。昧于亡为其义。橆为其声。有声无义。殊为乖缪。古有假橆为橆者。要不得云本无二字。汉隶多作橆可证也。或假亡为無者，其义同。其音则双声也。（从亡。橆声。）按不用莫声而用橆声者，形声中有会意。凡物必自多而少而无。老子所谓多藏必厚亡也。武夫切。五部。古音武夫与莫胡二切不别。故無、模同音。其转语则水经注云燕人谓无为毛、杨子以曼为无、今人谓無有为没有皆是也。"《玉篇·亡部》："无，不有也。"《广韵·虞韵》："无，有无也。"

由上可知，"无"的上古音是［mǐwa］，［m］在其中作声母。"无"的本义指没有，因此"无"的本义同义素"［+无］"紧密相连。

（89）毋［mǐwa］

《说文·毋部》："毋。止之也。从女。有奸之者。凡毋之属皆从毋。"段注："（止之词也。）词依礼记释文补。词者，意内而言外也。其意禁止，其言曰毋也。古通用无。诗书皆用无。士昏礼。夙夜毋违命。注曰。古文毋为无。是古文礼作无，今文礼作毋也。汉人多用毋。故小戴礼记、今文尚书皆用毋。史记则竟用毋为有无字。又按诗毋教猱升木。字作毋。郑笺。毋，禁辞。（从女一。）会意。武扶切。五部。（女有奸之者。一禁止之。令勿奸也。）各本但有从女有奸之者六字。今补十字。禁止之令勿奸。此说从一之意。毋与乍同意。乍下云。止也，从亡一，一有所碍之也。然则毋下亦当从女一，一有所碍之。其义可互证。曲礼释文、大禹谟正义皆引说文云其字从女。内有一画。象有奸之形。禁止之勿令奸。古人云毋，犹今人言莫也。此以己意增改而失许意。盖许以禁止令勿奸，说从一。陆孔以有奸之者，说从一。不知女有奸之者五字为从一以禁止张本。唐人之增改。今本之夺落。皆缪。而唐本可摘以正今本。"《玉篇·毋部》："无，莫也。"《广韵·虞韵》："无，止之辞。"《书·大禹谟》："帝曰毋。"孔颖达疏："毋者，禁止其辞也。"《礼记·檀弓下》："曰：噫，毋。"郑玄注："毋，禁止之辞。"

由上可知，"毋"的上古音是［mǐwa］，［m］在其中作声母。"毋"的本义指不要、别，表示禁止，而禁止则意味着要求某种行为消失，因此"毋"的本义同义素"［+消失］"紧密相连。

（90）芜［mǐwa］

《说文·艸部》："芜。秽也。从艸。无声。"段注："（秽也。从艸。无声。）武扶切。五部。"《慧琳音义》卷八十："芜，荒秽也。"《广韵·虞韵》："芜，荒芜。"《楚辞·离骚》："哀众芳之芜秽。"洪兴祖补注："芜，荒也。"《国语·周语下》："田畴荒芜。"韦昭注："芜，秽也。"

由上可知，"芜"的上古音是［mǐwa］，［m］在其中作声母。"芜"的本义指荒芜，而荒芜则意味着没有某种植物，因此"芜"的本义同义素"［+无］"紧密相连。

（91）珷［mǐwa］

《说文·玉部》："珷。三采玉也。从玉。無声。"段注："（三采玉也。）周礼故书。珷玉三采。注曰。珷，恶玉名。江沅曰。恶王者，亚次之玉也。古恶亚字通。广雅玉类有珷。玉裁按。天子纯玉。公四玉一石。侯三玉二石。故书作珷。新书作珉。皆谓石之次玉者。诸公之冕，珷玉三采。谓以珷杂玉备三采。下于天子纯玉备五采也。许云。三采玉谓之珷。误矣。（从玉。無声。）武无切。徐坚引说文音舞。五部。"《玉篇·玉部》："珷，三采玉也。"《广韵·虞韵》："珷，三采玉也。"《周礼·夏官·弁师》："珉玉三采。"郑玄注引郑司农云："珷，恶玉名。"

由上可知，"珷"的上古音是［mǐwa］，［m］在其中作声母。"珷"的本义指质量低的玉，因此"珷"的本义同义素"［+低］"紧密相连。

（92）侮［mǐwɔ］

《说文·人部》："侮。伤也。从人。每声。"段注："（伤也。）伤各本作伤。误。今正。锴曰。伤，慢易字也。锴作注时未误也。小雅常棣假务为侮。（从人。每声。）五部。按每声在一部合音。母声犹每声也。汉书五行志。慢侮之心生。"《玄应音义》卷一："侮，伤也。"《广韵·虞韵》："侮，轻也。"《书·盘庚》："汝无老侮成人。"孙星衍今古文注疏引《广雅》："侮者，伤也。"《文选·陈琳〈为袁绍檄豫州〉》："卑侮王室。"吕向注："侮，轻也。"

由上可知，"侮"的上古音是［mǐwɔ］，［m］在其中作声母。"侮"的本义指轻慢地对待，而轻慢地对待则意味着对方在水平、地位上比自己低，因此"侮"的本义同义素"［+低］"紧密相连。

（93）武［mǐwa］

《说文·戈部》："武。楚庄王曰。夫武定功戢兵。故止戈为武。"段注："（楚庄王曰。）庄，上讳也。不当用。古庄壮通用。谥法固取壮非取艸。周书。兵甲亟作，庄。睿圉克服，庄。胜敌志强，庄。武而不遂，庄。皆壮字也。后人以庄代之耳。此庄王必本作壮。若讳庄之字曰严，乃汉法。许则从左氏古文。典下云。庄都说。亦当作壮。晋语有壮驰兹。盖古姓本作壮。后乃尽改为庄。（夫武定功戢兵。故止戈为武。）宣十二年左传文。此橐栝楚庄王语以解武义。庄王曰。于文止戈为武。是仓颉所造古文也。只取定功戢兵者，以合于止戈之义也。文之会意已明。故不言从止戈。文甫切。五部。大雅履帝武敏传曰。武，迹也。此武之别一义也。"《广韵·麌韵》："止戈为武。"《文选·张衡〈东京赋〉》："既光厥武。"薛综注："止戈曰武。"

上述古注未能正确解释"武"的本义。于省吾（1996：867）认为："《说文》：'武，楚庄王曰："夫武定功戢兵，故止戈为武。"'按《左·宣十二年传》：'夫文止戈为武。'《汉书·武五子传》：'是以仓颉作书，止戈为武。'按止戈为武之说，自来学者多无异议，惟俞樾《儿笘录》云：'在仓颉造字时，则但以为足止字，而无此辗转相生之义也。乃谓武字从止为取止戈之义，岂得其本义哉。然则武字本义谓何，曰武舞古同字，武即舞字也。'按俞氏不从止戈之说，至具卓识。惟谓武即舞，以借字为本字误矣。古文无即初文舞字，金文亦作遳。古文从止之字，就狭义言之，限于足之止；就广义言之，则表示人类行动之义。故徐行为步作□；由卑而升曰陟作□；由高而卑为降作□；行所经为□□，像人行田中或林中；行在前为□；却行为复；自他至为各，均详罗振玉释止。（《贞松遗稿》一至四）又按徙为移动，金文作□，卫字作□，像众人之围守城邑。古文从止从辵从走每互作无别，均有行动之义。武从止从戈，本义为征伐示威。征伐者必有行，止即示行也。征伐者必以武器，戈即武器也。许氏以楚庄王说武之断章取义为武之本义，岂其然乎。"

由上可知，"武"的上古音是 [mǐwa]，[m] 在其中作声母。"武"的本义指征伐示威，而征伐示威必然会导致人的死亡，死亡本质上就是生命的消失，因此"武"的本义同义素"[+消失]"紧密相连。

（94）舞 [mǐwa]

《说文·舛部》："舞。乐也。用足相背。从舛。無声。"段注："（乐也。用足相背。）说从舛之意。（从舛。無声。）文抚切。五部。按诸书多作儛。"《希麟音义》卷八："手谓之舞，足谓之蹈也。"《广韵·麌韵》："舞，歌舞也。"《文选·傅毅〈舞赋〉》："舞赋。"李善注：

"舞者，音声之容也。"《大戴礼记·五帝德》："龙夔教舞。"王聘珍解诂："舞，歌舞也。"

由上可知，"舞"的上古音是［mǐwa］，［m］在其中作声母。"舞"的本义指舞蹈，而原始舞蹈并非审美意义上的艺术样式，它往往以作为充满图腾崇拜观念的巫术仪式中的一个重要组成部分的身份存在，本质上是主客体间进行神秘互渗交往的一种媒介（郑海，1986），也就是说原始舞蹈同鬼神是紧密相连的，而鬼神又是无形的，因此"舞"的本义同义素"［+无］"紧密相连。

（95）羃［mǐwa］

《说文·网部》："羃。㡌中网也。从网。舞声。"段注："（㡌中网也。）中字剩。或曰当作户㡌网。如招魂之网户。王逸曰。网户，绮纹镂也。此似网。非真网也。故次于此。（从网。舞声。）文甫切。五部。"《玉篇·网部》："羃，㡌中网也。"《广韵·麌韵》："羃，窗中网也。"

由上可知，"羃"的上古音是［mǐwa］，［m］在其中作声母。"羃"的本义指安装在窗户上的网状物，而网的最大特点就是由很多网眼组成，网眼自然是中空的，因此"羃"的本义同义素"［+空］"紧密相连。

（96）忞［mǐwa］

《说文·心部》："忞。爱也。韩郑曰忞。一曰不动。从心。无声。"段注："（悉也。）悉各本作憂。今正。（韩郑曰忞。）方言。亟怜忞俺爱也。宋卫邠陶之闲曰忞。或曰俺。又曰。韩郑曰忞。释诂曰。忞，抚也。（一曰不动。）别一义。论语。夫子忞然。孟子。夷子忞然。三苍曰。忞然失意貌也。赵岐曰。忞然犹怅然也。皆于此义近。（从心。无声。）文甫切。五部。郭璞茫甫反。"《慧琳音义》卷九十六："忞，失意貌也。"《玉篇·心部》："忞，不动貌。"《论语·微子》："夫子忞然。"邢昺疏："忞，失意貌也。"《资治通鉴·晋纪二十七》："忞然始有惧色。"胡三省注："忞，怅然失意貌。"

由上可知，"忞"的上古音是［mǐwa］，［m］在其中作声母。"忞"的本义指怅然失意的样子，因此"忞"的本义同义素"［+消失］"紧密相连。

（97）庑 ［mǐwa］

《说文·广部》：“庑。堂下周屋。从广。无声。”段注：“（堂周屋也。）各本作堂下。玄应引作堂周屋曰庑。今从之。释名曰。大屋曰庑。幽冀人谓之庌。说与许异。许谓堂之四周为屋也。洪范、晋语蕃庑皆假庑为楙也。（从广。无声。）文甫切。五部。”《玄应音义》卷十七：“堂下周屋曰庑。”《玉篇·广部》：“庑，堂下周屋也，幽冀人曰庌。”《楚辞·九歌·湘夫人》：“建芳馨兮庑门。”朱熹集注：“庑，堂下周屋也。”《后汉书·顺帝纪》：“恭陵百丈庑灾。”李贤注：“庑，廊屋也。”

由上可知，“庑”的上古音是［mǐwa］，［m］在其中作声母。“庑”的本义指大堂周围的小屋子，多分布在廊的一侧，因此“庑”的本义同义素“［+小］”紧密相连。

（98）甒 ［mǐwa］

《玉篇·瓦部》：“甒，盛五升小罂也。”《广韵·麌韵》：“甒，罂甒。”《礼记·杂记》：“甕甒。”陆德明释文：“甒，瓦器。”《文选·潘岳〈马汧督诔〉》：“置壶镭瓶甒以俟之。”李善注引《方言》曰：“甒，罂也。”

由上可知，“甒”的上古音是［mǐwa］，［m］在其中作声母。“甒”的本义指一种小的瓦罐，因此“甒”的本义同义素“［+小］”紧密相连。

（99）膴₁ ［mǐwa］

《说文·肉部》：“膴。无骨腊也。杨雄说鸟腊也。从肉。無声。周礼有膴判。读若谟。”段注：“（无骨腊也。）腊今字也。日部作昔。腊人。掌干肉。凡田兽之脯腊膴胖之事。脯腊皆谓干肉。故许释膴为无骨腊。盖贾侍中周礼解诂说。与郑司农云。膴，膺肉。杜子春云。膴、胖皆谓夹脊肉。后郑云。公食大夫礼曰。庶羞皆有大。有司曰。主人亦一鱼加膴祭于其上。内则曰。麋鹿田豕麕皆有胖。足相参正也。大者藏之大窬。膴者鱼之反复。膴又诂曰大。二者同矣。则是膴亦脄肉大窬。胖宜为脯而腥。胖之言片也。析肉意也。按依后郑说。膴胖皆非腊也。赵商问腊人掌凡干肉而有膴胖何。郑答虽鲜亦属腊人。此可证膴胖之非腊。许说盖偏执耳。下文云周礼有膴判。易胖为判。度许亦必释为腊属。而今亡其说矣。无骨之腊，故其字从肉。无骨则肥美，故引申为凡美之称。毛诗传曰。膴膴，美也。（杨雄说鸟腊。）此别一义。鸟腊必非无骨也。盖杨雄苍颉训纂一篇中有此语。（从肉。無声。）荒胡切。五部。（周礼有膴判。）按周礼作胖。郑大夫云。胖读为判。许同之。半部释胖为半体。（读若谟。）后郑云。膴又诂曰大。注有司彻云。膴读如殷哻之哻。则读同幠。火吴反。”《玉篇・肉部》：“膴，无骨腊也。”《广韵・模韵》：“膴，无骨腊也。”

由上可知，“膴$_1$”的上古音是［mǐwa］，［m］在其中作声母。“膴$_1$”的本义指无骨的腊肉，因此“膴$_1$”的本义同义素“［+无］”紧密相连。

（100）戊［mu］

《说文・戊部》：“戊。中宫也。象六甲五龙相拘绞也。戊承丁。象人胁。凡戊之属皆从戊。”段注：“（中宫也。）郑注月令曰。戊之言茂也。万物皆枝叶茂盛。律历志曰。丰茂于戊。（象六甲五龙相拘绞也。）六甲者，汉书日有六甲是也。五龙者，五行也。水经注引遁甲开山图曰。五龙见教。天皇被迹。荣氏注云。五龙治在五方。为五行神。鬼谷子。盛神法五龙。陶注曰。五龙，五行之龙也。许谓戊字之形象六甲五行相拘绞也。莫候切。三部。俗多误读。（戊承丁。象人胁。）蒙大一经。”《广雅・释言》：“戊，茂也。”《玉篇・戊部》：“戊，茂也。”《国语・晋语四》：“有此其以戊申乎。”韦昭注：“戊，土也。”《汉书・王莽传下》：“是王光上戊之六年也。”颜师古注引孟康曰：“戊，土也。”

上述古注未能正确解释“戊”的本义。郭沫若认为：“戊像斧钺之形，盖即戚之古文。许书：‘戚，戉也。从戉尗声。’段《注》云：‘《大雅》曰：“干戈戚扬。”（案出《公刘》首章）《传》云：“戚，斧也，扬，钺也。”依毛《传》戚小于戉，扬乃为戉名。《左传》：“戚戉秬鬯，文公受之。”（案在《昭十五年》）戚戉亦分二物，许则浑言之耳。’案戚小于戉之说是也。古音戊戚同在幽部，故知戊即是戚，十二支之戚则戊也。金文骨文均作，较之戉形，实为大小之别。”（于省吾，1996：2394）

由上可知，"戉"的上古音是［mu］，［m］在其中作声母。"戉"的本义指大斧，而大斧是专门用来砍伐和杀戮的，砍伐和杀戮必然会导致人的死亡，死亡本质上是生命的消失，因此"戉"的本义同义素"［+消失］"紧密相连。

（101）雾［mǐwɔ］

《说文·雨部》："霚。地气发，天不应。从雨。敄声。"段注："（地气发，天不应曰霚。）曰霚二字今补。霚今之雾字。释天曰。地气发，天不应曰雾。雾者俗字。霚一本作雺。非也。释名曰。雾，冒也。气蒙冒覆地之物也。开元占经引元命包阴阳乱为雾。（从雨。）亦雨之类也。故从雨。地气发而天应之则雨矣。（敄声。）亡遇切。古音在三部。敄从矛声。故霚读如矛。"《慧琳音义》卷七十一："雾，阴气湿也。"《尔雅·释天》："地气发，天不应曰雾，雾谓之晦。"《楚辞·大招》："雾雨淫淫。"王逸注："地气发泄，天气不应曰雾。"《汉书·扬雄传上》："雾集蒙合分。"颜师古注："雾，地气发也。"

由上可知，"雾"的上古音是［mǐwɔ］，［m］在其中作声母。"雾"的本义指空气中的水蒸气遇冷结成的飘浮在空气中的小水珠，可以阻碍人的视线，使人看东西看不清楚，看不清楚就意味着进入视野的清晰部分少，因此"雾"的本义同义素"［+少］"紧密相连。

（102）㹈［mǐwɔ］

《说文·羊部》："㹈。六月生羔也。从羊。敄声。读若霚。"段注："（六月生羔也。）广雅。牟㹈羜羍羔也。（从羊。敄声。读若霚。）各本作霚。说文无。今正。亡遇切。古音在三部。"《广韵·遇韵》："㹈，六月生羔也。"《广雅·释畜》："㹈，羔也。"王念孙疏证："小羊谓之㹈，犹小鸡谓之鳺矣。"

由上可知，"㹈"的上古音是［mǐwɔ］，［m］在其中作声母。"㹈"的本义指生下六个月的小羊，因此"㹈"的本义同义素"［+小］"紧密相连。

（103）帗［mǐwɔ］

《说文·巾部》："帗。鬃布也。一曰车上衡衣。从巾。敄声。读若项。"段注："（鬃布也。）鬃者，漆也。广韵、集韵十遇作发巾。（一曰车衡上衣。）衡上各本误倒。今依小徐及广韵、玉篇、集韵、类篇订。广韵曰。帑，辕上丝。（从巾。孜声。读若项。）莫十切。三部。按此字集韵六引皆不云出说文。"《玉篇·巾部》："帑，覆车衡衣也。"《广韵·模韵》："帑，车衡上衣。"

由上可知，"帑"的上古音是［mǐwɔ］，［m］在其中作声母。"帑"的本义指覆盖车衡的布，而覆盖车衡则意味着使人看不见车衡，看不见车衡就是使车衡从眼前消失，因此"帑"的本义同义素"［+消失］"紧密相连。

（104）鹜［mǐwɔ］

《说文·鸟部》："鹜。舒凫也。从鸟。孜声。"段注："（舒凫也。）几部曰。舒凫，鹜也。与释鸟同。舍人、李巡云。凫，野鸭名。鹜，家鸭名。许于凫下当云凫，水鸟也。舒凫，鹜也。文乃备。左传疏云。谓之舒凫者，家养驯不畏人。故飞行迟。别野名耳。某氏注云在野舒飞远者为凫。非是。词章家凫亦呼鹜。此如今野人雁亦呼雁鹅也。春秋繁露。张汤问祠宗庙。或以鹜当凫。可用否。仲舒曰。鹜非凫。凫非鹜也。以鹜当凫名实不相应。以承大庙不可。此舒凫与凫之判。广雅云。凫鹜鶃也。此统言而未析言之也。（从鸟。孜声。）莫卜切。三部。"《慧琳音义》卷五十七："鹜，舒凫也。"《广韵·屋韵》："鹜，凫属。"《左传·襄公二十八年》："饔人窃更之以鹜。"洪亮吉诂："鹜，舒凫也。"《礼记·曲礼下》："庶人之挚匹。"孔颖达疏："家鸭曰鹜。"

由上可知，"鹜"的上古音是［mǐwɔ］，［m］在其中作声母。"鹜"的本义指家鸭，同野鸭相比，家鸭要顺从并且不怕人，而顺从并且不怕人则意味着同人之间没有矛盾冲突，因此"鹜"的本义同义素"［+无］"紧密相连。

（105）勿₂［mǐwə̌t］

《说文·勿部》："勿。州里所建旗。象其柄。有三游。杂帛。幅半异。所以趣民。故遽称勿勿。凡勿之属皆从勿。"段注："（州里所建旗。）九旗之一也。州里当作大夫士。周礼司常。大夫士建物。帅都建旗。州里建旟。许于旟下既称州里。建旟矣。则此称大夫士建勿，必也。盖亦一时笔误耳。大司马。乡家载物。注云。乡家，乡大夫也。乡射礼。旝各以其物。注。杂帛为物。大夫士之所建也。士丧礼。为铭各以其物。注。杂帛为物。大夫之所建也。文弗切。十五部。经传多作物，而假借勿为毋字。亦有借为没字者。礼记。勿勿乎其欲其飨之。勿勿即没没，犹勉勉也。（象其柄。）谓右笔也。（有三游。）谓彡也。三游别于旗九游。旜七游。旗六游。旐四游。（杂帛。）句。（幅半异。）司常曰。通帛为旝。杂帛为物。注云。通帛谓大赤。从周正色。无饰。杂帛者，以帛素饰其侧。白，殷之正色。凡九旗之帛皆用绛。按许云幅半异。直谓正幅半赤半白。郑则云以素饰侧。释名则云以杂色缀其边为翅尾。说各不同。似许为长。（所以趣民。）趣者，疾也。色纯则缓。色驳则疾。故杂帛所以促民。（故遴偁勿勿。）遴韵会作冗遴二字。偁旧作称。今正。凡冗遴偁勿勿。此引申假借。子下曰。十一月阳气动。万物滋。人以为偁。亦是此例。"《广雅·释诂四》："勿，非也。"《玉篇·勿部》："勿，非也。"《论语·颜渊》："非礼勿视。"朱熹集注："勿者，禁止之辞。"《大戴礼记·曾子立事》："身勿为能也。"王聘珍解诂："勿者，禁止之辞。"

由上可知，"勿₂"的上古音是［mǐwǎt］，［m］在其中作声母。"勿₁"的本义指一种旗子，但该语音形式和字形常被假借来承载另一个词"勿₂"的本义禁止义，也就是说，"勿₂"的本义是不要、别，表示禁止，而禁止则意味着要求某种行为消失，因此"勿₂"的本义同义素"［+消失］"紧密相连。

（106）伆［mǐwǎt］

《方言》卷六："伆，离也。吴越曰伆。"《玉篇·人部》："伆，离也。"《广韵·物韵》："伆，离也。"

由上可知，"伆"的上古音是［mǐwǎt］，［m］在其中作声母。"伆"的本义指离开，而离开则意味着某处某人的消失，因此"伆"的本义同义素"［+消失］"紧密相连。

（107）眒₁［mǐwǎt］

《集韵·勿韵》："眒，瞑也。"《说文·目部》："瞑。翕目也。从目冥。冥亦声。"段注："（翕目也）释诂、毛传皆曰。翕，合也。庄子。昼瞑。据槁梧而瞑。引申为瞑眩。（从目冥）韵会引小徐曰会意。此以会意包形声也。武延切。按古音在十一部。俗作眠。

非也。"

由上可知，"眄₁"的上古音是［mǐwət］，［m］在其中作声母。"眄₁"的本义指闭眼，而闭眼则意味着什么东西都看不见了，什么东西都看不见即一切事物在眼前消失，因此"眄₁"的本义同义素"［+消失］"紧密相连。

（108）亩［mə］

《说文·田部》："畮。六尺为步。步百为畮。从田。每声。"段注："（六尺为步。步百为畮。）司马法如是。王制曰。方一里者为田九百亩。谓方里而井。（秦田二百四十步为畮。）秦孝公之制也。商鞅开阡陌封疆。则邓展曰。古百步为亩。汉时二百四十步为亩。按汉因秦制也。（从田。每声。）莫后切。古音在一部。"《孟子·万章下》："一夫百亩。"孙奭疏："六尺为步，步百为亩。"《礼记·王制》："方一里者为田九百亩。"孔颖达疏："步百为亩。"

由上可知，"亩"的上古音是［mə］，［m］在其中作声母。"亩"的本义指百步见方的田地，常用作度量田地的最基本的单位，也就是说一块田地一般是由若干亩组成，而一块田地一般是由若干亩组成则意味着一亩相对于一块田地来说，是小的，因此"亩"的本义同义素"［+小］"紧密相连。

（109）莽［mua］

《尔雅·释草》："蕍，春草。"邢昺疏："莽草一名蕍，一名春草。"《周礼·秋官·翦氏》："掌除蠹物。以攻禜攻之，以莽草熏之。"郑玄注："莽草，药物杀虫者，以熏之则死。"《山海经·中山经》："又东南一百五十里，曰朝歌之山。潕水出焉，东南流注于荥。其中多人鱼，其上多梓枏，其兽多麔麋。有草焉，名曰莽草，可以毒鱼。"

由上可知，"莽"的上古音是［mua］，［m］在其中作声母。"莽"的本义指一种有毒的草，常被用来毒死小虫子和鱼之类，而死则意味着生命的消失，因此"莽"的本义同义素"［+消失］"紧密相连。

（110）艒［mǔk］

《广韵·屋韵》："艒，小艭。"《集韵·号韵》："艒，舟名。"《玉篇·舟部》："艭，小船。"《广韵·麻韵》："艭，小船名。"

由上可知，"艒"的上古音是［muk］，［m］在其中作声母。"艒"

的本义指小船，因此"艒"的本义同义素"［+小］"紧密相连。

（111）目［mǐuk］

《说文·目部》："目。人眼。象形。重，童子也。凡目之属皆从目。"段注："（人眼也。象形。重，童子也。）象形，总言之。嫌人不解二。故释之曰。重其童子也。释名曰。瞳，重也。肤幕相裹重也。子，小称也。主谓其精明者也。或曰眸子。眸，冒也。相裹冒也。按人目由白而卢，童而子。层层包裹。故重画以象之。非如项羽本纪所云重瞳子也。目之引申为指目、条目之目。莫六切。三部。"《玉篇·目部》："目，眼目也。"《说文系传·目部》："目，人目也。"《急就篇》卷三："头额颊颐眉目耳。"颜师古注："目，眼也。"《素问·阴阳应象大论》："在窍为目。"王冰注："目，所以司见形色。"

由上可知，"目"的上古音是［mǐuk］，［m］在其中作声母。"目"的本义指人眼，而人眼中有瞳孔，瞳孔一般来说是小的，因此"目"的本义同义素"［+小］"紧密相连。

（112）睦［mǐuk］

《说文·目部》："睦。目顺也。从目。坴声。一曰敬和也。"段注："（目顺也。从目。坴声。）莫卜切。广韵莫六切。三部。（一曰敬和也。）五字疑后增。古书睦穆通用。如孟子注君臣集穆、史记旼旼睦睦、汉书作旼旼穆穆是也。穆多训敬。故于睦曰敬和。"《玉篇·目部》："睦，和也。"《广韵·屋韵》："睦，和睦也。"《左传·昭公七年》："卫事晋为睦。"杜预注："睦，和也。"《国语·越语下》："五谷睦熟。"韦昭注："睦，和也。"

由上可知，"睦"的上古音是［mǐuk］，［m］在其中作声母。"睦"的本义指和睦，而和睦就是没有冲突，因此"睦"的本义同义素"［+无］"紧密相连。

（113）穆₂［mǐuk］

《说文·禾部》："穆。禾也。从禾。㣊声。"段注："（禾也。）盖禾有名穆者也。凡经传所用穆字。皆假穆为㣊。㣊者，细文也。从彡，㿟省。彡言文。㿟言细。凡言穆穆、于穆、昭穆皆取幽微之义。释训曰。穆穆，敬也。大雅文王传曰。穆穆，美也。（从禾。㣊声。）莫卜切。三部。"《玉篇·禾部》："穆，和也。"《广韵·屋韵》："穆，和也。"《诗·大雅·烝民》:"穆如清风。"郑玄笺:"穆,和也。"《淮南子·览冥》:"宓穆休于太祖之下。"高诱注:"穆,和也。"

由上可知,"穆₂"的上古音是 [mǐuk], [m] 在其中作声母。"穆₁"的本义指一种禾,但该语音形式和字形常被假借来承载另一个词"穆₂"的本义"和谐"义,也就是说,"穆₂"的本义是和谐,而和谐则意味着冲突的消失,因此"穆₂"的本义同义素"[+消失]"紧密相连。

(114) 镠 [mǐuk]

《说文·彡部》:"镠。细文也。从彡,尞省声。"段注:"(细文也。)细文,文之细者。故字从彡。彡者,文也。尞者,际见之白。际者,壁隙也。甕之细者也。引申为凡精美之称。周颂曰。维天之命。于穆不已。传曰。穆,美也。大雅传曰。穆穆,美也。释训曰。穆穆、肃肃,敬也。皆其义也。古本作镠。今皆从禾作穆。假借字也。古昭穆亦当用镠。(从彡,尞省。)各本有声字。误也。今正。莫卜切。三部。广韵莫六切。"《玉篇·彡部》:"镠,细文也。"《广韵·屋韵》:"镠,细文也。"

由上可知,"镠"的上古音是 [mǐuk],[m] 在其中作声母。"镠"的本义指细的纹路,因此"镠"的本义同义素"[+细]"紧密相连。

(115) 沐 [mǒk]

《说文·水部》:"沐。濯发也。从水。木声。"段注:"(濯发也。)引申为芟除之义。如管子云沐涂树之枝。释名云沐秃无上貌之称。(从水。木声。)莫卜切。三部。"《玉篇·水部》:"沐,濯发也。"《玄应音义》卷二十四:"濯发曰沐。"《礼记·玉藻》:"沐稷而靧梁。"孔颖达疏:"沐,沐发也。"《诗·卫风·伯兮》:"岂无膏沐。"朱熹集传:"沐,涤首去垢也。"

由上可知,"沐"的上古音是 [mǒk],[m] 在其中作声母。"沐"的本义指洗头,而洗头的目的就是使头上的污垢消失,因此"沐"的本义同义素"[+消失]"紧密相连。

(116) 鞪 [mǒk]

《说文·革部》:"鞪。车轴束也。从革。敄声。"段注:"(车轴束

也。）此与木部㯳音同义近。㯳谓辄束。鞪谓轴束。分析易明。而小戎
音义曰。㯳本又作鞪。玉篇亦曰。鞪亦作㯳。曲辕束也。疑本一字。许
书有㯳无鞪。后人补之。又改辄为轴。（从革。敄声。）莫卜切。三
部。”《玉篇·革部》：“鞪，曲辕束也。”《说文·革部》徐锴系传：
“鞪，以革束车轴，制其裂也。”

　　由上可知，“鞪”的上古音是 ［mǒk］，［m］在其中作声母。“鞪”
的本义指包裹车轴的皮制品，而包裹车轴则意味着使车轴看不见，使车
轴在视野中消失，因此“鞪”的本义同义素“［+消失］”紧密相连。

　　（117）㯳 ［mǒk］
　　《说文·木部》：“㯳。车历录。束文也。从木。敄声。诗曰。五㯳
梁辄。”段注：“（车历录。）句。（束文也。）束文上当叠历录字。今夺。
文，鑋宋本叶本赵本韵会皆同。一本作交，非。秦风。五㯳梁辄。传
曰。五，五束也。㯳，历录也。梁辄，辄上，句衡也。一辄五束。束有
历录。考工记。辄欲顾典。大郑云。顾读为恳。典读为珍。驷车之辕。
率尺所一缚。恳珍似谓此也。按此所谓曲辕鑋缚也。历录者，历历录
录然。坳胅分明貌。历录，古语也。小雅。约之阁阁。毛云约，束也。
阁阁犹历历也。革部曰。车轴束谓之鞪。（从木。敄声。）莫卜切。三
部。”《诗·秦风·小戎》：“五㯳梁辄。”陆德明释文：“㯳，曲辕上束
也。”又马瑞辰传笺通释：“轴束谓之鞪，辄束谓之㯳，二字声义
并同。”

　　由上可知，“㯳”的上古音是 ［mǒk］，［m］在其中作声母。“㯳”
的本义指包裹曲辕的皮制品，而包裹曲辕则意味着使曲辕看不见，使曲
辕在视野中消失，因此“㯳”的本义同义素“［+消失］”紧密相连。

　　（118）幕 ［mǎk］
　　《说文·巾部》：“幕。帷在上曰幕。覆食案亦曰幕。从巾。莫声。”
段注：“（帷在上曰幕。）周礼注曰。在上曰幕。幕或在地。展陈于上。
疏云。聘礼布幕。官陈币。史展币。皆于幕下。又宾入境至馆皆展幕。
是幕在地。展陈于上也。按大徐本此下有覆食案亦曰幕六字。盖浅人所
增。（从巾。莫声。）慕各切。五部。按周礼尚有幄帟字。郑云。四合
象宫室曰幄。王所居之帐也。帟，王在幕若幄中坐上承尘。皆以缯为
之。许无幄字者，木部有楃本巾车。帟则盖假亦为之。亦之言重也。其

皆周礼故书与。"《广雅·释器》:"幕,帐也。"《玄应音义》卷三:
"在旁曰帷,在上曰幕。"《左传·庄公二十八年》:"楚幕有乌。"杜预
注:"幕,帐也。"《国语·吴语》:"乃退就幕而会。"韦昭注:"幕,
帐也。"

由上可知,"幕"的上古音是[măk],[m]在其中作声母。"幕"
的本义指起遮蔽作用的布,而遮蔽则意味着使某人或某物看不见,使某人
或某物在视野中消失,因此"幕"的本义同义素"[+消失]"紧密相连。

(119)慕[māk]

《说文·心部》:"慕。习也。从心。莫声。"段注:"(习也。)习
其事者,必中心好之。(从心。莫声。)莫故切。五部。"《玉篇·心
部》:"慕,习也。"《广韵·暮韵》:"慕,思慕也。"《孟子·离娄上》:
"巨室之所慕。"朱熹集注:"慕,向也,心悦诚服之谓也。"《吕氏春
秋·任地》:"时既往而慕之。"高诱注:"慕,思也。"

由上可知,"慕"的上古音是[māk],[m]在其中作声母。"慕"
的本义指因心中崇敬某人而有意向其学习,而有意向其学习则意味着自
己在水平、地位等方面比对方低,因此"慕"的本义同义素"[+低]"
紧密相连。

(120)墓[māk]

《说文·土部》:"墓。丘也。从土。莫声。"段注:"(丘墓
也。)墓字今补。丘谓之虚。故曰丘墓。亦曰虚墓。檀弓曰虚墓之间,
未施哀于民而民哀是也。周礼有冢人,有墓大夫。郑曰。冢,封土为丘
垄。象冢而为之。墓,冢茔之地。孝子所思慕之处。然则丘自其高言。
墓自其平言。浑言之则曰丘墓也。墓之言规模也。方言。凡葬而无坟谓
之墓。所以墓谓之墲。注引汉刘向传初陵之墲。今汉书作初陵之墲。
(从土。莫声。)莫故切。五部。"《广雅·释丘》:"墓,冢也。"《方
言》卷十三:"凡葬而无坟谓之墓。"《诗·陈风·墓门》:"墓门有
棘。"孔颖达疏:"茔域谓之墓。"《后汉书·谢夷吾传》:"墓不起坟。"
李贤注:"墓谓茔域。"

由上可知,"墓"的上古音是[māk],[m]在其中作声母。"墓"
的本义指平坦的埋葬死者的地方,与坟相比,最大的特点是没有凸起的
土堆,因此"墓"的本义同义素"[+无]"紧密相连。

（121）慔［māk］

《说文·心部》："慔。勉也。从心。莫声。"段注："（勉也。）勉者，强也。释训曰。懋懋、慔慔，勉也。（从心。莫声。）莫故切。五部。按尔雅音义云。亦作慕。今说文慔慕分列。或恐出后人改窜。"《说文·力部》："勉。强也。从力。免声。"段注："（勞也。）勞旧作强。非其义也。凡言勉者皆相迫之意。自勉者，自迫也。勉人者，迫人也。毛诗黾勉，韩诗作密勿。尔雅作蠠没。大雅毛传曰。亹亹，勉也。周易郑注。亹亹犹没没也。（从力。免声。）亡辨切。古音当在十三部。"《广韵·暮韵》："慔，勉也。"《尔雅·释训》："慔慔，勉也。"郭璞注："慔，自勉强也。"

由上可知，"慔"的上古音是［māk］，［m］在其中作声母。"慔"的本义指勉励或勉强自己或他人，而勉励或勉强自己或他人暗含着一个前提，就是毅力少或水平低。正因为毅力少或水平低，所以才需要强迫，才需要添加动力。因此，"慔"的本义同义素"［+少］"紧密相连。

（122）莫₁（暮）［māk］

《说文·茻部》："莫。日且冥也。从日在茻中。"段注："（日且冥也。）且冥者，将冥也。木部曰。杳者，冥也。夕部曰。夕，莫也。引申之义为有无之无。（从日在茻中。）会意。（茻亦声。）此于双声求之。莫故切。又慕各切。五部。"《说文·茻部》徐锴系传："莫，平野中望日且莫将落如在茻中也。"《慧琳音义》卷五十三："莫，日冥也。"《诗·齐风·东方未明》："不夙则莫。"毛传："莫，晚也。"《礼记·文王世子》："及莫又至。"郑玄注："莫，夕也。"

由上可知，"莫₁"的上古音是［māk］，［m］在其中作声母。"莫₁"的本义指太阳快要下山的时候，而太阳快要下山则意味着光线暗淡，看东西看不清楚，看东西看不清楚意味着进入视野的清晰部分少，因此"莫₁"的本义同义素"［+少］"紧密相连。

第二节　ai 韵

（123）埋［meə］

《说文·艸部》："薶。瘗也。从艸。貍声。"段注："（瘗也。）土

部曰。瘗，幽薶也。（从艸。貍声。）莫皆切。古音在一部。周礼假借
貍字为之。今俗作埋。"《说文·土部》："瘗。幽薶也。从土痰声。"段
注："（幽薶也。）艸部曰。薶者，瘗也。二篆为转注。幽者，隐也。隐
而薶之也。累言之则曰瘗薶。（从土。痰声。）于罽切。十五部。疑古
音当在八部。合韵也。"《玉篇·艸部》："埋，瘗也。"《广雅·释诂
四》："埋，藏也。"

由上可知，"埋"的上古音是［meə］，［m］在其中作声母。"埋"
的本义指用草或土等东西把人或物藏起来，而把人或物藏起来则意味着
使人或物看不见，看不见即在视野中消失，因此"埋"的本义同义素
"［+消失］"紧密相连。

（124）霾［meə］

《说文·雨部》："霾。风雨土也。从雨。貍声。诗曰。终风且霾。"
段注："（风而雨土为霾。）依释天补三字。邶风。终风且霾。释天曰。
风而雨土为霾。传曰。霾，雨土也。释名曰。霾，晦也。（从雨。貍
声。）莫皆切。古音在一部。"《玉篇·雨部》："霾，风而雨土也。"
《说文·雨部》桂馥义证引《晋书·天文志》："凡天地四方昏濛若下
尘，十日五日以上，或一月，或一时，雨不沾衣而有土，名曰霾。"
《文选·木华〈海赋〉》："若乃霾曀潜销。"李善注引《尔雅》曰：
"风而雨土为霾。"《诗·邶风·终风》："终风且霾。"朱熹集传："霾，
雨土蒙雾也。"

由上可知，"霾"的上古音是［meə］，［m］在其中作声母。"霾"
的本义指尘土悬浮在空中形成的像雾一样的灰蒙蒙的天气，而灰蒙蒙的
天气必然会导致看东西看不清楚，看不清楚意味着进入视野的清晰部分
少，因此"霾"的本义同义素"［+少］"紧密相连。

（125）睸［me］

《说文·目部》："睸。小视也。从目。買声。"段注："（小视
也。）大玄。旌旗絓罗。干戈蛾蛾。师孕啴之。哭且睸。注。睸音麻。
窃视之称。（从目。買声。）莫佳切。十六部。大玄与十七合韵。"《玉
篇·目部》："睸，小视也。"《广韵·佳韵》："睸，视貌。"《太玄·
众》："师孕啴之，哭且睸。"范望注："窃视称睸。"

由上可知，"睸"的上古音是［me］，［m］在其中作声母。"睸"

的本义指偷看，而偷看则意味着看东西看不清楚，即进入视野的清晰部分少，因此"瞒"的本义同义素"［＋少］"紧密相连。

（126）买［me］

《说文·贝部》："買。市也。从网贝。孟子曰。登垄断而网市利。"段注："（市也。）市者，买物之所。因之买物亦言市。论语。沽酒市脯。（从网贝。）会意。莫蟹切。十六部。春秋襄三十一年。莒人弑其君密州。密州，左传作买朱鉏。杜云。买朱鉏，密州之字。按弑君未有书字者。传明云。书曰莒人弑其君买朱鉏。然则左公所据之经实作买朱鉏，不作密州也。买为密，朱为州，皆音之转。朱鉏者，犹邾之言邾娄也。今本经与传不合。盖或以公、谷经文改左氏经文。（孟子曰。登垄断而网市利。）见公孙丑篇。此引以证从网贝之意也。垄孟子作龙。丁公著读为隆。陆善经乃读为垄。谓冈垄断而高者。按赵注释为堁断而高者也。堁，尘壓也。高诱云。楚人谓尘为堁。赵本盖作龙断。龙，尘杂之貌。嚣尘不到、地势略高之处也。古书龙龙二字多相乱。许书亦当作龙断。浅人以陆善经说改为垄耳。"《墨子·经说上》："买、鬻，易也。"《玉篇·贝部》："买，市买也。"《急就篇》卷二："贳贷卖买贩肆便。"颜师古注："出曰卖，入曰买。"

由上可知，"买"的上古音是［me］，［m］在其中作声母。"买"的本义指买东西，而买东西则意味着要拿财物和对方交换，最终财物在买方这里消失，因此"买"的本义同义素"［＋消失］"紧密相连。

（127）麦［meǝk］

《说文·麦部》："麦。芒谷。秋种厚埋。故谓之麦。麦，金也。金王而生。火王而死。从来。有穗者。从夂。凡麦之属皆从麦。"段注："（芒谷。）有芒束之谷也。稻亦有芒，不称芒谷者。麦以周初二麦一锋著也。郑注大誓引礼说曰。武王赤乌、芒谷应。许本礼说。（秋种厚埋。故谓之麦。）埋麦叠韵。夏小正。九月树麦。月令。仲秋之月。乃劝种麦。母或失时。麦以秋种。尚书大传、淮南子、说苑皆曰。墟昏中可以种麦。汉书武帝纪谓之宿麦。（麦，金也。金王而生。火王而死。）程氏瑶田曰。素问云。升明之纪。其类火。其藏心。其谷麦。郑注月令云。麦实有孚甲属木。许以时。郑以形。而素问以功性。故不同耳。（从来。有穗者也。）也字今补。有穗犹有芒也。有芒故从来。来象芒刺也。(从夊。)夊,思佳切。行迟曳夊夊也。从夊者,象其行来之状。
莫获切。古音在一部。"《玉篇·麦部》:"麦,有芒之谷也,秋种夏
熟。"《集韵·职韵》:"麦,来麰也。"《诗·鄘风·桑中》:"爰采麦
矣。"朱熹集传:"麦,谷名,秋种夏熟者。"《礼记·月令》:"乃劝种
麦。"郑玄注:"麦者,接绝续乏之谷。"

由上可知,"麦"的上古音是〔meǝk〕,〔m〕在其中作声母。"麦"
的本义指一种谷物,即今天所说的麦子,而种植麦子时需要深埋麦种,
深埋麦种则意味着使麦种看不见,看不见即在视野中消失,因此"麦"
的本义同义素"〔+消失〕"紧密相连。

(128) 卖〔me〕

《说文·出部》:"賣。出物货也。从出。从買。"段注:"(出物
货也。)周礼多言卖價,谓卖买也。(从出。从買。)出买者,出而与
人买之也。韵会作买声。则以形声包会意也。莫邂切。十六部。"《玉
篇·出部》:"卖,出物也。"《慧琳音义》卷八:"卖,出物以交易
也。"《急就篇》卷二:"贳贷卖买贩肆便。"颜师古注:"出曰卖,入
曰买。"

由上可知,"卖"的上古音是〔me〕,〔m〕在其中作声母。"卖"
的本义指出售货物,而出售货物则意味着货物在卖方这里消失,因此
"卖"的本义同义素"〔+消失〕"紧密相连。

(129) 劢〔moāt〕

《说文·力部》:"劢。勉劢也。周书曰。用劢相我邦家。读若万。
从力。万声。"段注:"(勉劢也。)勉者,强也。亦作迈。左传引夏书。
皋陶迈种德。迈,勉也。(从力。万声。)莫话切。按古音当在十四部。
(周书曰。用劢相我邦家。)立政文。今书邦作国。(读与厉同。)厉亦
万声也。汉时如此读。"《玉篇·力部》:"劢,勉也。"《广韵·夬韵》:
"劢,勉也。"《书·立政》:"用劢相我国家。"刘逢禄今古文集解引段
云:"劢,勉也。"

由上可知,"劢"的上古音是〔moāt〕,〔m〕在其中作声母。"劢"
的本义指勉励或勉强自己或他人,而勉励或勉强自己或他人暗含着一个
前提,就是毅力少或水平低。正因为毅力少或水平低,所以才需要强
迫,才需要添加动力。因此,"劢"的本义同义素"〔+少〕"紧密相连。

（130）謾［moāt］

《说文·言部》："謾。譀也。从言。万声。"段注："（譀也。从言。万声。）莫话切。十五部。"《说文·言部》："譀。诞也。从言敢声。"段注："（诞也。）东观汉记曰。虽夸譀犹令人热。按诞也当作夸也。譀与夸互训。（从言。敢声。）下阚切。八部。"《说文·言部》徐锴系传："謾，言过也。"《广韵·夬韵》："謾，夸譀。"

由上可知，"謾"的上古音是［moāt］，［m］在其中作声母。"謾"的本义指浮夸，而浮夸则意味着在事实中掺进去了虚假的、根本没有的东西。因此，"謾"的本义同义素"［+无］"紧密相连。

第三节　ei 韵

（131）媒［muə］

《说文·言部》："媒。谋也。谋合二姓。从女。某声。"段注："（谋也。）以叠韵为训。（谋合二姓者也。）虑难曰谋。周礼媒氏注曰。媒之言谋也。谋合异类使和成者。（从女。某声。）莫杯切。古音在一部。"《玄应音义》卷二十二："媒，谋也，谋合异姓使相成也。"《希麟音义》卷十："媒，谋也，言谋合于亲姻也。"《诗·召南·行露》："家室不足。"郑玄笺："谓媒妁之言不和。"陆德明释文："媒，谋也。"《诗·豳风·伐柯》："匪媒不得。"朱熹集传："媒，通二姓之言者也。"

由上可知，"媒"的上古音是［muə］，［m］在其中作声母。"媒"的本义指媒人，而媒人的任务就是谋划撮合男女双方。谋划即在行动之前对整个行动的步骤和方法的一种推测，是还没有实现的，因此"媒"的本义同义素"［+无］"紧密相连。

（132）煤［muə］

《玉篇·火部》："煤，炱煤。"《广韵·灰韵》："煤，炱煤，灰集屋也。"《玄应音义》卷十五："炱煤，烟尘也。"《日知录·石炭》："唐张祜诗：古墙丹雘尽，深栋墨煤生。李商隐诗：前朝神庙锁烟煤。温庭筠诗：烟煤朝奠处。是煤乃梁上烟煤之名。"

由上可知，"煤"的上古音是［muə］，［m］在其中作声母。"煤"的本义指烟尘，而烟尘自然是非常细小的，因此"煤"的本义同义素"［+小］"紧密相连。

（133）脢［muə］

《说文·肉部》："脢。背肉也。从肉。每声。易曰。咸其脢。"段注："（背肉也。）咸九五。咸其脢。子夏易传云。在脊曰脢。马云。脢，背也。郑云。脢，背脊肉也。虞云。夹脊肉也。按诸家之言。不若许分析憭然。胂为迫吕之肉。脢为全背之肉也。释文云。说文同郑作背脊肉。未知其审。内则注。脢，脊侧肉也。脄即脢字。（从肉。每声。）莫杯切。古音在一部。"《广韵·队韵》："脢，背肉也。"《集韵·队韵》："脢，背肉也。"《易·咸》："咸其脢。"孔颖达疏引马融曰："脢，背也。"

由上可知，"脢"的上古音是［muə］，［m］在其中作声母。"脢"的本义指背上的肉，而背上的肉自然是覆盖着背下的血肉和内脏，起保护作用，而覆盖着背下的血肉和内脏则意味着看不见背下的血肉和内脏，看不见背下的血肉和内脏即背下的血肉和内脏从视野中消失了。因此，"脢"的本义同义素"［+消失］"紧密相连。

（134）脄［muə］

《说文·肉部》："脄。妇始孕脄兆也。从肉。某声。"段注："（妇孕始兆也。）依广韵订。韩诗曰。周原脄脄。又曰。民虽靡脄。毛诗皆作膴。脄脄，美也。广雅曰。脄脄，肥也。此引申之义也。（从肉。某声。）莫杯切。古音在一部。"《广韵·灰韵》："脄，孕始兆也。"

由上可知，"脄"的上古音是［muə］，［m］在其中作声母。"脄"的本义指妇女怀孕最初的征兆，而最初则意味着怀孕的时间很短。因此，"脄"的本义同义素"［+短］"紧密相连。

（135）禖［muə］

《说文·示部》："禖。祭也。从示。某声。"段注："（祭也。）谓祭名也。商颂传曰。春分玄鸟降。汤之先祖。有娀氏女简狄配高辛氏帝。帝率与之祈于郊禖而生契。故本其为天所命。以玄鸟至而生焉。大雅传曰。古者必立郊禖焉。玄鸟至之日。以大牢祀于郊禖。天子亲往。后妃率九嫔御。乃礼天子所御。带以弓韣。授以弓矢。于郊媒之前。玉裁按。据此则祺神之祀不始于高辛明矣。郑注月令云。玄鸟，媒氏之官以为候。高辛氏之世。玄鸟遗卵。娀简吞之而生契。后王以为媒官嘉祥而立其祠焉。变媒言祺。神之也。注礼记时未专信毛诗。故说龃龉尔。郑志焦乔之答。回护郑公。殊为词费。（从示。某声。）莫杯切。古音在一部。"《玉篇·示部》："祺，求子祭。"《广韵·灰韵》："祺，郊祺，求子祭也。"《后汉书·礼仪志上》："立高祺祠于城南。"刘昭注引《礼记》卢植注云："因其求子，故谓之祺。"柳宗元《天对》："啻狄祷祺。"蒋之翘辑注："祺，祭也。古者求子祠于高祺。"

由上可知，"祺"的上古音是［muə］，［m］在其中作声母。"祺"的本义指求子的祭祀，而求子则意味着现在无子。因此，"祺"的本义同义素"⌞+无⌟"紧密相连。

（136）罞 ⌞muə⌟

《说文·网部》："罞。网也。从网。每声。"段注："（网也。）网之一也。篇、韵皆曰雉网。（从网。每声。）莫杯切。古音在一部。"《玉篇·网部》："罞，雉网也。"《广韵·队韵》："罞，鸟网。"

由上可知，"罞"的上古音是［muə］，［m］在其中作声母。"罞"的本义指捕捉飞禽的网，而网的最大特点就是由很多网眼组成，网眼自然是中空的，因此"罞"的本义同义素"⌞+空⌟"紧密相连。

（137）鋂 ［muə］

《说文·金部》："鋂。大琐也。一环贯二者。从金。每声。诗曰。卢重鋂。"段注："（大环也。一环毌二者。）环各本作琐。毌原作贯。今正。卢令三章曰。卢重鋂。传曰。鋂，一环贯二也。上文重环传云。子母环，谓以一环毌一环。此云一环毌二。以一毌二，则一环差大。故许知为大环也。玉篇、广韵皆云大环。用许之旧。诗正义引说文鋂，环也。一环贯二。由其以大环贯小环释子母环。遂删此大字而云环。固未误也。非绵连者不得云琐。犬饰以缨环不以琐。且犬既有继矣。何为施以大银铛乎。韵会一环贯二者五字在每声之下。盖此五字后人所增。（从金。每声。）莫杯切。古音在一部。（诗曰。卢重鋂。）齐风文。"《玉篇·金部》："鋂，大环，一环贯二也。"《广韵·灰韵》："鋂，大环。"《诗·齐风·卢令》："卢重鋂。"毛传："鋂，一环贯二也。”

由上可知，“銕”的上古音是［muə］，［m］在其中作声母。“銕”的本义指贯穿两个小环的大环，而环的最大特点就是中空的，因此“銕”的本义同义素“［+空］”紧密相连。

（138）眉［mĭei］

《说文·眉部》：“眉。目上毛也。从目。象眉之形。上象额理也。凡眉之属皆从眉。”段注：“（目上毛也。）人老则有长眉。豳风、小雅皆言眉寿。毛曰。豪眉也。又曰。秀眉也。方言。眉黎耇鲐老也。东齐曰眉。士冠礼古文作麋。少牢馈食礼古文作微。皆假借字也。（从目。象眉之形。）谓ᕋ。（上象额理也。）谓ㄥ在两眉上也。并二眉则额理在眉间之上。武悲切。十五部。”《急就篇》卷三：“头额颊頗眉目耳。”颜师古注：“眉，在目上之毛也。”

由上可知，“眉”的上古音是［mĭei］，［m］在其中作声母。“眉”的本义指人的眉毛，而人的眉毛一般来说都是细的，因此“眉”的本义同义素“［+细］”紧密相连。

（139）湄［mĭei］

《说文·水部》：“湄。水草交为湄。从水。眉声。”段注：“（水草交为湄。）小雅。居河之湄。释水、毛传皆曰。水草交为湄。（从水。眉声。）武悲切。十五部。”《尔雅·释水》：“水草交为湄。”《诗·秦风·蒹葭》：“在水之湄。”孔颖达疏：“湄，谓水草交际之处，水之岸也。”《文选·潘岳〈金谷集作诗〉》：“夕次金谷湄。”吕向注：“湄，水岸也。”

由上可知，“湄”的上古音是［mĭei］，［m］在其中作声母。“湄”的本义指水岸，而水岸则是水临近消失之处，因此“湄”的本义同义素“［+消失］”紧密相连。

（140）楣［mĭei］

《说文·木部》：“楣。秦名屋樀联也。齐谓之檐。楚谓之梠。从木。眉声。”段注：“（秦名屋樀联也。齐谓之厃。楚谓之梠。）秦名屋樀联也者，秦人名屋樀联曰楣也。与秦名屋椽曰榱同解。李善注文选引说文曰。楣梠，秦名屋樀联。失其义矣。齐谓之厃。各本厃作檐。今依厂部厃下正。厃，屋梠也。秦谓之楣。齐谓之厃。礼经正中曰栋。栋前曰楣又尔雅楣谓之梁。皆非许所谓楣者。（从木。眉声。）武悲切。十五部。"《群经平议·仪礼一》："主人阼阶上当楣北面再拜。"俞樾按："楣即檐也。"

由上可知，"楣"的上古音是［mǐei］，［m］在其中作声母。"楣"的本义指屋檐，而屋檐是专门防止雨水弄湿门和墙的，也就是说有了屋檐，门和墙就没有雨水，因此"楣"的本义同义素"［+无］"紧密相连。

（141）霉［mǐei］

《说文·黑部》："黴。中久雨青黑。从黑。微省声。"段注："（中久雨青黑也。）楚辞九歌。颜黴黎以沮败。淮南说山训曰。晋文公弃荏席。后黴黑。（从黑。微省声。）武悲切。十五部。集韵或作黣。盖古体。"《集韵·队韵》："霉，物中雨青黑也。"《楚辞·九怀·蓄英》："菸蕴兮霉黧。"洪兴祖补注："霉，物中久雨青黑。"

由上可知，"霉"的上古音是［mǐei］，［m］在其中作声母。"霉"的本义指东西遇雨潮湿变黑，而黑色则意味着暗淡无光看不见东西，即东西在视野中消失了，因此"霉"的本义同义素"［+消失］"紧密相连。

（142）塯［mǐei］

《集韵·脂韵》："塯，坛埒。"《周礼·地官·大司徒》："设其社稷之壝而树之田主。"郑玄注："壝，坛与塯埒也。"孙诒让正义："塯埒者，其坛外周匝之卑垣，即左哀七年传所谓社宫也。"

由上可知，"塯"的上古音是［mǐei］，［m］在其中作声母。"塯"的本义指坛外周围的短墙，因此"塯"的本义同义素"［+短］"紧密相连。

（143）塺［muai］

《说文·土部》："塺。尘也。从土。麻声。"段注："（尘也。）楚辞。愈氛雾其如塺。王逸曰。塺尘也。按塺之言蒙也。（从土。麻声。）亡果切。十七部。广韵去声。"《广雅·释诂三》："塺，尘也。"《广韵·灰韵》："塺，尘也。"《楚辞·九怀·陶壅》："霾土忽兮塺塺。"洪兴祖补注："塺，尘也。"《楚辞·九叹·惜贤》："愈氛雾其如塺。"王逸注："塺，尘也。"

由上可知，"塺"的上古音是［muai］，［m］在其中作声母。"塺"的本义指尘土，而尘土自然是非常细小的，因此"塺"的本义同义素"［+小］"紧密相连。

（144）痗［muə］

《玉篇·疒部》："痗，病也。"《广韵·队韵》："痗，病也。"《诗·卫风·伯兮》："使我心痗。"毛传："痗，病也。"《诗·小雅·十月之交》："亦孔之痗。"毛传："痗，病也。"

由上可知，"痗"的上古音是［muə］，［m］在其中作声母。"痗"的本义指病，而生病身体自然就会虚弱，因此"痗"的本义同义素"［+弱］"紧密相连。

（145）篃［mǐei］

《玉篇·竹部》："篃，竹，长节深根，笋冬生。"《山海经·西山经》："英山，其阳多箭篃。"郭璞注："篃竹，厚里而长节，根深，笋冬生地中。"

由上可知，"篃"的上古音是［mǐei］，［m］在其中作声母。"篃"的本义指一种竹子，该竹子的一个显著特点是节长似箭，而节长似箭则意味着很细，因此"篃"的本义同义素"［+细］"紧密相连。

（146）眣₂［meət］

《说文·目部》："眣。目冥远视也。从目。勿声。一曰久也。一曰旦明也。"段注："（目冥远视也。）冥当作瞑。目虽合而能远视。（从目。勿声。）莫佩切。广韵莫拜切。十五部。（一曰久视也。）依广韵补视。（一曰旦明也。）玉篇引说文无此五字。妄人所增也。汉书叙传。眣昒寤而仰思。孟康曰。眣昒，早旦也。韦昭曰。音妹。又音忽。司马相如传。曶爽暗昧得耀乎光明。司马贞引三苍。曶爽，早朝也。音妹。字林音忽。然则眣曶一字也。与昧同。故日部有昧无眣。不知何人写幽通赋讹作眣。而仍其误者于说文增窜五字。"《玉篇·目部》："眣，目冥远视也。"《集韵·怪韵》："眣，冥目远视也。"

由上可知，"眣₂"的上古音是［meət］，［m］在其中作声母。"眣₂"的本义似应指眯着眼睛向远方看，而非闭上眼睛却能够看得远，因为闭上眼睛就什么都看不见了，谈不上"能远视"。眯着眼睛则意味着眼睛眇得小，似闭非闭，因此"眇₂"的本义同义素"［＋小］"紧密相连。

（147）韎［meət］

《说文·韦部》："韎。茅蒐染韦也。一入曰韎。从韦。末声。"段注："（茅蒐染韦也。）左传云韎韦。（一入曰韎。）入字宋本、汲古初印本同。与五经文字、毛诗定本合。毛宸修版改入为又。则倒易其是非矣。小雅毛传曰。韎者，茅蒐染韦也。一入曰韎句韐。逗所以代韠也。士冠礼注云。韎韐，缊袡也。此郑以缊释韎，以袡释韐玉藻。一命缊袡。注云。缊，赤黄之闲色。所谓韎也。按赤黄之闲色曰緅。糸部緅，帛赤黄色是也。尔雅。一染谓之緅。缊者。緅之假借字。一入曰韎。即一入曰緅也。三君注国语云。一染曰韎。诗笺云。韎，茅蒐染也。茅蒐，韎声也。韐，祭服之韠。合韦为之。又驳异义云。齐鲁之闲言韎声如茅蒐。字当作韎。陈留人谓之蒨。韦注国语云。茅蒐，今绛草也。急疾呼茅蒐成韎。此皆诗笺所谓茅蒐韎声也。士冠礼韎韐注云。士染以茅蒐。因以名焉。今齐人名蒨为韎。句韐之制似韠。巳上诸文。今本讹舛特甚。悉为正之。（从韦。末声。）莫佩切。十五部。按许云末声。郑驳异义云。韎，齐鲁之闲言韎声如茅蒐。字当作韎。今诗笺版本二体不别。盖郑所据亦作末声。郑谓当从未声也。郑必知当从未声者。未声与文魂为类。末声与元寒为类。文魂与尤侯相似也。元寒与鱼模相似也。茅蒐为韎声则当从未矣。唐韵莫佩切。刘李周礼音妹者，郑未声之说也。广韵音末，诸经音莫介反者，许末声之说也。"《集韵·未韵》："韎，茅蒐染韦。"《说文·糸部》"红"字朱骏声通训定声："以茅蒐染韦则曰韎。"《文选·张衡〈西京赋〉》："缇衣韎韐。"李善注引毛苌曰："韎者，茅蒐染也。"《诗·小雅·瞻彼洛矣》："韎韐有奭。"朱熹集传："韎，茅蒐所染色也。"

由上可知，"韎"的上古音是［meət］，［m］在其中作声母。"韎"的本义指用来给皮革染色的一种颜料，是从一种叫茅蒐的植物中提取出来的，而给皮革染色则意味着皮革原来的颜色看不见了，从视野中消失了。因此，"韎"的本义同义素"［＋消失］"紧密相连。

（148）魅［miət］

《说文·鬼部》："鬽。老精物也。从鬼彡。彡，鬼毛。或从未声。"

段注："（老物精也。）各本作精物。今依芜城赋王莽传二注正。论衡曰。鬼者，老物之精也。汉艺文志有神鬼精物之语。则作精物亦通。周礼。以夏日至致地示物魅。注曰。百物之神曰魅。引春秋传。螭魅魍魉。按今左传作魅。释文。本作魅。服虔注云。魅，怪物。或云魅人面兽身而四足。好惑人。山林异气所生。（从鬼彡。）密秘切。十五部。（彡，鬼毛。）说从彡之意。彡者，毛饰画之文。因以为毛之称。（或从未。）从未为声。"《玄应音义》卷二："魅，老物精也。"《慧琳音义》卷三："魅，老物之精也。"《汉书·王莽传中》："以御魑魅。"颜师古注："魅，老物精也。"《左传·宣公三年》："螭魅罔两。"杜预注："魅，怪物也。"

由上可知，"魅"的上古音是［miət］，［m］在其中作声母。"魅"的本义指一种鬼怪，该鬼怪一般很少见到，因此"魅"的本义同义素"［+少］"紧密相连。

（149）寐［miət］

《说文·寢部》："寐。卧也。从寢省。未声。"段注："（卧也。）俗所谓睡着也。周南毛传曰。寐，寝也。（从寢省。未声。）蜜二切。十五部。"《玉篇·寢部》："寐，卧也。"《玄应音义》卷二十四："寐，眠熟也。"《后汉书·质帝纪》："寤寐永叹。"李贤注："寐，卧也。"《诗·周南·关雎》："寤寐求之。"王先谦三家义集疏引韩说曰："寐，息也。"

由上可知，"寐"的上古音是［miət］，［m］在其中作声母。"寐"的本义指睡着，而睡着则意味着对外界事物一无所知，因此"寐"的本义同义素"［+无］"紧密相连。

（150）妹［muət］

《说文·女部》："妹。女弟也。从女。未声。"段注："（女弟也。）卫风。东宫之妹。传曰。女子后生曰妹。（从女。未声。）莫佩切。十五部。按释名曰。姊，积也。妹，昧也。字当从未。白虎通曰。姊者，咨也。妹者，末也。又似从末。"《尔雅·释亲》："男子谓女子，先生为姊，后生为妹。"《广韵·队韵》："妹，姊妹。"《诗·卫风·硕人》："东宫之妹。"王先谦三家义集疏引韩说曰："女弟曰妹。"《公羊传·庄公三年》："请后五庙以存姑姊妹。"何休注："男谓女先生为姊，后生为妹。"

由上可知，"妹"的上古音是［muət］，［m］在其中作声母。"妹"的本义指妹妹，而相对于哥哥或姐姐来说，妹妹年龄是较小的，因此"妹"的本义同义素"［+小］"紧密相连。

（151）昧［muət］

《说文·日部》："昧。爽，旦明也。从日。未声。一曰闇也。"段注："（昧爽，）逗。昧字旧夺。今补。（且明也。）各本且作旦。今正。且明者，将明未全明也。牧誓。时甲子昧爽。王朝至于商郊牧野。言昧爽起行。朝旦至牧野。左传。晏子述谗鼎之铭曰。昧旦丕显。伪尚书演其辞曰。昧爽丕显。坐以待旦。郊祀志。十一月辛巳朔旦冬至吻爽。封禅书吻作昧。既言旦又言昧爽者。以辛巳朔旦冬至合前文黄帝已酉朔旦冬至为言。明冬至均在朔之旦也。继云昧爽天子始郊拜泰一。明未旦时即郊拜泰一也。内则。成人皆鸡初鸣。适父母舅姑之所。未冠笄者。昧爽而朝。后成人也。昧与昒古多通用。而许分别之。直以昧连爽为词。昧者，未明也。爽者，明也。合为将旦之称。（从日。未声。）莫佩切。十五部。（一曰闇也。）闇者，闭门也。闭门则光不明。明闇字用此不用暗。暗者，日无光也。义异。司马相如传。阻深闇昧。得耀乎光明。"《说文·日部》朱骏声通训定声："昧，将明尚暗之时也。"《书·牧誓》："甲子昧爽。"陆德明释文引马云："昧，未旦也。"《诗·郑风·女曰鸡鸣》："士曰昧旦。"陈奂传疏："昧，明未全明也。"

由上可知，"昧"的上古音是［muət］，［m］在其中作声母。"昧"的本义指天将明未明之时，天将明未明之时光线暗淡，看东西看不清楚，看东西看不清楚意味着进入视野的清晰部分少，因此"昧"的本义同义素"［+少］"紧密相连。

（152）袂［mǐāt］

《说文·衣部》："袂。袖也。从衣。夬声。"段注："（袖也。从衣。夬声。）弥弊切。十五部。郭景纯云。襼即袂字。"《广雅·释器》："袂，袖也。"《玉篇·衣部》："袂，袖也。"《左传·宣公十四年》："投袂而起。"杜预注："袂，袖也。"《庄子·渔父》："披发揄袂。"成玄英疏："袂，袖也。"

由上可知，"袂"的上古音是［mǐāt］，［m］在其中作声母。"袂"

的本义指袖子，而袖子的作用之一就是遮蔽胳膊，使胳膊不被看见，在视野中消失，因此"袂"的本义同义素"［+消失］"紧密相连。

第四节　uei 韵

（153）微₂［mǐwəi］

《说文·彳部》："微。隐行也。从彳。散声。春秋传曰。白公其徒微之。"段注："（隐行也。）散训眇。微从彳，训隐行。假借通用微而散不行。邶风。微我无酒。又假微为非。（从彳。散声。）无非切。十五部。（春秋传曰。白公其徒微之。）左传哀十六年文。杜曰。微，匿也，与释诂匿微也互训。皆言隐，不言行。散之假借字也。此称传说假借。"《玄应音义》卷十四："微，隐行也。"

上述古注未能正确解释"微"的本义。"微"可分为"微₁"和"微₂"。甲骨文中的"𠂤""𠂤""𠂤""𠂤""𠂤"都是同一个字，隶化后就成了"屵""散""微"，在甲骨文中既可作方国名或人名，也可作神名（于省吾，1996）：

①丙午卜，争贞：微其系羌？（四九五）[1]

②在微？（七六七反）

③贞：微无灾？（三二八六正）

④贞：呼比微告取事？（四五五五）

⑤乙未卜，王令微？（四五六二）

⑥贞：微其丧？（四五六四正）

⑦贞：雀弗其获征微？（六九八六）

⑧贞：呼取微伯？（六九八七正）

⑨侑微，王勿卫？（七五七一正）

⑩戊申卜，㱿贞：惟师呼往于微？（七九八二）

⑪贞：微受年？（九七九一反）

⑫南方曰夷，风曰屵。（一四二九四）

----

[1]　甲骨文的例证均来自姚孝遂、肖丁编纂的《殷墟甲骨刻辞类纂》。

⑬丁卯卜，戌允出，弗伐微？（二八〇二九）

⑭壬辰卜，炆微，雨？（三二二九〇）

⑮贞：福告微于母辛？（英一九六九）

以上例证中，除了（12）是作神名外，其余都是作人名或地名。这种作专有名词的用法，正是"微₁"的本义。

由上可知，"微₂"的上古音是［mǐwəi］，［m］在其中作声母。"微₁"的本义指神名、人名或地名，用作专有名词，但该语音形式和字形常被假借来承载另一个词"微₂"的本义隐藏义，也就是说，"微₂"的本义是隐藏，而隐藏则意味着要求某事物在视野中消失，因此"微₂"的本义同义素"［+消失］"紧密相连。

（154）薇［mǐwəi］

《说文·艸部》："薇。菜也。似藿。从艸。微声。"段注："（菜也。）见毛传。（似藿。）谓似豆叶也。陆玑诗疏曰。薇，山菜也。茎叶皆似小豆。蔓生。其味亦如小豆。藿可作羹。亦可生食。今官园种之。以供宗庙祭祀。项安世曰。薇，今之野豌豆也。蜀人谓之大巢菜。按今四川人挑豌豆软梢食之。谓之豌豆颠颠。古之采于山者，野生者也。释草云垂水。薇之俗名耳。不当以生于水边释之。（从艸。微声。）无非切。十五部。"《玉篇·艸部》："薇，菜也。"《广韵·微韵》："薇，菜也。"《诗·小雅·采薇》："采薇采薇。"毛传："薇，菜也。"《楚辞·天问》："惊女采薇鹿何祐。"蒋骥注引陆元恪云："薇，茎叶味皆似小豆，蔓生，可作羹，亦可生食。"

由上可知，"薇"的上古音是［mǐwəi］，［m］在其中作声母。"薇"的本义指一种像小豆的蔬菜，因此"薇"的本义同义素"［+小］"紧密相连。

（155）瞂［mǐəi］

《说文·见部》："瞂。司也。从见。微声。"段注："（司也。）司者今之伺字。许书无伺。司下当有视字。广韵曰。瞂，伺视也。于从微取意。瞂同瞂。（从见。微声。）无非切。十五部。"《玉篇·见部》："瞂，司也。"《广雅·释诂三》："瞂，觇也。"

由上可知，"瞂"的上古音是［mǐəi］，［m］在其中作声母。"瞂"的本义指窥视，而窥视则意味着看得不清楚，进入视野的清晰部分少，因此"矊"的本义同义素"［+少］"紧密相连。

（156）尾［mǐwəi］

《说文·尸部》："尾。微也。从到毛在尸后。古人或饰系尾。西南夷亦然。凡尾之属皆从尾。"段注："（微也。）微当作散。散，细也。此以叠韵为训。如门扪也，户护也之例。方言曰。尾，尽也。尾，梢也。引申训为后。如晋语岁之二七。其靡有微兮。古亦假微为尾。（从到毛在尸后。）到者，今之倒字。无斐切。十五部。今隶变作尾。（古人或饰系尾。）未闻。郑说皲曰。古者佃、渔而食之。衣其皮。先知蔽前。后知蔽后。后王易之以布帛。而独存其蔽前者。不忘本也。按蔽后即或饰系尾之说也。（西南夷皆然。）后汉书西南夷列传曰。盘瓠之后。好五色衣服。制裁皆有尾形。按尾为禽兽之尾。此甚易解耳。而许必以尾系之人者，以其字从尸。人可言尸。禽兽不得言尸也。凡全书内严人物之辨每如此。人饰系尾。而禽盖似之。许意如是。"《广雅·释诂四》："尾，微也。"《释名·释形体》："尾，微也，承脊之末，稍微杀也。"《易·遁》："遁尾，厉。"惠栋述："尾，微也。"

由上可知，"尾"的上古音是［mǐwəi］，［m］在其中作声母。"尾"的本义指尾巴，而跟整个身体部分比起来，动物的尾巴通常是比较小的，因此"尾"的本义同义素"［+小］"紧密相连。

（157）娓［mǐwəi］

《说文·女部》："娓。顺也。从女。尾声。读若媚。"段注："（顺也。）顺者，理也。尾主于顺。故其字从尾。按此篆不见于经传。诗、易用亹亹字。学者每不解其何以会意形声。徐铉等乃妄云当作娓。而近者惠定字氏从之。按李氏易集解及自为周易述皆用娓娓。抑思毛、郑释诗皆云勉勉。康成注易亦言没没。亹之古音读如门。勉、没皆叠韵字。然则亹为亹之讹体。亹为勉之假借。古音古义于今未泯。不当以无知妄说，擅改宣圣大经。（从女。尾声。读若媚。）无匪切。十五部。"《广雅·释诂一》："娓，顺也。"《广韵·至韵》："娓，从也。"

由上可知，"娓"的上古音是［mǐwəi］，［m］在其中作声母。"娓"的本义指顺从，而顺从则意味着没有矛盾冲突，因此"娓"的本义同义素"［+无］"紧密相连。

（158）未₂［mǐwət］

《说文·未部》："未。味也。六月滋味也。五行木老于未。象木重枝叶也。凡未之属皆从未。"段注："（味也。）口部曰。味者，滋味也。（六月滋味也。）韵会引作六月之辰也。律书曰。未者，言万物皆成。有滋味也。淮南天文训曰。未者，昧也。律历志曰。昧薆于未。释名曰。未，昧也。日中则昃。向幽昧也。广雅释言曰。未，味也。许说与史记同。（五行木老于未。）天文训曰。木生于亥。壮于卯。死于未。此即昧薆之说也。（象木重枝叶也。）老则枝叶重叠。故其字象之。无沸切。十五部。"《玉篇·未部》："未，犹不也。"《庄子·知北游》："无应矣。"成玄英疏："未，无也。"《礼记·礼运》："丘未之逮也。"孔颖达疏："未，犹不也。"

由上可知，"未₂"的上古音是［mǐwət］，［m］在其中作声母。《说文》和段注未能正确解释"未₁"的本义，"未₁"的本义指枝干："林义光《文源》云：'木重枝叶，非滋味之义。古未与枚同音，即枚之古文，枝干也。从木多其枝。'其说近是。《广雅·释木》：'枚，条也。'《说文》训'条'为'小枝'。《诗·汝坟》：'伐其条枚。'毛《传》：'枝曰条，干曰枚。''枚'与'条'对文则殊，散文则通。《玉篇》：'枚，枝也。'《广韵》同。契文木作 𣎳、𣎵；未作 𣎳、𣎵，条作 𣎳，形体均有别。'未'字正像'木重枝叶'，枝干之意。'条'则像小枝柔弱形。故《诗·旱麓》'施于条枚'，毛《传》：'条，小枝也。'"（于省吾 1996：3595）但该语音形式和字形常被假借来承载另一个词"未₂"的本义"不、没有"义，也就是说，"未₂"的本义是"不、没有"，因此"未₂"的本义同义素"［+无］"紧密相连。

第五节　小结

本章一共考察了"诬""巫"等 73 个上古汉语单音词，它们的语音、本义和与本义关联的义素见表 2-1。

表 2-1　　　　　　"诬""巫"等 73 个上古汉语单音词的语音、

本义和与本义关联的义素

序号	单音词	语音形式	本义	关联义素	本义与关联义素的联系
1	诬	mǐwa	说假话	[+无]	假话就是没有事实根据的话;间接
2	巫	mǐwa	向鬼神祈祷以办事的人	[+无]	鬼神是无形的;间接
3	无	mǐwa	没有	[+无]	直接
4	毋	mǐwa	不要、别,表示禁止	[+消失]	禁止意味着要求某种行为消失;间接
5	芜	mǐwa	荒芜	[+无]	荒芜意味着没有某种植物;间接
6	璑	mǐwa	质量低的玉	[+低]	间接
7	侮	cǐwɔ	轻慢地对待	[+低]	轻慢地对待则意味着对方在水平、地位上比自己低;间接
8	武	mǐwa	征伐示威	[+消失]	征伐示威必然会导致人的死亡,死亡本质上就是生命的消失;间接
9	舞	mǐwa	舞蹈	[+无]	原始舞蹈并非审美意义上的艺术样式,它往往以作为充满图腾崇拜观念的巫术仪式中的一个重要组成部分的身份存在,本质上是主客体间进行神秘互渗交往的一种媒介,也就是说原始舞蹈同鬼神是紧密相连的,而鬼神又是无形的;间接
10	舞	mǐwa	安装在窗户上的网状物	[+空]	网的最大特点就是由很多网眼组成,网眼自然是中空的;间接
11	怃	mǐwa	怅然失意的样子	[+消失]	间接
12	庑	mǐwa	大堂周围的小屋子	[+小]	间接
13	甒	mǐwa	一种小的瓦罐	[+小]	间接
14	膴₁	mǐwa	无骨的腊肉	[+无]	间接
15	戊	mu	大斧	[+消失]	大斧是专门用来砍伐和杀戮的,砍伐和杀戮必然会导致人的死亡,死亡本质上是生命的消失;间接

序号	单音词	语音形式	本义	关联义素	本义与关联义素的联系
16	雾	mǐwɔ	空气中的水蒸气遇冷结成的飘浮在空气中的小水珠	[+少]	雾可以阻碍人的视线，使人看东西看不清楚，看不清楚就意味着进入视野的清晰部分少；间接
17	羍	mǐwɔ	生下六个月的小羊	[+小]	间接
18	幭	mǐwɔ	覆盖车衡的布	[+消失]	覆盖车衡意味着使人看不见车衡，看不见车衡就是使车衡从眼前消失；间接
19	鹜	mǐwɔ	家鸭	[+无]	同野鸭相比，家鸭要顺从并且不怕人，而顺从并且不怕人则意味着同人之间没有矛盾冲突；间接
20	勿₂	mǐwət	不要、别，表示禁止	[+消失]	禁止意味着要求某种行为消失；间接
21	伆	mǐwət	离开	[+消失]	离开意味着某处某人的消失；间接
22	眒₁	mǐwət	闭眼	[+消失]	闭眼意味着什么东西都看不见了，什么东西都看不见即一切事物在眼前消失；间接
23	亩	mə	百步见方的田地	[+小]	亩常用作度量田地的最基本的单位，也就是说一块田地一般是由若干亩组成，而一块田地一般是由若干亩组成则意味着一亩相对于一块田地来说，是小的；间接
24	莽	mua	一种有毒的草	[+消失]	该草常被用来毒死小虫子和鱼之类，而死则意味着生命的消失；间接
25	艒	mǔk	小船	[+小]	间接
26	目	mǐuk	人眼	[+小]	人眼中有瞳孔，瞳孔一般来说是小的；间接
27	睦	mǐuk	和睦	[+无]	间接
28	穆₂	mǐuk	和谐	[+消失]	和谐意味着冲突的消失；间接
29	廖	mǐuk	细的纹路	[+细]	间接
30	沐	mɔk	洗头	[+消失]	洗头的目的就是使头上的污垢消失；间接

序号	单音词	语音形式	本义	关联义素	本义与关联义素的联系
31	鞪	mɔ̌k	包裹车轴的皮制品	[+消失]	包裹车轴意味着使车轴看不见，使车轴在视野中消失；间接
32	楘	mɔ̌k	包裹曲辕的皮制品	[+消失]	包裹曲辕意味着使曲辕看不见，使曲辕在视野中消失；间接
33	幕	mǎk	起遮蔽作用的布	[+消失]	遮蔽意味着使某人或某物看不见，使某人或某物在视野中消失；间接
34	慕	māk	因心中崇敬某人而有意向其学习	[低]	有意向其学习意味着自己在水平、地位等方面比对方低；间接
35	墓	māk	平坦的埋葬死者的地方	[+无]	与坟相比，最大的特点是没有凸起的土堆；间接
36	懑	māk	勉励或勉强自己或他人	[+少]	勉励或勉强自己或他人暗含着一个前提，就是毅力少或水平低；间接
37	莫₁	māk	太阳快要下山的时候	[+少]	太阳快要下山意味着光线暗淡，看东西看不清楚，看东西看不清楚意味着进入视野的清晰部分少；间接
38	埋	meə	用草或土等东西把人或物藏起来	[+消失]	把人或物藏起来意味着使人或物看不见，看不见即在视野中消失；间接
39	霾	meə	尘土悬浮在空中形成的像雾一样的灰蒙蒙的天气	[+少]	灰蒙蒙的天气必然会导致看东西看不清楚，看不清楚意味着进入视野的清晰部分少；间接
40	瞒	me	偷看	[+少]	偷看意味着看东西看不清楚，即进入视野的清晰部分少；间接
41	买	me	买东西	[+消失]	买东西意味着要拿财物和对方交换，最终财物在买方这里消失；间接
42	麦	meǝk	麦子	[+消失]	种植麦子时需要深埋麦种，深埋麦种则意味着使麦种看不见，看不见即在视野中消失；间接
43	卖	me	出售货物	[+消失]	出售货物意味着货物在卖方这里消失；间接

续表

序号	单音词	语音形式	本义	关联义素	本义与关联义素的联系
44	劢	moāt	勉励或勉强自己或他人	[+少]	勉励或勉强自己或他人暗含着一个前提，就是毅力少或水平低；间接
45	譕	moāt	浮夸	[+无]	浮夸意味着在事实中掺进去了虚假的、根本没有的东西；间接
46	媒	muə	媒人	[+无]	媒人的任务就是谋划撮合男女双方。谋划即在行动之前对整个行动的步骤和方法的一种推测，是还没有实现的；间接
47	煤	muə	烟尘	[+小]	烟尘自然是非常细小的；间接
48	腜	muə	背上的肉	[+消失]	背上的肉自然是覆盖着背下的血肉和内脏，起保护作用，而覆盖着背下的血肉和内脏则意味着看不见背下的血肉和内脏，看不见背下的血肉和内脏即背下的血肉和内脏从视野中消失了；间接
49	腜	muə	妇女怀孕最初的征兆	[+短]	最初意味着怀孕的时间很短；间接
50	禖	muə	求子的祭祀	[+无]	求子意味着现在无子；间接
51	罞	muə	捕捉飞禽的网	[+空]	网的最大特点就是由很多网眼组成，网眼自然是中空的；间接
52	鍪	muə	贯穿两个小环的大环	[+空]	环的最大特点就是中空的；间接
53	眉	mǐei	人的眉毛	[+细]	人的眉毛一般来说都是细的；间接
54	湄	mǐei	水岸	[+消失]	水岸是水临近消失之处；间接
55	楣	mǐei	屋檐	[+无]	屋檐是专门防止雨水弄湿门和墙的，也就是说有了屋檐，门和墙就没有雨水；间接
56	霉	mǐei	东西遇雨潮湿变黑	[+消失]	黑色意味着暗淡无光看不见东西，即东西在视野中消失了；间接

续表

序号	单音词	语音形式	本义	关联义素	本义与关联义素的联系
57	壝	mǐei	坛外周围的短墙	[+短]	间接
58	塺	muai	尘土	[+小]	尘土自然是非常细小的；间接
59	瘼	muə	病	[+弱]	生病身体自然就会虚弱；间接
60	籟	mǐei	一种竹子	[+细]	该竹子的一个显著特点是节长似箭，而节长似箭则意味着很细；间接
61	眄₂	meət	眯着眼睛向远方看	[+小]	眯着眼睛意味着眼睛睁得小，似闭非闭；间接
62	靺	meət	用来给皮革染色的一种颜料	[+消失]	给皮革染色则意味着皮革原来的颜色看不见了，从视野中消失了；间接
63	魅	miət	一种鬼怪	[+少]	该鬼怪一般很少见到；间接
63	寐	miət	睡着	[+无]	睡着意味着对外界事物一无所知；间接
64	妹	muət	妹妹	[+小]	相对于哥哥或姐姐来说，妹妹年龄是较小的；间接
66	昧	muət	天将明未明之时	[+少]	天将明未明之时光线暗淡，看东西看不清楚，看东西看不清楚意味着进入视野的清晰部分少；间接
67	袂	mǐāt	袖子	[+消失]	袖子的作用之一就是遮蔽胳膊，使胳膊不被看见，在视野中消失；间接
68	微₂	mǐwəi	隐藏	[+消失]	隐藏意味着要求某事物在视野中消失；间接
69	薇	mǐwəi	一种像小豆的蔬菜	[+小]	间接
70	瞰	mǐəi	窥视	[+少]	窥视意味着看得不清楚，进入视野的清晰部分少；间接
71	尾	mǐwəi	尾巴	[+小]	跟整个身体部分比起来，动物的尾巴通常是比较小的；间接
72	娓	mǐwəi	顺从	[+无]	顺从意味着没有矛盾冲突；间接
73	未₂	mǐwət	不、没有	[+无]	直接

　　从表 2-1 中可以看出，73 个上古汉语单音词的语音有［mǐwa］、
［mǐwɔ］、［mu］、［mǐwǝt］、［mǝ］、［mua］、［mǔk］、［mǐǔk］、［mǒk］、
［mǎk］、［māk］、［meǝ］、［me］、［meǒk］、［moāt］、［muǝ］、［mǐei］、
［muai］、［me ǝ t］、［mi ǝ t］、［mu ǝ t］、［mǐāt］、［mǐwǝi］、［mǐǝi］、
［mǐwǝt］ 等 25 种，［m］ 在其中均作声母。这些单音词从与本义关联的
义素的视角来看，可以归为两类：其一是 "小" 类，对应的关联义素
为 "［+细］""［+小］""［+弱］""［+少］""［+短］""［+低］"；其二是
"无" 类，对应的关联义素为 "［+无］""［+消失］""［+空］"。值得注意
的是，73 个单音词的本义与各自的关联义素之间的关系可以分为直接
和间接两种。属于直接关系的单音词一共有 "无""未₂" 2 个。如
"无" 的本义为 "没有"，相应的关联义素也是 "［+无］"，本义与关联
义素之间的联系很明显。属于间接关系的单音词一共有 "诬""巫" 等
71 个，本义与关联义素之间的联系有的明显有的不明显。如 "慕" 的
本义为 "因心中崇敬某人而有意向其学习"，相应的隐性关联义素是
"［+小］"，二者之间的联系就在于有意向其学习意味着自己在水平、地
位等方面比对方低，这样 "慕" 的本义就和义素 "［+低］" 联系起来
了，这是属于不明显的；"塺" 的本义为 "尘土"，相应的显性关联义
素是 "［+小］"，尘土无疑是细小的，二者之间的联系是明显的。

第三章 词义基因 {m} 在 ao 等七韵的分布

第一节 ao 韵

（159）媌［meo］

《说文·女部》："媌。目里好也。从女。苗声。"段注："（目里好也。）目里好者，谓好在眶之里也。凡方言言顺、言瞵、言铄、言盱、言扬皆谓目之好外见也。惟媌状目里。方言曰。媌，好也。自关而东河济之间谓之媌。按此谓纤细之好也。（从女。苗声。）莫交切。二部。"《广韵·巧韵》："媌，好貌。"《方言》卷一："秦晋之间，凡好而轻者谓之娥，自关而东，河济之间谓之媌。"

由上可知，"媌"的上古音是［meo］，［m］在其中作声母。"媌"的本义指苗条，而苗条则意味着身材纤细，因此"媌"的本义同义素"［+细］"紧密相连。

（160）茅［meo］

《说文·艸部》："茅。菅也。从艸。矛声。"段注："（菅也。）按统言则茅菅是一。析言则菅与茅殊。许菅茅互训。此从统言也。陆玑曰。菅似茅而滑泽、无毛。根下当作上五寸中有白粉者，柔韧宜为索。沤乃尤善矣。此析言也。（从艸。矛声。）莫交切。古音在三部。（可缩酒、为藉。）各本无此五字。依韵会所引补。缩酒见左传。为藉见周易。此与莜可以香口、藭可以为苹席一例。"《玉篇·艸部》："茅，草名。"《广韵·肴韵》："茅，草名。"《左传·僖公四年》："尔贡包茅不入。"杜预注："茅，菁茅也。"《谷梁传·文公三年》："茅茨尽矣。"陆德明释文："茅，草也。"

由上可知，"茅"的上古音是［meo］，［m］在其中作声母。"茅"的本义指一种纤细的草，正因为纤细，才可以过滤酒，因此"茅"的本义同义素"［＋细］"紧密相连。

（161）矛［mǐu］

《说文·矛部》："矛。酋矛也。建于兵车。长二丈。象形。凡矛之属皆从矛。"段注："（酋矛也。建于兵车。长二丈。）见考工记。记有酋矛、夷矛。酋矛常有四尺。夷矛三寻。郑注。酋夷，长短。酋之言遒也。酋近夷长矣。按许不言夷矛者，兵车所不建。不常用也。鲁颂笺云。兵车之法。左人持弓。右人持矛。中人御。（象形）考工记谓之刺兵。其刃当直。而字形曲其首。未闻。直者象其柲。左右盖象其英。郑风传云。重英，矛有英饰也。鲁颂传云。朱英，矛饰也。按矛饰盖县毛羽。据郑笺则毛传云重乔累荷也者，所以具毛羽也。莫浮切。三部。"《玉篇·矛部》："矛，酋矛。长二丈，建兵车。"《慧琳音义》卷五："矛，酋矛也。建于兵车，长二丈五尺也。"《诗·秦风·无衣》："脩我戈矛。"毛传："矛，长二丈。"《书·牧誓》："立尔矛。"蔡沈集传："矛，亦戟之属。长二丈。"

由上可知，"矛"的上古音是［mǐu］，［m］在其中作声母。"矛"的本义指长矛，而长矛一般都是细长的，因此"矛"的本义同义素"［＋细］"紧密相连。

（162）蟊［mǐu］

《说文·蟲部》："蟊。虫食草根者。从蟲。象其形。吏抵冒取民财则生。蟊或从敄。"段注："（虫食苗根者。）草当作苗。小雅。去其螟螣。及其蟊贼。释虫。食苗根，蟊。毛传。食根曰蟊。螟螣已见虫部。螣是介属。螟螣是蠃属。（从蟲。吊象形。）谓上体象此虫缭绕于苗干之形。与蚰部蟊蟊字从蚰矛声不同也。今人则尽假蟊为之矣。莫浮切。三部。（吏抵冒取民财则生。）抵当作抵。触也。冒者，蒙而前也。吏不恤其民。强御而取民财，则生此。抵冒亦见董仲舒传。冒古音茂。以叠韵为训。（蟊或从敄。）敄声也。此则与虫部蝥螯同字。"

由上可知，"蟊"的上古音是［mǐu］，［m］在其中作声母。"蟊"的本义指一种吃草根的虫子，会使庄稼受损，因此"蟊"的本义同义素"［+受损］"紧密相连。

（163）髳［mǐu］

《说文·彡部》："髳。发至眉也。从彡。孜声。诗曰。纨彼两髳。髳或省。汉令有髳长。"段注："（发至眉也。）庸风。髧彼两髦。传曰。髧，两髦之貌。髦者，发至眉。子事父母之饰。许所本也。内则拂髦注云。髦用发为之。象幼时鬌。其制未闻。既夕礼曰。既殡。主人说髦。注云。儿生三月。剪发为鬌。男角女羁。否则男左女右。长大犹为之饰。存之谓之髦。所以顺父母幼小之心。至此尸柩不见。丧无饰。可以去之。髦之形象未闻。玉藻。亲没不髦。注云。去为子之饰。按郑既言髳之用而云其制未闻者，谓其状不可详也。毛云发至眉。盖以发两绺下垂至眉。象婴儿夹囟之角发下垂。父母在，不失其婴儿之素也。依礼经曰脱。依内则注曰拂。髦振去尘著之。是假他发为之。许引毛诗作髳。今则诗礼皆作髦。或由音近假借。髳与髦义古画然不同。（从彡。孜声。）亡牢切。古音在三部。广韵莫浮切。（诗曰。纨彼两髳。）今诗纨作髧。释文云。本又作优。按纨，冕冠塞耳者。髳盖似之也。（髳或省。汉令有髳长。）髳即髳字。而羌髳字只从矛。牧誓。庸蜀羌髳微卢彭濮。小雅。如蛮如髦。传曰。蛮，南蛮也。髦，夷髦也。笺云。髦，西夷别名。按诗髦即书髳。髳长见汉令。盖如赵佗自称蛮夷大长。亦谓其酋豪也。"

由上可知，"髳"的上古音是［mǐu］，［m］在其中作声母。"髳"的本义指幼儿梳的一种发型，幼儿自然是年龄小，因此"髳"的本义同义素"［+小］"紧密相连。

（164）毛［mo］

《说文·毛部》："毛。眉发之属及兽毛也。象形。凡毛之属皆从毛。"段注："（眉发之属及兽毛也。）眉者，目上毛也。发者，首上毛也。而者，须也。须者，而也。臣下之毛也。㲋者，颊须也。䣞，口上须也。及兽毛者，贵人贱畜也。（象形。）莫袍切。古音二部。"《玉篇·毛部》："毛，眉发之属也。"《广韵·豪韵》："毛，眉发及兽毛也。"《国语·楚语上》："至于手拇毛脉。"韦昭注："毛，须发也。"《诗·小雅·小弁》："不属于毛。"朱熹集传："毛，肤体之余气末属也。"

由上可知，"毛"的上古音是［mo］，［m］在其中作声母。"毛"的本义指人或动物的毛发，而人或动物的毛发一般来说都是细的，因此"毛"的本义同义素"［+细］"紧密相连。

（165）髦［mo］

《说文·髟部》："髦。发也。从髟从毛。"段注："（髦发也。）三字句。各本删髦字，作发也二字。此如襗下之删襗作周燕也、离下之删离、偓下之删偓、江河等下之删江河等字皆不可通。今补。玄应佛书音义卷二引说文。髦发也。谓发中之髦也。卷五引说文。髦发也。发中豪者也。下句乃古注语。上句亦夺一髦字，不可读。发中之秀出者，谓之髦发。汉书谓之壮发。马鬣称髦，亦其意也。诗三言髦士。尔雅、毛传皆曰。髦，俊也。释文云。毛中之长豪曰髦。士之俊杰者借譬为名。此引申之义也。古亦假髦为毛字。既夕礼注曰。今文髦为毛。是今文礼假毛为髦也。（从髟毛。）发之秀者曰毛。犹角之好者曰角。毛亦声。莫袍切。二部。"《玄应音义》卷四："髦，发中豪者也。"《尔雅·释言》："髦，选也。髦，俊也。"邢昺疏："毛中之长毫曰髦。"李白《赠华州王司士》："盛德未泯生英髦。"王琦辑注："毛中之长毫曰髦。"

由上可知，"髦"的上古音是［mo］，［m］在其中作声母。"髦"的本义指人或动物的长的毛发，而人或动物的毛发一般来说都是细的，即使是长的毛发，也是细的，因此"髦"的本义同义素"［+细］"紧密相连。

（166）芼［mo］

《说文·艸部》："芼。草覆蔓。从艸。毛声。诗曰。左右芼之。"段注："（草覆蔓）覆地曼莚。（从艸。毛声。）莫抱切。二部。（诗曰。左右芼之。）周南文。毛郑诗考正曰。芼，菜之烹于肉湇者也。礼羹芼菹醢凡四物。肉谓之羹。菜谓之芼。肉谓之醢。菜谓之菹。菹醢生为之。是为醢人豆实。芼则湇烹之。与羹相从。实诸铏。仪礼。铏芼。牛藿、羊苦、豕薇。牲用鱼。芼之以苹藻。内则雉兔皆有芼是也。孔冲远疑四豆之实无荇。不知诗明言芼，非菹也。玉裁按。芼字本义是草覆蔓。故从艸毛会意。因之尔雅曰搴也。毛公曰择也。皆于从毛得解。搴之而择之。而以为菜酿。义实相成。诗礼本无不合。"《广韵·号韵》：

"芼，草覆蔓也。"《说文·艸部》徐锴系传："芼，犹冒也。"《晏子春秋·外篇重而异者》："蒿重芼敛不半。"孙星衍音义引《说文》："芼，草覆蔓也。"柳宗元《游南亭夜还叙志》："颇杂池沼芼。"蒋之翘辑注引《说文》："芼，草覆蔓也。"

由上可知，"芼"的上古音是［mo］，［m］在其中作声母。"芼"的本义指草长得旺盛把地面覆盖住了，而把地面覆盖住了则意味着看不见地面了，即地面在视野中消失了，因此"芼"的本义同义素"［+消失］"紧密相连。

（167）旄［mo］

《说文·㫃部》："旄。幢也。从㫃从毛。毛亦声。"段注："（幢也。）刘熙曰。幢，童也。其貌童童也。广雅曰。幢谓之䡏。尔雅曰。翢，纛也。毛传曰。翿者，纛也。翳也。羽部曰。翳者，翿也。所以舞也。人部曰。俸者，翳也。按或用羽。或用牦牛尾。或兼用二者。翢俸翿实一字。纛俗作䍮。亦即翳字。尔雅、毛传皆以今字释古字耳。幢亦即翳字。古㒼声、周声与童声转移。如诗以调韵同、汉县铜阳读如纣之比。其始只有翳字。继乃有纛。继乃有幢。皆后出。故许书不列纛幢二篆。此释旄必云幢，不云翳者。翳嫌舞者所持。旄是旌旗之名。汉之羽葆幢。以牦牛尾为之。如斗。在乘舆左骓马头上。用此知古以牦牛尾注竿首。如斗童童然。故诗言干旄、言建旄、言设旄。有旄则亦有羽。羽或全或析。言旄不言羽者举一以晐。二其字从㫃从毛。亦举一以晐二也。以牦牛尾注旗竿。故谓此旗为旄。因而谓牦牛尾曰旄。谓牦牛曰旄牛。名之相因者也。禹贡两言羽旄。周礼旄人、旄舞。皆谓牦牛尾曰旄也。（从㫃。毛声。）举形声包会意。莫袍切。二部。"《慧琳音义》卷七十七："凡旄者，皆旄牛尾也，施于幢旌之端。"《说文·㫃部》朱骏声通训定声："竿首饰有牦牛毛曰旄。"《诗·小雅·出车》："建彼旄矣。"朱熹集传："旄，注旄于旗干之首也。"《文选·扬雄〈甘泉赋〉》："流星旄以电爥兮。"张铣注："旄，以旄牛尾为之，饰以星文，其光如电，悬于竿上以指挥也。"

由上可知，"旄"的上古音是［mo］，［m］在其中作声母。"旄"的本义指用牦牛尾装饰的旗子，而牦牛尾跟牦牛的整个身体部分比起来显然是比较小的，因此"旄"的本义同义素"［+小］"紧密相连。

（168）氂［mo］

《说文·犛部》："氂。犛牛尾也。从犛省。从毛。"段注："（犛牛尾也。）凡经云干旄、建旄、设旄、右秉白旄、羽旄、齿革干戚羽旄，今字或有误作毛者。古注皆云旄牛尾也。旄牛即犛牛。犛牛之尾名氂。以氂为幢曰旄。因之呼氂为旄。凡云注旄干首者是也。呼犛牛为旄牛。凡云旄牛尾者是也。（从犛省。从毛。）莫交切。二部。按周礼乐师音义。氂旧音毛。但许不言毛亦声。而左传晏氂，外传作晏莱。后汉书魏郡舆人歌。岑熙狗吠不惊。足下生氂。与灾时兹三字韵。则是犛省亦声。在弟一部也。"《玉篇·犛部》："氂，犛牛尾也。"《广韵·豪韵》："氂，犛牛尾也。"《周礼·春官·乐师》："有旄舞。"郑玄注："旄舞者，氂牛之尾。"孙诒让正义："犛为长髦牛之正名，其尾名氂，因谓之氂牛；氂叫以为旄，因谓之旄牛，二者通称。此经旄舞及旄人，凡言旄者，并据犛牛尾而言，正字皆当作氂，作旄者假借字。"

由上可知，"氂"的上古音是［mo］，［m］在其中作声母。"氂"的本义指牦牛尾，而跟整个身体部分比起来，牦牛尾显然是比较小的，因此"氂"的本义同义素"［+小］"紧密相连。

（169）卯［meu］

《说文·卯部》："卯。冒也。二月万物冒地而出。象开门之形。故二月为天门。凡卯之属皆从卯。"段注："（冒也。二月万物冒地而出。）律书曰。卯之为言茂也。言万物茂也。律历志。冒茆于卯。天文训曰。卯则茂茂然。释名曰。卯，冒也。载冒土而出也。盖阳气至是始出地。（象开门之形。）字象开门也。莫饱切。古音在三部。（故二月为天门。）卯为春门。万物已出。"《释名·释天》："卯，冒也，载冒土而出也。"《玉篇·卯部》："卯，冒也。"《礼记·月令》："孟春之月。"郑玄注："观斗所建，命其四时。"孔颖达疏："卯，冒也。"《太玄·玄数》："辰寅卯。"范望注："卯，取其冒牟而生也。"

上述古注未能正确解释"卯"的本义。王国维认为："卜辞屡言卯几牛，卯义未详，与燎瘗沉等同为用牲之名，以音言之，则古音卯刘同部，柳留等字，篆文从卯者，古文皆从卯，疑卯即刘之假借字。《释诂》：'刘，杀也。'汉时以孟秋行貙刘之礼，亦谓秋至始杀也。"（于省

吾，1996：3438）

　　由上可知，"卯"的上古音是［meu］，［m］在其中作声母。"卯"的本义指杀，杀的目的就是使对方死亡，"卯"表示用牲法时就是杀死祭品，死亡本质上就是生命的消失，因此"卯"的本义同义素"［＋消失］"紧密相连。

　　（170）昴［meu］

　　《说文·日部》："昴。白虎宿星。从日。卯声。"段注："（白虎宿星。）召南传曰。昴，留也。古谓之昴。汉人谓之留。故天官书言昴。律书直言留。毛以汉人语释古语也。元命包云。昴六星。昴之言留。物成就系留。此昴亦評留之义也。（从日。夘声。）夘古音读如某。夘古文酉字。字别而音同在三部。虽同在三部而不同纽。是以夘声之刘留聊桺珋骝鑼菑窬为一纽。卯声之昴为一纽。古今音读皆有分别。夘声之不读莫饱切。犹卯声之不读力九切也。惠氏栋因毛传之语。谓昴必当从夘。其说似是而非。王氏鸣盛尚书后案袭之。非也。莫饱切。古音在三部。"《尔雅·释天》："西陆，昴也。"郭璞注："昴，西方之宿，别名旄头。"《玉篇·日部》："昴，星名。"《书·尧典》："日短星昴。"孔安国传："昴，白虎之中星。"《淮南子·主术》："昴中，则收敛蓄积。"高诱注："昴星，西方白虎宿也。"

　　由上可知，"昴"的上古音是［meu］，［m］在其中作声母。"昴"的本义指天上的一种星宿，而该星宿从地面上看上去很小（《国风·召南·小星》："嘒彼小星，维参与昴"），因此"昴"的本义同义素"［＋小］"紧密相连。

　　（171）冃［mu］

　　《说文·冃部》："冃。小儿蛮夷头衣也。从冂。二其饰也。凡冃之属皆从冃。"段注："（小儿及蛮夷头衣也。）谓此二种人之头衣也。小儿未冠。夷狄未能言冠。故不冠而冃。荀卿曰。古之王者有务而拘领者矣。杨注。务读为冃。拘与勾同。淮南书曰。古者有鍪而绻领以王天下者。高注。古者，盖三皇以前也。鍪着兜鍪帽。言未知制冠。按高注兜鍪二字盖浅人所加。务与鍪皆读为冃。冃即今之帽字也。后圣有作。因冃以制冠冕。而冃遂为小儿蛮夷头衣。（从冂。二其饰也。）古报切。古音在三部。"《玉篇·冃部》："冃，小儿、蛮夷头衣也。"《慧琳音义》卷九十二：“帽，冠也。”《资治通鉴·魏纪五》：“帝尝着帽。”胡三省注引《说文》曰：“帽，小儿蛮夷头衣也。”《资治通鉴·晋纪三十二》：“命朝野皆束发加帽。”胡三省注引《晋书·舆服志》曰：“帽，犹冠也，义取于蒙覆其首；其本纚也。”

由上可知，“帽”的上古音是［mu］，［m］在其中作声母。“帽”的本义指帽子，而戴着帽子就会使人看不见头顶，即头顶从视野中消失了，因此“帽”的本义同义素“［+消失］”紧密相连。

（172）冒［mu］

《说文·冃部》：“冒。蒙而前也。从冃从目。”段注：“（蒙而前也。）蒙者，覆也。引申之有所干犯而不顾亦曰冒。如假冒、如冒白刃、如贪冒是也。邶风。下土是冒。传曰。冒，覆也。此假冒为冃也。（从冃目。）会意。冃目者，若无所见也。冃亦声。目报切。古音在三部。”

由上可知，“冒”的上古音是［mu］，［m］在其中作声母。“冒”的本义指遮住眼睛向前走，而遮住眼睛就会使人看不见东西，即东西从视野中消失了，因此“冒”的本义同义素“［+消失］”紧密相连。

（173）瞀［mu］

《说文·目部》：“瞀。低目视也。从目。冒声。周书曰。武王惟瞀。”段注：“（氐目视也。从目。冒声。）亡保切。古音在三部。（周书曰。武王惟瞀。）君奭篇文。今书作冒。盖古文以瞀为冒也。”《玉篇·目部》：“瞀，低目视也。”《集韵·屋韵》：“瞀，低视也。”

由上可知，“瞀”的上古音是［mu］，［m］在其中作声母。“瞀”的本义指低头看，因此“瞀”的本义同义素“［+低］”紧密相连。

（174）媢［mu］

《说文·女部》：“媢。夫妒妇也。从女。冒声。一曰相视也。”段注：“（夫妒妇也。）大学曰。媢疾以恶之。郑曰。媢，妒也。颜氏家训曰。太史公论英布曰。祸之兴自爱姬。生于妒媢。汉书外戚传亦云。成结宠妾妒媢之诛。此二媢字并当作媢。五宗世家亦云。常山宪王后妒媢。王充论衡云。妒夫媢妇生则忿怒斗讼。按颜所举，惟英布传是此字本义。其余皆与妒不分别。尚书只作冒。（从女。冒声。）莫报切。古音在三部。（一曰梅目相视也。）梅当作怒。周语曰。道路以目。按杜诗用抉眼，即易之反目也。许目部云。眲，涓目也。梅目或眲目之误。

所谓裂眦。又按梅当作侮。谓目相侮也。史记曰目笑之。"《广雅·释诂一》:"媢,妒也。"《广韵·皓韵》:"媢,夫妒妇也。"《汉书·五行志中之下》:"而桓有妒媢之心。"颜师古注:"媢,谓夫妒妇也。"《史记·五宗世家》:"以妒媢不常侍病。"司马贞索隐:"妒女为媢。"

由上可知,"媢"的上古音是[mu],[m]在其中作声母。"媢"的本义指男子嫉妒女子,而嫉妒则意味着自己在水平、地位等方面比对方低,因此"媢"的本义同义素"[+低]"紧密相连。

(175) 楣 [mu]

《说文·木部》:"楣。门枢之横梁。从木。冒声。"段注:"(门枢之横梁。)释宫曰。楣谓之梁。郭曰。门户上横梁。今本尔雅作楣。字之误也。释文。楣,亡悲反。或作楣。亡报反。埤苍云。梁也。吕伯雍云。门户之横梁也。说文曰。楣,秦名屋㮇联也。陆引埤苍、字林以证楣。引说文以证楣。谓楣楣义不同。今本脱误不可读。陆于楣不引说文者。随翻阅所得也。楗言枢之下。楣言枢之上。门上为横梁。凿孔以贯枢。今江浙所谓门龙也。(从木。冒声。)莫报切。古音在三部。"《说文·木部》徐锴系传:"楣,门楣横木,门上枢鼻所附或亦连两鼻为之以冒门楣也。"《玉篇·木部》:"楣,门枢之横梁。"

由上可知,"楣"的上古音是[mu],[m]在其中作声母。"楣"的本义指门枢上的横梁,而该横梁位于门的顶端之上,正好覆盖住了门的顶端,使人看不见门的顶端,也就是说门的顶端在视野中消失了,因此"楣"的本义同义素"[+消失]"紧密相连。

(176) 贸 [mu]

《说文·贝部》:"贸。易财也。从贝。卯声。"段注:"(易财也。)卫风。抱布贸丝。呰𤾓谟。贸迁有无化居。(从贝。卯声。)莫候切。三部。"《慧琳音义》卷一百:"贸,易财也。"《玄应音义》卷九:"贸,换易也,谓交易物为贸也。"《盐铁论·错币》:"抱布贸丝而已。"张之象注:"贸,易财也,交互之义。"《资治通鉴·唐纪七十三》:"广陵人竞以珠玉金缯诣雄军贸食。"胡三省注:"以物易物曰贸。"

由上可知,"贸"的上古音是[mu],[m]在其中作声母。"贸"的本义指贸易,而就买卖双方来说,双方都需要付出财物以换回自己需要的东西，付出财物则意味着财物在自己这里消失，因此"贸"的本义同义素"［+消失］"紧密相连。

（177）眊［mo］

《说文·目部》："眊。目少精也。从目。毛声。虞书耄字从此。"段注："（目少精也。）孟子。胸中不正，则眸子眊焉。赵曰。眊者，蒙蒙目不明之貌。广雅。眊眊，思也。谓思劳而目少精也。或作䁾䁾。（从目。毛声。）亡报切。二部。（虞书耄字从此。）按虞书无耄字。伪大禹谟有之。非许所知也。惟商书微子、周书吕刑皆有耄。吕刑耄荒。周礼注引作耗荒。汉刑法志作眊荒。汉书多以眊为耄。岂许所据书作眊与。当云尚书耄字如此。此为假借。"《广韵·觉韵》："眊，目少精也。"《集韵·觉韵》："眊，目少精也。"柳宗元《答问》："耗眊窒惑。"蒋之翘辑注："眊，目少精也。"《后汉书·五行志五》："厥咎眊。"刘昭注引《字林》曰："目少精曰眊。"

由上可知，"眊"的上古音是［mo］，［m］在其中作声母。"眊"的本义指眼睛看东西无精打采，而看东西无精打采则必然导致看不清楚，看不清楚意味着进入视野的清晰部分少，因此"眊"的本义同义素"［+少］"紧密相连。

（178）覒［mo］

《说文·见部》："覒。择也。从见。毛声。读若苗。"段注："（择也。）玉篇引诗。左右覒之。按毛诗作芼。择也。盖三家诗有作覒者。广韵。邪视也。（从见。毛声。读若苗。）莫袍切。二部。广韵莫报切。"《玉篇·见部》："覒，择也。"

由上可知，"覒"的上古音是［mo］，［m］在其中作声母。"覒"的本义指选择，而选择则意味着从多的当中挑出少的，因此"覒"的本义同义素"［+少］"紧密相连。

（179）縍［mo］

《玉篇·糸部》："縍，刺也。"《广韵·号韵》："縍，刺也，绢帛縍起如刺也。"《集韵·号韵》："縍，缯帛有毛刺者。"《急就篇》卷二："绵绣缦縍云离爵。"颜师古注："縍，谓刺也。"

由上可知，"縍"的上古音是［mo］，［m］在其中作声母。"縍"的本义指有毛刺的织物，而毛刺一般都是很细的，因此"縍"的本义同义素"［＋细］"紧密相连。

（180）楸［mɔ］

《说文·木部》："楸。冬桃。从木。孜声。读若髦。"段注："（冬桃。）释木曰。旄，冬桃。郭云。子冬孰。按作旄者字之假借。二部三部合韵最近也。释文曰。字林作楸。今本讹为字林作楸。（从木。孜声。读若髦。）莫候切。三部。按释文及篇、韵皆音毛。鼎臣盖检唐韵无此字。因以楸字当之。故音茂也。"

由上可知，"楸"的上古音是［mɔ］，［m］在其中作声母。"楸"的本义指冬天成熟的桃子，而冬天离一年结束的时间已经很短了，因此"楸"的本义同义素"［＋短］"紧密相连。

（181）懋［mɔ］

《说文·心部》："懋。勉也。从心。楙声。虞书曰。时惟懋哉。"段注："（勉也。）古多假茂字为之。（从心。楙声。）莫候切。三部。（虞书曰。）虞当作唐。见禾部。（时惟懋哉。）尧典文。今作惟时。未知孰是。"《玉篇·心部》："懋，勉也。"《广韵·候韵》："懋，勉也。"《国语·周语上》："懋正其德。"韦昭注："懋，勉也。"《荀子·富国》："惟民其力懋和。"杨倞注："懋，勉也。"

由上可知，"懋"的上古音是［mɔ］，［m］在其中作声母。"懋"的本义指勉励或勉强自己或他人，而勉励或勉强自己或他人暗含着一个前提，就是毅力少或水平低。正因为毅力少或水平低，所以才需要强迫，才需要添加动力。因此，"懋"的本义同义素"［＋少］"紧密相连。

（182）瞀［mɔ］

《说文·目部》："瞀。氐目谨视也。从目。孜声。"段注："（氐目谨视也。）氐各本作低。今从宋本。玉篇云。目不明貌。按洪范曰雺恒风若。尚书大传作瞀。宋世家作霿。汉书五行志作霿。宋书、隋书五行志作瞀。班志云区霿。服虔云人偹瞀。荀卿云偹犹瞀儒。他书或云瞉瞀。或云瞉瞀。或云恂愗。说文子部云瞉瞀。皆谓冒乱不明。其字则霿为正字。雨部云霿，晦也。（从目。孜声。）莫候切。三部。"《集韵·觉韵》："瞀，低目谨视也。"《素问·气交变大论》："民病肩背瞀重。"张志聪集注："低目俯首曰瞀。"

由上可知，"瞀"的上古音是［mɔ］，［m］在其中作声母。"瞀"的本义指低着头谨慎地看，因此"瞀"的本义同义素"［+低］"紧密相连。

（183）蓩［mɔ］

《说文·艸部》："蓩。卷耳也。从艸。務声。"段注："（毒草也。）铉、锴本篆皆作葽。从艸，婺声。铉本葽下又出蓩篆。云卷耳也，从艸，務声。锴本无蓩。张次立依铉补之。考后汉书刘圣公传。战于蓩乡。注曰。蓩音莫老反。字林云。毒草也。因以为地名。广韵。蓩，毒草。武道切。又地名。据此则毒草之字从力不从女明矣。玉篇云。蓩，莫屋莫老二切。毒草也。此顾野王原本。而蓩下引说文卷耳也。又出葽字。莫候切。引说文毒草也。此孙强、陈彭年辈据俗本说文增之。今改正篆文作蓩，毒草也。而删蓩卷耳也之云。卷耳果名蓩，则当与苓卷耳也同处矣。又按韵会引后汉书注作菽乡。说文有菽字。云细草丛生也。（从艸。務声。）古音在三部。"《玉篇·艸部》："蓩，毒草也。"《广韵·皓韵》："蓩，毒草也。"《后汉书·刘玄传》："战于蓩乡。"李贤注引《字林》云："蓩，毒草也。"

由上可知，"蓩"的上古音是［mɔ］，［m］在其中作声母。"蓩"的本义指一种毒草，会导致人或动物死亡，而死亡则意味着生命的消失，因此"蓩"的本义同义素"［+消失］"紧密相连。

第二节　iao 韵

（184）苗［mĭɔ］

《说文·艸部》："苗。草生于田者。从艸从田。"段注："（草生于田者。从艸田。）武镳切。二部。按苗之故训禾也。禾者，今之小米。诗。诞降嘉谷。维秬维秠。维穈维芑。尔雅、毛传、说文皆曰穈，赤苗。芑，白苗。魏风。无食我苗。毛曰。苗，嘉谷也。此本生民诗。首章言黍。二章言麦。三章则言禾。春秋经庄七年。秋，大水。无麦苗。廿八年。冬，大无麦禾。麦苗即麦禾。秋言苗。冬言禾。何休曰。苗者，禾也。生曰苗。秀曰禾。仓颉篇曰。苗者，禾之未秀者也。孔子曰。恶莠恐其乱苗。魏文侯曰。幽莠似禾。明莠与苗同物。苗本禾未秀之名。因以为凡草木初生之名。诗言稷之苗。稷之穗、稷之实，是也。说文立文当以苗字次穈字之前。云禾也。嘉谷也。则穈为赤苗。籀文芑为白苗。言之有序。草生于田。皮傅字形为说而已。古或假苗为茅。如士相见礼古文草茅作草苗。洛阳伽蓝记所云魏时苗茨之碑，实即茅茨。取尧舜茅茨不翦也。"《希麟音义》卷六："苗，未秀者也。"《论语·子罕》："苗而不秀者有矣夫。"朱熹集注："谷之始生曰苗。"《春秋·庄公七年》："无麦苗。"孔颖达疏引何休云："禾初生曰苗。"

由上可知，"苗"的上古音是［mǐo］，［m］在其中作声母。"苗"的本义指初生的谷物，而初生则意味着年龄小，因此"苗"的本义同义素"［＋小］"紧密相连。

（185）緢［mǐo］

《说文·糸部》："緢。旄丝也。从糸。苗声。周书曰。惟緢有稽。"段注："（牦丝也。）牦各本作旄。俗所改也。牦者，牦牛尾也。凡羽旄古当作羽牦。牦丝者，牦牛尾之丝至细者也。故次于纤细二篆后。贾子容经。蹲旋之容。旄如濯丝。旄同緢。言细如濯丝也。（从糸。苗声。）武儦切。二部。（周书曰。惟緢有稽。）甫刑文。今本緢作貌。伪孔传云。惟察其貌。按许所据壁中文，盖谓惟毫厘是审也。"《玉篇·糸部》："緢，旄丝也。"《广韵·效韵》："緢，旄杂丝也。"

由上可知，"緢"的上古音是［mǐo］，［m］在其中作声母。"緢"的本义指牦牛尾上的细毛，因此"緢"的本义同义素"［＋细］"紧密相连。

（186）眇［mǐo］

《说文·目部》："眇。一目小也。从目从少。少亦声。"段注："（小目也。）各本作一目小也。误。今依易释文正。履六三。眇能视。虞翻曰。离目不正。兑为小。故眇而视。方言曰。眇，小也。淮南说山训。小马大目不可谓大马。大马之目眇谓之眇马。物有似然而似不然者。按眇训小目。引申为凡小之称。又引申为微妙之义。说文无妙字。眇即妙也。史记。户说以眇论。即妙论也。周易。眇万物而为言。陆机赋。眇众虑而为言。皆今之妙字也。（从目少。）错曰会意。按物少则小。故从少。少亦声。亡沼切。二部。"《慧琳音义》卷九十五："眇，目小。"《易·归妹》："眇能视。"江藩述补："眇，一目小也。"《资治通鉴·唐纪七十一》："克用一目微眇，时人谓之独眼龙。"胡三省注："眇，一目小也。"

由上可知，"眇"的上古音是［mǐo］，［m］在其中作声母。"眇"的本义指眼睛小，因此"眇"的本义同义素"［+小］"紧密相连。

（187）訬［mǐo］

《说文·言部》："訬。扰也。一曰訬狡。从言。少声。读若鬟。"段注："（訬，）此复举字删之未尽者。（扰也。）手部曰。扰，烦也。今俗语云吵闹者，当作此字。（一曰訬狡。）犬部狡狡狡也。汉书曰。江都轻訬。吴都赋曰。轻訬之客。高注淮南曰。訬，轻利急疾也。李善音眇。（从言。少声。）楚交切。二部。按此当为前一义之音。（读若鬟。）此未详。盖缅亦作纚之比。顾氏炎武曰。鬟当作㲲。"《广雅·释诂四》："訬，狡也。"《广韵·小韵》："訬，訬狡。"《汉书·叙传下》："江都訬轻。"颜师古注："訬，谓轻狡也。"

由上可知，"訬"的上古音是［mǐo］，［m］在其中作声母。"訬"的本义指开玩笑，而开玩笑则意味着说的是没有事实根据的话，因此"訬"的本义同义素"［+无］"紧密相连。

（188）杪［mǐo］

《说文·木部》："杪。木标末也。从木。少声。"段注："（木标末也。）方言曰。杪，小也。木细枝谓之杪。郭注。言杪捎也。按引伸之凡末皆曰杪。王制言岁之杪是也。（从木。少声。）亡沼切。二部。"《玉篇·木部》："杪，木末也。"《广韵·小韵》："杪，木末也。"《后汉书·马融传》："杪标端。"李贤注："杪，木末也。"《文选·司马相如〈上林赋〉》："偃蹇杪颠。"张铣注："杪，木末也。"

由上可知，"杪"的上古音是［mǐo］，［m］在其中作声母。"杪"的本义指树的顶端，而和整棵树相比，树的顶端当然显得细，因此"杪"的本义同义素"［+细］"紧密相连。

（189）秒［mǐo］

《说文·禾部》："秒。禾芒也。从禾。少声。"段注："（禾芒也。）下文云。禾有秒。秋分而秒定。淮南书。秒作莜。亦作穮。按艸部云。莜，末也。禾芒曰秒。犹木末曰杪。九谷考曰。粟之孚甲无芒。芒生于粟穗之茎。（从禾。少声。）亡沼切。二部。"《玉篇·禾部》：

"秒，禾芒也。"《广韵·小韵》："秒，禾芒也。"《汉书·叙传下》："造计秒忽。"颜师古注引刘德曰："秒，禾芒也。"

由上可知，"秒"的上古音是［mǐo］，［m］在其中作声母。"秒"的本义指谷物的顶端，而和整株谷物相比，谷物的顶端当然显得细，因此"秒"的本义同义素"［+细］"紧密相连。

（190）篎［mǐo］

《说文·竹部》："篎。小管谓之篎。从竹。眇声。"段注："（小管谓之篎。）释乐。大管谓之籥。其中谓之篞。小者谓之篎。许无籥篞字者。许所据不从竹。（从竹。眇声。）亡沼切。二部。"《玉篇·竹部》："篎，小管也。"《广韵·小韵》："篎，笙管。"

由上可知，"篎"的上古音是［mǐo］，［m］在其中作声母。"篎"的本义指小的管乐器，因此"篎"的本义同义素"［+小］"紧密相连。

（191）邈［meǒk］

《广雅·释诂一》："邈，远也。"《玉篇·辵部》："邈，远也。"《楚辞·九章·悲回风》："邈漫漫之不可量兮。"朱熹集注："邈，远也。"《汉书·司马相如传下》："遐哉邈兮。"颜师古注："邈，远也。"

由上可知，"邈"的上古音是［meǒk］，［m］在其中作声母。"邈"的本义指远，而远处的东西看起来自然不清楚，即进入视野的清晰部分少，因此"邈"的本义同义素"［+少］"紧密相连。

（192）庙［mǐo］

《说文·广部》："庙。尊先祖貌也。从广。朝声。"段注："（尊先祖貌也。）尊其先祖而以是仪貌之。故曰宗庙。诸书皆曰。庙，貌也。祭法注云。庙之言貌也。宗庙者，先祖之尊貌也。古者庙以祀先祖。凡神不为庙也。为神立庙者，始三代以后。（从广。朝声。）声字盖衍。古文从苗为形声。小篆从广朝。谓居之与朝廷同尊者，为会意。眉召切。二部。"《释名·释宫室》："庙，貌也，先祖形貌所在也。"《玉篇·广部》："庙，宗庙。"《国语·晋语二》："虢公梦在庙。"韦昭注："庙，宗庙。"《诗·周颂·清庙序》："清庙。"郑玄笺："庙之言貌也。死者精神不可得而见，但以生时之居立宫室象貌为之耳。"

由上可知，"庙"的上古音是［mǐo］，［m］在其中作声母。"庙"的本义指祭祀祖先的屋室，而祖先当然是不存在于现世的，也就是说在现世中是没有祖先的，因此"庙"的本义同义素"［＋无］"紧密相连。

（193）妙［mǐo］

《说文·弦部》："玅。急戾也。从弦省。少声。"段注："（急戾也。）陆机赋。弦幺徽急。疑当作弦玅。（从弦省。少声。）于霄切。二部。按类篇曰。弥笑切。精微也。则为今之妙字。妙或作玅是也。"《集韵·笑韵》："妙，精微也。"《义府·隶释》卷下："济阴太守孟郁修尧庙碑：窥极道之要妙。篆文妙作玅，本训精微之意。后遂以妙为美好之称，故隶字变而从女。"《老子》一章："以观其妙。"王弼注："妙，微之极也。"《吕氏春秋·审分》："所知者妙矣。"高诱注："妙，微也。"

由上可知，"妙"的上古音是［mǐo］，［m］在其中作声母。"玅₁"的本义指急切猛烈，但该语音形式和字形常被假借来承载另一个词"玅₂"的本义"埋藏在事实中的隐晦的道理"义，也就是说，"玅₂"（后写作"妙"）的本义是埋藏在事实中的隐晦的道理，这是从事实表面看不出来的，必须深入发掘才能得到。从事实表面看不出来的也就意味着在事实表面是没有的，因此"妙"的本义同义素"［＋无］"紧密相连。

第三节　ou 韵

（194）谋［mǐwə］

《说文·言部》："谋。虑难曰谋。从言。某声。"段注："（虑难曰谋。）左传叔孙豹说皇皇者华曰。访问于善为咨。咨难为谋。鲁语作咨事为谋。韦曰。事当为难。吴语大夫种曰。夫谋必素见成事焉而后履之。口部曰。图，画计难也。图与谋同义。（从言。某声。）莫浮切。古音在一部。"《玉篇·言部》："谋，谋计也。"《广韵·尤韵》："谋，谋计也。"《诸子平议·淮南内篇三》："何谋之敢当。"俞樾按："谋即虑也。"《书·大禹谟》："其询之谋勿庸。"孔颖达疏："谋，谓预计前事。"

由上可知，"谋"的上古音是［mǐwə］，［m］在其中作声母。"谋"的本义指谋划，谋划即在行动之前对整个行动的步骤和方法的一种推测，是还没有实现的，因此"谋"的本义同义素"［+无］"紧密相连。

（195）眸［mǐu］

《广韵·尤韵》："眸，目瞳子也。"《慧琳音义》卷六十二："目珠子谓之眸。"《文选·左思〈魏都赋〉》："八极可围于寸瞳。"李善注引赵岐《孟子章句》曰："眸，目瞳子也。"《文选·傅毅〈舞赋〉》："眄般鼓则腾清眸。"李周翰注："眸，眼中瞳子也。"

由上可知，"眸"的上古音是［mǐu］，［m］在其中作声母。"眸"的本义指瞳孔，而瞳孔一般来说是小的，因此"眸"的本义同义素"［+小］"紧密相连。

（196）侔［mǐu］

《说文·人部》："侔。齐等也。从人。牟声。"段注："（齐等也。）轮人注曰。侔，上下等。又曰。侔，等也。弓人注曰。侔犹均也。又曰。侔犹等也。（从人。牟声。）莫浮切。三部。"《玉篇·人部》："侔，齐等也。"《广韵·尤韵》："侔，等也。"《逸周书·武纪》："敌国侔交。"朱右曾集训校释："侔，齐等也。"《战国策·楚策一》："两国敌侔交争。"鲍彪注："侔，齐等也。"

由上可知，"侔"的上古音是［mǐu］，［m］在其中作声母。"侔"的本义指齐等，而齐等则意味着没有区别，因此"侔"的本义同义素"［+无］"紧密相连。

（197）麳［mǐu］

《说文·麦部》："麳。来麳，麦也。从麦。牟声。麳或从艸。"段注："（来麳，）逗。（麦也。）见毛传。（从麦。牟声。）莫浮切。三部。"《说文·麦部》："麦。芒谷。秋种厚埋。故谓之麦。麦，金也。金王而生。火王而死。从来。有穗者。从夂。凡麦之属皆从麦。"段注："（芒谷。）有芒束之谷也。稻亦有芒。不称芒谷者。麦以周初二麦一锋著也。郑注大誓引礼说曰。武王赤乌、芒谷应。许本礼说。（秋种厚埋。故谓之麦。）埋麦叠韵。夏小正。九月树麦。月令。仲秋之月。乃劝种麦。母或失时。麦以秋种。尚书大传、淮南子、说苑皆曰。墟昏中可以种麦。汉书武帝纪谓之宿麦。（麦，金也。金王而生。火王而死。）程氏瑶田曰。素问云。升明之纪。其类火。其藏心。其谷麦。郑注月令云。麦实有孚甲属木。许以时。郑以形。而素问以功性。故不同耳。

（从来。有穗者也。）也字今补。有穗犹有芒也。有芒故从来。来象芒刺也。（从夊。）夊，思佳切。行迟曳夊夊也。从夊者，象其行来之状。莫获切。古音在一部。"《慧琳音义》卷三十四："麰，大麦也。"《广韵·尤韵》卷三十四："麰，大麦也。"《诗·周颂·思文》："贻我来麰。"陆德明释文引《广雅》云："麰，大麦也。"《孟子·告子上》："今夫麰麦。"朱熹集注："麰，大麦也。"

　　由上可知，"麰"的上古音是［mǐu］，［m］在其中作声母。"麰"的本义指大麦，而种植大麦时需要深埋麦种，深埋麦种则意味着使麦种看不见，看不见即在视野中消失，因此"麰"的本义同义素"［+消失］"紧密相连。

　　（198）鍪［mǐɔ］

　　《说文·金部》："鍪。鍑属。从金。敄声。"段注："（鍑属。从金。敄声。）莫浮切。三部。"《说文·金部》："鍑。釜大口者。从金复声。"段注："（如釜而大口者。）如而二字依玄应补。釜者，鬴之或字。鬲部曰。鬴，鍑属。是二篆为转注也。方言曰。釜，自关而西或谓之鍑。（从金。复声。）方副切。三部。"《玉篇·金部》："鍪，鍑属。"《广雅·释器》："鍪，釜也。"《急就篇》卷三："铁铁钻锥釜鍑鍪。"颜师古注："鍪，似釜而反唇。"

　　由上可知，"鍪"的上古音是［mǐɔ］，［m］在其中作声母。"鍪"的本义指一种像锅的金属容器，而容器最大的特点就是中空的，因此"鍪"的本义同义素"［+空］"紧密相连。

　　（199）堥［mǐɔ］

　　《集韵·虞韵》："堥。瓦器。"《礼记·内则》："敦牟卮匜。"郑玄注："牟读曰堥也。"孔颖达疏引《隐义》曰："堥，土釜也。"

　　由上可知，"堥"的上古音是［mǐɔ］，［m］在其中作声母。"堥"的本义指一种像锅的土制容器，而容器最大的特点就是中空的，因此"堥"的本义同义素"［+空］"紧密相连。

　　（200）某₂［mə］

　　《说文·木部》："某。酸果也。从木从甘。阙。"段注："（酸果也。）此是今梅子正字。说见梅下。（从木甘。阙。）此阙谓义训酸而形从甘不得其解也。玉裁谓。甘者，酸之母也。凡食甘多易作酸味。水土合而生木之验也。莫厚切。古音在一部。"《玉篇·木部》："不知名者云某。"《慧琳音义》卷六十四："未有的名而虚设之言某。"《公羊传·宣公六年》："于是使勇士某者往杀之。"何休注："某者，本有姓字记传者失之。"又《公羊传·宣公六年》："子某时所食活我于暴桑下者也。"何休注："某时者，记传者失之。"

由上可知，"某₂"的上古音是 [mə]，[m] 在其中作声母。"某₁"的本义指梅，但该语音形式和字形常被假借来承载另一个词"某₂"的本义"不知道确定的名字而给予的代称"义，也就是说，"某₂"的本义是不知道确定的名字而给予的代称，而不知道则意味着在头脑中没有相应的概念。因此，"某₂"的本义同义素"[+无]"紧密相连。

第四节　iou 韵

（201）谬 [miu]

《说文·言部》："谬。狂者之妄言也。从言。翏声。"段注："（狂者之妄言也。）古差缪多用从糸之字。与此谬义别。（从言。翏声。）靡幼切。三部。"《慧琳音义》卷三十八："谬，妄也。"《玉篇·言部》："谬，诈也。"《文选·孔稚圭〈北山移文〉》："何其谬哉。"刘良注："谬，诳也。"《资治通鉴·周纪五》："范雎谬曰。"胡三省注："谬，诈也。"

由上可知，"谬"的上古音是 [miu]，[m] 在其中作声母。"谬"的本义指没有事实根据的错误言论，因此"谬"的本义同义素"[+无]"紧密相连。

第五节　an 韵

（202）蛮 [mean]

《说文·虫部》："蠻。南蛮。蛇种。从虫。䜌声。"段注："（南蛮。）职方氏。八蛮。尔雅。九夷、八狄、七戎、六蛮，谓之四海。王制云。南方曰蛮。诗角弓。如蛮如髦。传曰。蛮，南蛮也。采芑。蠢尔荆蛮。传曰。荆蛮，荆州之蛮也。（蛇种。从虫。）说从虫之所由。以其蛇种也。蛇者，虫也。蛮与闽皆人也。而字从虫。故居部末。如貉之居豸末、狄之居犬末、羌之居羊末焉。（蠻声。）莫还切。十四部。诗传曰。绵蛮，小鸟貌。韩诗曰。文貌。”《大戴礼记·千乘》：“南辟之名曰蛮。”《广韵·删韵》：“蛮，南夷名。”《论语·卫灵公》：“虽蛮貊之邦行矣。”朱熹集注：“蛮，南蛮也。”《史记·吴太伯世家》：“太伯之奔荆蛮。”司马贞索隐：“蛮者，闽也，南夷之名。”

由上可知，“蛮”的上古音是［mean］，［m］在其中作声母。“蛮”的本义指古代南方少数民族，而在古代，南方少数民族常被认为没有开化，愚昧无知，因此“蛮”的本义同义素“［+无］”紧密相连。

（203）瞒［muan］

《说文·目部》：“瞒。平目也。从目。㒼声。”段注：“（平目也。）平目对出目、深目言之。今俗借为欺瞒字。（从目。㒼声。）母官切。十四部。”《说文·目部》徐锴系传：“瞒，目睑低也。”《逸周书·宝典》：“浅薄闲瞒。”朱右曾集训校释：“瞒，闭目之貌。”《荀子·非十二子》：“则瞒瞒然，瞑瞑然。”杨倞注：“瞒瞒，闭目之貌。”

由上可知，“瞒”的上古音是［mean］，［m］在其中作声母。“瞒”的本义指闭上眼睛的样子，而闭上眼睛则意味着什么都看不见了，即一切东西都在视野中消失了，因此“瞒”的本义同义素“［+消失］”紧密相连。

（204）谩［muan］

《说文·言部》：“谩。欺也。从言。曼声。”段注：“（欺也。）宣帝诏欺谩。季布传面谩。韦注汉书云。谩，相抵谰也。（从言。曼声。）母官切。十四部。”《玉篇·言部》：“谩，欺也。”《广韵·桓韵》：“谩，欺也。”《战国策·齐策六》：“王不如令人以涓来辞谩固于齐。”鲍彪注：“谩，欺也。”《汉书·文帝纪》：“以相约而后相谩。”颜师古注：“谩，欺也。”

由上可知，“谩”的上古音是［muan］，［m］在其中作声母。“谩”的本义指欺骗，而欺骗则意味着说出没有事实根据的话，因此“谩”的本义同义素“［+无］”紧密相连。

（205）槾₁［muan］

《说文·木部》：“槾。杇也。从木。曼声。”段注：“（杇也。）释宫曰。镘谓之杇。释文云。镘本或作槾。按孟子作墁。（从木。曼声。）母官切。十四部。"《说文·木部》徐锴系传："槾，今人犹谓为泥槾也。"《说文·木部》朱骏声通训定声："槾，今圬者涂器。有铁者形如刀，有木者形如半月，有柄，二器相需为用。"

由上可知，"槾₁"的上古音是［muan］，［m］在其中作声母。"槾₁"的本义指涂泥用的工具，而涂泥则意味着原物被泥覆盖上，看不见原貌了，即原貌在视野中消失了，因此"槾₁"的本义同义素"［+消失］"紧密相连。

（206）㒼［muan］

《说文·㒼部》："㒼。平也。从廿。五行之数。二十分为一辰。㒳。㒼，平也。读若蛮。"段注："（平也。）广韵曰。无穿孔状。按周礼鳖人。掌取互物。注云。互物谓有甲㒼胡。龟鳖之属。（从廿。）二十并也。（五行之数。二十分为一辰。）此说从廿之意。五行，每行得廿分。分之适平。其法未闻。（从㒳。）从字今补。（㒳，）各本作㒼。误。今正。（平也。）此说从㒳之意。（读若蛮。）母官切。十四部。"《广韵·桓韵》："㒼，无穿孔状。"《说文·㒳部》朱骏声通训定声："今以皮冒鼓曰㒼，言平贴无缝也。"《释名·释饮食》："胡饼，作之大漫沍也。"毕沅疏证："郑注周礼鳖人云：互物，谓有甲㒼胡龟鳖之属，则㒼胡乃外甲两面周围蒙合之状。"

由上可知，"㒼"的上古音是［muan］，［m］在其中作声母。"㒼"的本义指完全闭合，没有缝隙，因此"㒼"的本义同义素"［+无］"紧密相连。

（207）鞔［muan］

《说文·革部》："鞔。履空也。从革。免声。"段注："（履空也。）小徐曰。履空犹履殻也。按空腔古今字。履腔如今人言鞋帮也。逋旁切。吕氏春秋曰。南家工人也。为鞔者也。高曰。鞔，履也。作履之工也。高不云履空者，浑言之也。三苍。鞔，覆也。考工记注。饰车，谓革鞔舆也。此鞔引伸之义。凡鞔皆如缀帮于底。（从革。免声。）母官切。十四部。"《玉篇·革部》："鞔，履空也。"《集韵·阮韵》："履空曰鞔。"

由上可知，"鞔"的上古音是［muan］，［m］在其中作声母。"鞔"的本义指鞋帮，而鞋帮一般是围成一个空腔以容纳脚，因此"鞔"的本义同义素"［＋空］"紧密相连。

（208）橄［muan］

《说文·木部》："橄。松心木。从木。菋声。"段注："（松心木。）疑有夺误。当作松心也。一曰橄木也。广韵廿二元注曰。松心。又木名也。所据古本也。蒙上文松木言之。故曰松心谓之橄。盖松心微赤。故与璊同音。又松心有脂。庄子所谓液橄。广韵养韵释樠曰。松脂。正橄为松脂之误也。一曰橄木也者，别有木名橄。如左传卒于橄木之下、马融广成颂陵乔松履修橄、汉书乌孙国山多松橄是也。小颜云。橄，木名。其心似松。是小颜所据已同今本矣。旧有橄樠二字。一菋声。一两声。左传橄木音义云。郎荡反。又莫昆、武元二反。马援传章怀注曰。水经注。武陵五溪。谓雄溪、橄溪、酉溪、潕溪、辰溪。蛮土俗雄作熊。橄作朗。潕作武。是皆认橄为樠。未别其字。而强说其音也。（从木。菋声。）莫奔切。十五部。"《广韵·元韵》："橄，松心。又木名也。"

由上可知，"橄"的上古音是［muan］，［m］在其中作声母。"橄"的本义指松树心，而松树心是处于松树内部，从外面看当然看不见，也就是说在视野中消失了，因此"橄"的本义同义素"［＋消失］"紧密相连。

（209）鳗［muan］

《说文·鱼部》："鳗。鱼名。从鱼。曼声。"段注："（鳗鱼也。）亦二篆相比近。而不言为一。盖许于此等在疑信之间。（从鱼。曼声。）母官切。十四部。"《玉篇·鱼部》："鳗，鱼也。"《广韵·愿韵》："鳗，鱼名。"

由上可知，"鳗"的上古音是［muan］，［m］在其中作声母。"鳗"的本义指鳗鱼，而鳗鱼身一般是细长的，因此"鳗"的本义同义素"［＋细］"紧密相连。

（210）茚［muan］

《说文·艸部》："茚。相当也。阙。读若宀。"段注："（相当也。）广韵曰今人赌物相折谓之茚。按广雅。茚，当也。亡珍亡安二切。俗本讹作菛。（阙。）此谓阙其形也。从艹则知之矣。艹取两角相当。从门则不可知也。以繭从茚声求之。则三直均长。（读若宀。）母官切。

古音盖在十二部。"《玉篇·艸部》："茚，相当也。"《广韵·桓韵》："茚，相当也。"

由上可知，"茚"的上古音是［muan］，［m］在其中作声母。"茚"的本义指相当，而相当则意味着二者之间没有差别，因此"茚"的本义同义素"［+无］"紧密相连。

（211）悗₁［muan］

《玉篇·心部》："悗，惑也。"《广韵·桓韵》："悗，惑也。"《吕氏春秋·审分》："而实以过悗。"集释引王念孙曰："悗，训为惑，亦与通相反。"

由上可知，"悗₁"的上古音是［muan］，［m］在其中作声母。"悗₁"的本义指迷惑，而迷惑则意味着头脑不清楚，头脑不清楚意味着对某事一无所知，因此"悗₁"的本义同义素"［+无］"紧密相连。

（212）趨［muan］

《说文·走部》："趨。行迟也。从走。曼声。"段注："（行迟也。）今人通用慢字。（从走。曼声。）莫还切。十四部。"《玉篇·走部》："趨，行迟也。"《广韵·魂韵》："趨，行迟也。"

由上可知，"趨"的上古音是［muan］，［m］在其中作声母。"趨"的本义指走得慢，而走得慢则意味着在单位时间内走过的路程短，因此"趨"的本义同义素"［+短］"紧密相连。

（213）缦［muan］

《说文·糸部》："缦。缯无文也。从糸。曼声。汉律曰。赐衣者缦表白里。"段注："（缯无文也。）春秋繁露。庶人衣缦。引申之，凡无文皆曰缦。左传乘缦注。车无文者也。汉食货志缦田注。谓不畎者也。（从糸。曼声。）莫半切。十四部。"《慧琳音义》卷三十二："缦，缯无文也。"《说文句读·糸部》："缦，缯帛无文者也。"《资治通鉴·隋纪三》："衣以缦彩。"胡三省注："缦，缯无文者也。"《盐铁论·力耕》："中国一端之缦。"张之象注："缦，缯之无文者也。"

由上可知，"缦"的上古音是［muan］，［m］在其中作声母。"缦"的本义指没有花纹的丝织品，因此"缦"的本义同义素"［+无］"紧密相连。

（214）幔［muan］

《说文·巾部》："幔。幕也。从巾。曼声。"段注："（幒也。）幒各本作幕。由作幕而误耳。今正。凡以物蒙其上曰幔。与幒双声而互训。释名、玉篇、广韵以帷幔释之。今义非古义也。（从巾。曼声。）莫半切。十四部。"《慧琳音义》卷二十七："在旁曰帷，在上曰幔。"《说文·巾部》朱骏声通训定声："以巾掩蔽，在上曰幔，在旁曰帷。"

由上可知，"幔"的上古音是［muan］，［m］在其中作声母。"幔"的本义指蒙在物体上的织物，而蒙在物体上则意味着使人看不见该物体，即该物体从视野中消失了，因此"幔"的本义同义素"［+消失］"紧密相连。

（215）慢［mean］

《说文·心部》："慢。惰也。从心。曼声。一曰慢。不畏也。"段注："（惰也。从心。曼声。）谋晏切。十四部。"《慧琳音义》卷六十："慢，惰也。"《广韵·谏韵》："慢，怠也。"《书·皋陶谟》："惟慢游是好。"孙星衍今古文注疏引《说文》云："慢，惰也。"《荀子·不苟》："君子宽而不慢。"杨倞注："慢，怠惰也。"

由上可知，"慢"的上古音是［mean］，［m］在其中作声母。"慢"的本义指懒惰，而懒惰则意味着不太想做事，即做成的事很少，因此"慢"的本义同义素"［+少］"紧密相连。

（216）嫚［mean］

《说文·女部》："嫚。侮易也。从女。曼声。"段注："（侮伤也。）伤各本作易。今正。人部曰。侮者，伤也。伤者，轻也。嫚与心部之慢音同义别。凡嫚人当用此字。（从女。曼声。）谋患切。十四部。"《广韵·谏韵》："慢，侮易也。"《汉书·季布传》："单于尝为书嫚吕太后。"颜师古注："嫚，谓辞语亵污也。"柳宗元《天对》："失位滋嫚。"蒋之翘辑注："嫚，侮易也。"

由上可知，"嫚"的上古音是［mean］，［m］在其中作声母。"嫚"的本义指用难听的话侮辱别人，而侮辱别人则意味着使别人的名誉受损，因此"嫚"的本义同义素"［+受损］"紧密相连。

（217）蔓［mǐwan］

《说文·艸部》："蔓。葛属。从艸。曼声。"段注："（葛属也。）此专谓葛属，则知滋蔓字古只作曼。正如蔓延字多作莚。（从艸。曼声。）无贩切。十四部。"《说文·艸部》徐锴系传："蔓，葛之总名也。"《左传·隐公元年》："蔓草犹不可除。"洪亮吉诂引《说文》："蔓，葛属。"

由上可知，"蔓"的上古音是［mǐwan］，［m］在其中作声母。"蔓"的本义指一种葛类植物，该植物的最大特点是容易蔓延，而蔓延则意味着把地面覆盖住了，使人看不见地面，即地面从视野中消失了，因此"蔓"的本义同义素"［+消失］"紧密相连。

第六节　　ian 韵

（218）眠［mien］

《释名·释姿容》："眠，泯也，无知泯泯也。"《广韵·先韵》："眠，寐也。"《集韵·霰韵》："眠，偃息也。"

由上可知，"眠"的上古音是［mien］，［m］在其中作声母。"眠"的本义指睡着，而睡着则意味着对外界事物一无所知，因此"眠"的本义同义素"［+无］"紧密相连。

（219）绵［mǐan］

《说文·系部》："緜。联微也。从系从帛。"段注："（联微也。）联者，连也。微者，眇也。其相连者甚微眇，是曰绵。引申为凡联属之称。大雅。绵绵瓜瓞。传曰。绵绵，不绝貌。又引申为丝絮之称。因其软弱而名之。如糸部絮下云敝绵也、郑注礼记云纩新绵也是也。又引申为薄弱之称。如淮南王安谏伐闽粤曰粤人绵力薄材，不能陆战是也。（从系帛。）谓帛之所系也。系取细丝。而积细丝可以成帛。是君子积小以高大之义也。武延切。十四部。"

由上可知，"绵"的上古音是［mǐan］，［m］在其中作声母。"绵"的本义指细的东西连在一起，因此"绵"的本义同义素"［+细］"紧密相连。

（220）矏［mǐan］

《方言》卷二："矏，鼈瞳之子谓之矏。"

由上可知，"瞞"的上古音是［mǐan］，［m］在其中作声母。"瞞"的本义指瞳孔，而瞳孔一般来说是小的，因此"瞞"的本义同义素"［+小］"紧密相连。

（221）宀［mǐan］

《说文·宀部》："宀。交覆深屋也。象形。凡宀之属皆从宀。"段注："（交覆深屋也。）古者屋四注。东西与南北皆交覆也。有堂有室是为深屋。自部鼏下曰。宀宀，不见也。是则宀宀谓深也。（象形。）象两下之形。亦象四注之形。武延切。古音当在十二部。"《玉篇·宀部》："宀，交覆深屋也。"《广韵·仙韵》："宀，深屋。"

由上可知，"宀"的上古音是［mǐan］，［m］在其中作声母。"宀"的本义指有堂有室的屋子，而屋子的作用是供人居住的，人在屋子里，从外面就看不到了，即在视野中消失了，因此"宀"的本义同义素"｜+消失｜"紧密相连。

（222）楣［mǐan］

《说文·木部》："楣。屋楣联也。从木。邊省声。"段注："（屋楣联也。）释名曰。楣或谓之楣。楣，绵也。绵连椽头使齐平也。上入曰爵头。形似爵头也。按郭云雀楣即爵头也。九歌曰。擘蕙楣兮既张。（从木。鼏声。）各本作边省声。非。今正。武延切。十二部。读如民。"《玉篇·木部》："楣，屋楣联也。"《说文·木部》朱骏声通训定声："楣，亦曰楣，曰楗，曰楣，曰檐。"

由上可知，"楣"的上古音是［mǐan］，［m］在其中作声母。"楣"的本义指屋檐，而屋檐是专门防止雨水弄湿门和墙的，也就是说有了屋檐，门和墙就没有雨水，因此"楣"的本义同义素"［+无］"紧密相连。

（223）瞴［mian］

《说文·目部》："瞴。目旁薄致宀宀也。从目。鼏声。"段注："（目旁薄致宀宀也。）瞴宀叠韵。自部曰。宀宀不见。按宀宀，微密之貌。目好者必目旁肉好。乃益见目好。瞴盖即方言之矊。释言曰。瞴，密也。引申为凡密之称也。（从目。鼏声。）形声包会意。武延切。十四部。"《集韵·铣韵》："瞴，目旁薄致宀宀也。"

由上可知，"瞴"的上古音是［mian］，［m］在其中作声母。"瞴"的本义指眼皮又薄又密，而薄则意味着厚度小，密则意味着毛孔小，因此"瞴"的本义同义素"［+小］"紧密相连。

（224）寷［mian］

《说文·宀部》："寷。寷寷不见也。一曰寷寷不见省人。从宀。鼻声。"段注："（寷寷不见也。）寷与鼻音义皆同。毛诗绵绵。韩诗作民民。按绵绵、民民皆谓密也。即寷寷不见之意。庄子。眘然丧其天下焉。郭象音武骈反。是郭本作寷然也。（一曰寷寷）上寷依集韵、类篇正。（不省人。）大徐作不见省人。见字衍。玉篇亦作一曰不省人。（从宀。鼻声。）武延切。古音读如民。在十二部。"《玉篇·宀部》："寷，冥鼻不见。"《广韵·先韵》："寷，不见。"

由上可知，"寷"的上古音是［mian］，［m］在其中作声母。"寷"的本义指看不见，而看不见则意味着人或物在视野中消失，因此"寷"的本义同义素"［+消失］"紧密相连。

（225）丏［mien］

《说文·丏部》："丏。不见也。象壅蔽之形。凡丏之属皆从丏。"段注："（不见也。象雝蔽之形。）雝各本作壅。今正。其实许书当作邕也。礼经。乏参侯道。居侯党之一。西五步。郑曰。容谓之乏。所以为获者御矢也。周礼郑司农注云。容者，乏也。待获者所蔽。按之与丏篆文相似。义取蔽矢。岂礼经本作丏与。弥兖切。古音在十二部。以宕宾字知之。"《玉篇·丏部》："丏，不见也。"《广韵·铣韵》："丏，不见也。"

由上可知，"丏"的上古音是［mien］，［m］在其中作声母。"丏"的本义指看不见，而看不见则意味着人或物在视野中消失，因此"丏"的本义同义素"［+消失］"紧密相连。

（226）眄［mien］

《说文·目部》："眄。目偏合也。一曰斜视也。秦语。从目。丏声。"段注："（目偏合也。）偏各本作偏。误。今依韵会正。偏，匾也。匾，周也。周，密也。瞑为卧。眄为目病。人有目眦全合而短视者。今眄字此义废矣。（从目。丏声。）莫甸切。古音当在十二部。读如泯。（一曰斜视也。秦语。）方言。瞷睇睨䁪眄也。自关而西秦晋之间曰眄。薛综曰。流眄，转眼貌也。"《慧琳音义》卷十四："眄，斜视也。"《广韵·铣韵》："眄，斜视也。"《列子·仲尼》："一眄而已。"殷敬顺释文："眄，斜视也。"《资治通鉴·陈纪十》："每瞻视眄睐。"胡三省注："斜视曰眄。"

由上可知，"眄"的上古音是 [mien]，[m] 在其中作声母。"眄"的本义指斜视，而斜视必然导致看东西不清楚，即进入视野的清晰部分少，因此"眄"的本义同义素"［+少］"紧密相连。

（227）娩₁ ［mĭan］

《说文·子部》："㝃。生子免身也。从子从免。"段注："（生子免身也。从子免。）按许书无免字。据此条则必当有免字。偶然逸之。正如由字耳。免声当在古音十四部。或音问。则在十三部。与兔声之在五部者迥不同矣。但立乎今日以言六书。免由皆不能得其象形会意。不得谓古无免由字也。㝃则会意兼形声。亡辩切。十四部。"《慧琳音义》卷七十九："娩，产也。"《广韵·阮韵》："娩，子母相解。"

由上可知，"娩₁"的上古音是 ［mĭan］，［m］ 在其中作声母。"娩₁"的本义指生孩子，而上古生孩子需要俯下身子，俯下身子意味着身体高度变低，因此"娩₁"的本义同义素"［+低］"紧密相连。

（228）勉 ［mĭan］

《说文·力部》："勉。强也。从力。免声。"段注："（勞也。）勞旧作强。非其义也。凡言勉者皆相迫之意。自勉者，自迫也。勉人者，迫人也。毛诗黾勉，韩诗作密勿。尔雅作蠠没。大雅毛传曰。亹亹，勉也。周易郑注。亹亹犹没没也。（从力。免声。）亡辨切。古音当在十三部。"《玄应音义》卷五："勉，强也，谓力所不及而强行事也。"《玉篇·力部》："勉，强也。"《文选·屈原〈离骚经〉》："曰勉升降以上下兮。"吕延济注："勉，强也。"《论语·子罕》："丧事不敢不勉。"皇侃疏："勉，强也。"

由上可知，"勉"的上古音是 ［mĭan］，[m] 在其中作声母。"勉"的本义指勉励或勉强自己或他人，而勉励或勉强自己或他人暗含着一个前提，就是毅力少或水平低。正因为毅力少或水平低，所以才需要强迫，才需要添加动力。因此，"勉"的本义同义素"［+少］"紧密相连。

（229）俛 ［mĭan］

《说文·页部》："頫。低头也。从页，逃省。太史卜书頫仰字如此。杨雄曰。人面頫。頫或从人免。"段注："（低头也。）低当作氐。

西京赋。伏棂槛而俯听。闻雷霆之相激。薛综曰。俯，低头也。上林赋俯杳眇而无见。李善引声类。俯古文俯字。（从頁，逃省。）逃者多愧而俯。故取以会意。从逃犹从兔也。匡谬正俗引张揖古今字诂云。俯今之俛俛也。盖俛字本从兔。俯则由音误而制。用府为声。字之俗而谬者。故许书不录。俛，旧音无辨切。俯，玉篇音靡卷切。正是一字一音。而孙强辈增说文音俯四字。不知许正读如兔耳。古音在十三十四部之间。大徐云方矩切者，俗音也。（大史卜书颒仰字如此。）卜或作公。误。匡谬正俗引正作卜。汉艺文志蓍龟十五家四百一卷。大史卜书当在其内。言此者，以正当时多作俛俯非古也。（杨雄曰。人面俯。）此盖摘取杨所自作训纂篇中三字。以证从頁之意。俯本谓低头。引伸为凡低之称。（颒或从人兔。）匡谬正俗引及小徐皆作俗俯字。篆体或改作俛。解作从人兔。以从兔声而读同俯为谐。不知旧读同兔。过秦论。俛起阡陌之中。李善引汉书音义。音免。史记仓公传。不可俛仰。音免。龟策列传首俛。索隐正义皆音免。玄应书两云俛仰无辨切。广韵俛亡辨切。俯俛也。玉篇人部俛无辨切。俯俛也。此皆俛之正音。而表记俛焉日有孜孜。释文音勉。毛诗黾勉。李善引皆作僶俛。俛与勉同音。故古假为勉字。古无读俛如府者也。俯音同俛。"《玉篇·人部》："俯，低头也。"《类篇·人部》："俯，低头也。"《文选·陆机〈文赋〉》："在有无而僶俛。"刘良注："俛，俯首也。"《资治通鉴·汉纪一》："俯出袴下。"胡三省注："俯，俯首也。"

由上可知，"俯"的上古音是［mǐan］，［m］在其中作声母。"俯"的本义指低头，因此"俯"的本义同义素"［+低］"紧密相连。

（230）冕［mǐan］

《说文·冃部》："冕。大夫以上冠也。邃延垂旒紞纊。从冃。免声。古者黄帝初作冕。冕或从糸。"段注："（大夫以上冠也。）冠下曰。弁冕之总名。浑言之也。此云冕者，大夫以上冠。析言之也。大夫以上有冕则士无冕可知矣。周礼。王之五冕皆玄冕朱里延纽。五采缫十有二就。皆五采玉十有二。玉笄朱纮。诸侯之缫斿九就。瑉玉三采。其余如王之事。缫斿皆就。戴先生曰。实六冕而曰五冕者，陈采就玉之数止于五也。亦以见服自十二章至一章而六。冕璪自十二旒至三旒而五。其天子大裘之冕无旒也。概举诸侯又申之曰缫斿皆就者，明九旒至于三旒。

其就数九。公侯伯子男无降差同也。（邃延垂瑬紞纩。）邃，深远也。延者，郑云冕之覆。周礼弁师。王之五冕。皆玄冕朱里延纽。谓延上玄下朱。以表里冕版也。古者以三十升布为之。故尚书、论语谓之麻冕。用三十升布。上玄下朱为延。天子至大夫所同也。其字左传作綖。垂瑬，详玉部瑬下。紞纩，糸部曰。紞者，冕冠塞耳者也。按紞所以悬瑱也。瑱亦谓之纩。详糸部紞下。据许紞系于延左右。据周礼注。王后之祭服有衡垂于副之两旁当耳。其下以紞悬瑱。是专谓后服也。然左传。衡紞纮綖。昭其度也。似男子有衡簪于冕覆而系紞。（从冃。免声。）亡辨切。按古音当在十三部。读如问。许书无免字。而俛勉字皆免声。盖本有免篆而佚之。或曰古无免兔之分。俗强分别者，非也。冕之义取前俯。则与低头之俛关通。（古者黄帝初作冕。）大平御览引世本曰。黄帝作旃冕。宋衷注云。通帛曰旃。应邵曰。周始加旒。周易系辞曰。黄帝尧舜垂衣裳而天下治。盖取诸乾坤。（冕或从糸作。）从糸作者，谓冕延用三十升布也。周礼曰。玄冕朱里。谓玄表朱里。注云。冕延之覆在上。是以名焉。延之覆犹云延之表也。是以名焉者，释经文玄冕之冕字也。以其最居上。故专得冕名也。觐礼注云。今文冕皆作絻。许或之者，许意从古文也。亦见管子、荀卿子及封禅书。"《玉篇·冃部》："冕，冠冕也。"《广韵·獮韵》："冕，冠冕也。"《大戴礼记·子张问入宫》："故古者冕而前旒。"王聘珍解诂引《说文》云："冕，大夫以上冠也。"《文选·班固〈西都赋〉》："绂冕所兴。"李善注引《说文》曰："冕，大夫以上冠也。"

由上可知，"冕"的上古音是［mǐan］，［m］在其中作声母。"冕"的本义指大夫以上的官员戴的帽子，而戴着帽子就会使人看不见头顶，即头顶从视野中消失了，因此"冕"的本义同义素"［+消失］"紧密相连。

（231）缅［mǐan］

《说文·糸部》："缅。微丝也。从糸。面声。"段注："（散丝也。）散各本作微。今正。缅之引申为凡绵邈之称。谷梁庄三年传曰。改葬之礼缌。举下，缅也。（从糸。面声。）弭沇切。十四部。"《玉篇·糸部》："缅，微丝也。"《说文·糸部》桂馥义证引《六书故》：

"今之络者，别其丝最细者为缅，次为大缅。"

由上可知，"缅"的上古音是［mǐan］，［m］在其中作声母。"缅"的本义指细丝，因此"缅"的本义同义素"［+细］"紧密相连。

（232）湎［mǐan］

《说文·水部》："湎。沉于酒也。从水。面声。周书曰。罔敢湎于酒。"段注："（湛于酒也。）湛各本作沉。此等皆后人以习用改之耳。沉溺于酒，周易所谓饮酒濡首，亦不知节也。韩诗云。饮酒闭门不出客曰湎。乐记。流湎以忘本。其引申之义也。（从水。面声。）弥兖切。十四部。按郑注酒诰曰。饮酒齐色曰湎。大雅。天不湎尔以酒。笺云。天不同女颜色以酒。有沉湎于酒者。是乃过也。郑意此字从面会意。故释云齐色。谓同饮者至于同色也。许则谓形声。（周书曰。罔敢湎于酒。）酒诰文。"《慧琳音义》卷十八："湎，耽酒也。"《玄应音义》卷二十二："湎，耽于酒，谓酒乐也。"《墨子·鲁问》："国家憙音湛湎。"孙诒让闲诂引《说文》："湎，沉于酒也。"《诗·大雅·荡》："天不湎尔以酒。"陆德明释文引《韩诗》："饮酒闭门不出容曰湎。"

由上可知，"湎"的上古音是［mǐan］，［m］在其中作声母。"湎"的本义指沉溺在饮酒中，而沉溺在饮酒中则意味着对外界事物不闻不问，一无所知，因此"湎"的本义同义素"［+无］"紧密相连。

（233）麫［mien］

《说文·麦部》："麫。麦末也。从麥。丏声。"段注："（麦屑末也。）屑字依类篇补。末者，屑之尤细者。齐民要术谓之勃。今人俗语亦云麫勃。勃，取蓬勃之意。非白字也。广雅。糗谓之麫。篇、韵皆云。麷，麫也。麷即末也末与麫为双声。糗与麫为叠韵。（从麥。丏声。）弥箭切。十二部。"《玉篇·麦部》："麫，麦末，蜀以桄榔木屑为麫。"《慧琳音义》卷三十八："麫，糗也。"《资治通鉴·晋纪五》："又令西园卖葵菜、蓝子、鸡、麫等物而收其利。"胡三省注："麫，屑麦为之。"又《资治通鉴·后梁纪二》："饲以曲麫而烹之。"胡三省注："麫，麦粉。"

由上可知，"麫"的上古音是［mien］，［m］在其中作声母。"麫"的本义指面粉，而面粉当然是由细小的粉末构成的，因此"麫"的本义同义素"［+小］"紧密相连。

（234）宆 ［mien］

《说文·宀部》："宆。冥合也。从宀。丏声。读若周书若药不眄眩。"段注："（冥合也。）冥合者，合之泯然无迹。今俗云吻合者当用此字。（从宀。丏声。）莫甸切。賔字以为声。十二部。（读若书曰药不眠眩。）谓读若此眠也。十一十二部之合音。按此许引孟子滕文公篇文也。郑注医师亦引孟子药不眠眩。厥疾无瘳。赵注孟子云。书逸篇也。若今伪撰说命。则采楚语为之。许郑所未见者。大徐本作读若周书。谬甚。"《玉篇·宀部》："宆，冥合也。"《广韵·霰韵》："宆，冥合也。"

由上可知，"宆"的上古音是 ［mien］，［m］ 在其中作声母。"宆"的本义指完全吻合，毫无破绽，因此"宆"的本义同义素"［+无］"紧密相连。

第七节　uan 韵

（235）晚 ［mǐwan］

《说文·日部》："晚。莫也。从日。免声。"段注："（莫也。）莫者，日且冥也。从日在茻中。见茻部。引申为凡后之称。（从日。免声。）无远切。十四部。"《玉篇·日部》："晚，暮也。"《广韵·阮韵》："晚，暮也。"

由上可知，"晚"的上古音是 ［mǐwan］，［m］ 在其中作声母。"晚"的本义指太阳快要下山的时候，而太阳快要下山则意味着光线暗淡，看东西看不清楚，看东西看不清楚意味着进入视野的清晰部分少，因此"晚"的本义同义素"［+少］"紧密相连。

（236）娩₂ ［mǐwan］

《康熙字典·女部》："《广韵》无远切《集韵》《韵会》武远切，并音晚。媚也，顺也。《礼·内则》女子十年不出，姆教婉娩听从。"

由上可知，"娩₂"的上古音是 ［mǐwan］，［m］ 在其中作声母。"娩₂"的本义指顺从，而顺从则意味着没有矛盾冲突，因此"娩₂"的本义同义素"［+无］"紧密相连。

（237）夒［mǐwam］

《说文·夊部》："夒。脑盖也。象皮包覆脑。下有两臂。而夊在下。读若范。"段注："（脑盖也。）司马彪舆服志。乘舆金鍐。刘昭引蔡邕独断曰。金鍐者，马冠也。高广各五寸。上如五华形。在马髦前。薛综注东京赋同。按在马髦前，则正在马之脑盖。其字本作金夒。或加金旁耳。马融广成颂。扬金夒而拖玉瓖。字正作夒可证。西京赋。璇弁玉缨。薛曰。弁，马冠叉髦也。徐广说金鍐云。金为马叉髦。然则弁也叉髦也、夒也，一也。夒或误作夑。鍐或误作鏓。玉篇又误作金鬌。皆音子公反。非也。脑盖者，人囟也。见囟部。（象皮包覆脑。）谓不示。（下有两臂。）谓人。（而夊在下。）人足也。（读若范。）亡范切。七部八部。"

由上可知，"夒"的上古音是［mǐwam］，［m］在其中作声母。"夒"的本义指人的脑盖，而人的脑盖显然是把人脑覆盖住的，从外面看不见人脑，即人脑在视野中消失了，因此"夒"的本义同义素"［+消失］"紧密相连。

（238）万₁［mǐwan］

《说文·内部》："萬。虫也。从厹。象形。"段注："（虫也。）谓虫名也。假借为十千数名。而十千无正字。遂久假不归。学者昧其本义矣。唐人十千作万。故广韵萬与万别。（从厹。）盖其虫四足像兽。（象形。）与虫部蠆同。象形。盖萬亦蠆之类也。无贩切。十四部。"《玉篇·艸部》："万，虫名。"《广韵·愿韵》："万，虫名。"

由上可知，"万₁"的上古音是［mǐwan］，［m］在其中作声母。"万₁"的本义指蝎子一类的毒虫，但该语音形式和字形可被假借来承载另一个词"万₂"的本义"一万"义。由于蝎子一类的毒虫可以导致人或动物的死亡，而死亡则意味着生命的消失，因此"万₁"的本义同义素"［+消失］"紧密相连。

（239）蝘［mǐwan］

《玉篇·虫部》："蝘，螟蛉虫。"《广韵·愿韵》："蝘，螟蛉虫。"《说文·虫部》："蠕。螟蠕，桑虫也。从虫。需声。"段注："（螟蠕，）逗。叠韵。（桑虫也。）小雅毛传文。释虫同。按上文云。蜀，桑中蚕。谓蠹其中者也。此桑虫似步屈。其色青细。或在草叶上。土蜂取之置木空中。或书卷间、笔筒中。七日而成其子。俚语曰。咒云象我象我。诗义疏云尔。（从虫。畾声。）郎丁切。十一部。"

由上可知，"蠮"的上古音是［mǐwan］，［m］在其中作声母。"蠮"的本义指一种吃桑叶的虫子，会使桑叶受损，因此"蠮"的本义同义素"［+受损］"紧密相连。

（240）購［mǐwan］

《说文·贝部》："購。货也。从貝。萬声。"段注："（货也。）广韵云。赠货。（从貝。萬声。）无贩切。十四部。"《玉篇·贝部》："購，货也。"《广韵·愿韵》："購，赠货。"

由上可知，"購"的上古音是［mǐwan］，［m］在其中作声母。"購"的本义指送给别人东西，而送给别人东西则意味着该东西在自己这里消失了，因此"購"的本义同义素"［+消失］"紧密相连。

（241）鞔［mǐwan］

《说文·车部》："鞔。衣车盖也。从车。曼声。"段注："（衣车盖也。）衣车，上文之辒輬是也。四围为衣。上为盖。皆以蔽舆也。故厕于舆下。集韵云。一曰战车。以遮矢也。（从车。曼声。）鞔之言幔也。莫半切。十四部。"《集韵·愿韵》："鞔，衣车盖也。"

由上可知，"鞔"的上古音是［mǐwan］，［m］在其中作声母。"鞔"的本义指一种遮蔽车的用具，而遮蔽车则意味着使人看不见车，即车在视野中消失了，因此"鞔"的本义同义素"［+消失］"紧密相连。

（242）槾₂［mǐwan］

《集韵·愿韵》："槾，槾荆，木名。"《文选·张衡〈南都赋〉》："槾柏杻櫨。"李善注引郭璞《山海经》注曰："槾，荆也。"

由上可知，"槾₂"的上古音是［mǐwan］，［m］在其中作声母。"槾₂"的本义指荆棘，而荆棘一般都是有细刺的，因此"槾₂"的本义同义素"［+细］"紧密相连。

第八节 小结

本章一共考察了"猫""茅"等84个上古汉语单音词，它们的语音、本义和与本义关联的义素见表3-1。

表 3-1   "猫""茅"等 84 个上古汉语单音词的语音、

本义和与本义关联的义素

序号	单音词	语音形式	本义	关联义素	本义与关联义素的联系
1	猫	meo	苗条	[+细]	苗条意味着身材纤细；间接
2	茅	meo	一种纤细的草	[+细]	间接
3	矛	mǐu	长矛	[+细]	长矛一般都是细长的；间接
4	蟊	mǐu	一种吃草根的虫子	[+受损]	该虫子会使庄稼受损；间接
5	髳	mǐu	幼儿梳的一种发型	[+小]	幼儿自然是年龄小；间接
6	毛	mo	人或动物的毛发	[+细]	人或动物的毛发一般来说都是细的；间接
7	髦	mo	人或动物的毛发中长的毛发	[+细]	人或动物的毛发一般来说都是细的，即使是长的毛发，也是细的；间接
8	茆	mo	草长得旺盛把地面覆盖住了	[+消失]	把地面覆盖住了则意味着看不见地面了，即地面在视野中消失了；间接
9	旄	mo	用牦牛尾装饰的旗子	[+小]	牦牛尾跟牦牛的整个身体部分比起来，显然是比较小的；间接
10	氂	mo	牦牛尾	[+小]	跟整个身体部分比起来，牦牛尾显然是比较小的；间接
11	卯	meu	杀	[+消失]	杀的目的就是使对方死亡，死亡本质上就是生命的消失；间接
12	昴	meu	天上的一种星宿	[+小]	该星宿从地面上看上去很小；间接
13	帽	mu	帽子	[+消失]	戴着帽子就会使人看不见头顶，即头顶从视野中消失了；间接
14	冒	mu	遮住眼睛向前走	[+消失]	遮住眼睛就会使人看不见东西，即东西从视野中消失了；间接
15	瞀	mu	低头看	[+低]	间接
16	媢	mu	男子嫉妒女子	[+低]	嫉妒意味着自己在水平、地位等方面比对方低；间接

续表

序号	单音词	语音形式	本义	关联义素	本义与关联义素的联系
17	楣	mu	门枢上的横梁	[+消失]	该横梁位于门的顶端之上，正好覆盖住了门的顶端，使人看不见门的顶端，也就是说门的顶端在视野中消失了；间接
18	贸	mu	贸易	[+消失]	就买卖双方来说，双方都需要付出财物以换回自己需要的东西，付出财物则意味着财物在自己这里消失；间接
19	眊	mo	眼睛看东西无精打采	[+少]	看东西无精打采则必然导致看不清楚，看不清楚意味着进入视野的清晰部分少；间接
20	覒	mo	选择	[+少]	选择意味着从多的当中挑出少的；间接
21	緢	mo	有毛刺的织物	[+细]	毛刺一般都是很细的；间接
22	楸	mɔ	冬天成熟的桃子	[+短]	冬天离一年结束的时间已经很短了；间接
23	懋	mɔ	勉励或勉强自己或他人	[+少]	勉励或勉强自己或他人暗含着一个前提，就是毅力少或水平低；间接
24	眊	mɔ	低着头谨慎地看	[+低]	间接
25	藐	mɔ	一种毒草	[+消失]	该毒草会导致人或动物死亡，而死亡则意味着生命的消失；间接
26	苗	mĭɔ	初生的谷物	[+小]	初生意味着年龄小；间接
27	緢	mĭɔ	牦牛尾上的细毛	[+细]	间接
28	眇	mĭɔ	眼睛小	[+小]	间接
29	訬	mĭɔ	开玩笑	[+无]	开玩笑意味着说的是没有事实根据的话；间接
30	杪	mĭɔ	树的顶端	[+细]	和整棵树相比，树的顶端当然显得细；间接
31	秒	mĭɔ	谷物的顶端	[+细]	和整株谷物相比，谷物的顶端当然显得细；间接
32	篎	mĭɔ	小的管乐器	[+小]	间接

序号	单音词	语音形式	本义	关联义素	本义与关联义素的联系
33	邈	meǒk	远	[+少]	远处的东西看起来自然不清楚，即进入视野的清晰部分少；间接
34	庙	mǐo	祭祀祖先的屋室	[+无]	祖先当然是不存在于现世的，也就是说在现世中是没有祖先的；间接
35	妙	mǐo	埋藏在事实中的隐晦的道理	[+无]	该道理从事实表面是看不出来的，必须深入发掘才能得到。从事实表面看不出来的也就意味着在事实表面是没有的；间接
36	谋	mǐwə	谋划	[+无]	谋划即在行动之前对整个行动的步骤和方法的一种推测，是还没有实现的；间接
37	眸	mǐu	瞳孔	[+小]	瞳孔一般来说是小的；间接
38	侔	mǐu	齐等	[+无]	齐等则意味着没有区别；间接
39	麰	mǐu	大麦	[+消失]	种植大麦时需要深埋麦种，深埋麦种则意味着使麦种看不见，看不见即在视野中消失；间接
40	鍪	mǐɔ	一种像锅的金属容器	[+空]	容器最大的特点就是中空的；间接
41	堥	mǐɔ	一种像锅的土制容器	[+空]	容器最大的特点就是中空的；间接
42	某₂	mə	不知道确定的名字而给予的代称	[+无]	不知道则意味着在头脑中没有相应的概念；间接
43	谬	miu	没有事实根据的错误言论	[+无]	间接
44	蛮	mean	古代南方少数民族	[+无]	在古代，南方少数民族常被认为没有开化，愚昧无知；间接
45	瞒	muan	闭上眼睛的样子	[+消失]	闭上眼睛意味着什么都看不见了，即一切东西都在视野中消失了；间接
46	谩	muan	欺骗	[+无]	欺骗意味着说出没有事实根据的话；间接

续表

序号	单音词	语音形式	本义	关联义素	本义与关联义素的联系
47	槾₁	muan	涂泥用的工具	[+消失]	涂泥意味着原物被泥覆盖上，看不见原貌了，即原貌在视野中消失了；间接
48	㒚	muan	完全闭合，没有缝隙	[+无]	间接
49	鞔	muan	鞋帮	[+空]	鞋帮一般是围成一个空腔以容纳脚；间接
50	槾	muan	松树心	[+消失]	松树心是处于松树内部，从外面看当然看不见，也就是说在视野中消失了；间接
51	鳗	muan	鳗鱼	[+细]	鳗鱼身一般是细长的；间接
52	㡛	muan	相当	[+无]	相当意味着二者之间没有差别；间接
53	悗₁	muan	迷惑	[+无]	迷惑意味着头脑不清楚，头脑不清楚意味着对某事一无所知；间接
54	趱	muan	走得慢	[+短]	走得慢意味着在单位时间内走过的路程短；间接
55	缦	muan	没有花纹的丝织品	[+无]	间接
56	幔	muan	蒙在物体上的织物	[+消失]	蒙在物体上意味着使人看不见该物体，即该物体从视野中消失了；间接
57	慢	mean	懒惰	[+少]	懒惰意味着不太想做事，即做成的事很少；间接
58	嫚	mean	用难听的话侮辱别人	[+受损]	侮辱别人意味着使别人的名誉受损；间接
59	蔓	mĭwan	一种葛类植物	[+消失]	该植物的最大特点是容易蔓延，而蔓延则意味着把地面覆盖住了，使人看不见地面，即地面从视野中消失了；间接
60	眠	mien	睡着	[+无]	睡着意味着对外界事物一无所知；间接
61	绵	mĭan	细的东西连在一起	[+细]	间接
62	瞞	mĭan	瞳孔	[+小]	瞳孔一般来说是小的；间接

序号	单音词	语音形式	本义	关联义素	本义与关联义素的联系
63	宀	mǐan	有堂有室的屋子	[+消失]	屋子的作用是供人居住的，人在屋子里，从外面就看不到了，即在视野中消失了；间接
64	楣	mǐan	屋檐	[+无]	屋檐是专门防止雨水弄湿门和墙的，也就是说有了屋檐，门和墙就没有雨水；间接
65	瞙	mian	眼皮又薄又密	[+小]	薄意味着厚度小，密意味着毛孔小；间接
66	雺	mian	看不见	[+消失]	看不见意味着人或物在视野中消失；间接
67	丏	mien	看不见	[+消失]	看不见意味着人或物在视野中消失；间接
68	眄	mien	斜视	[+少]	斜视必然导致看东西不清楚，即进入视野的清晰部分少；间接
69	娩₁	mǐan	生孩子	[+低]	上古生孩子需要俯下身子，俯下身子意味着身体高度变低；间接
70	勉	mǐan	勉励或勉强自己或他人	[+少]	勉励或勉强自己或他人暗含着一个前提，就是毅力少或水平低；间接
71	俯	mǐan	低头	[+低]	间接
72	冕	mǐan	大夫以上的官员戴的帽子	[+消失]	戴着帽子就会使人看不见头顶，即头顶从视野中消失了；间接
73	缅	mǐan	细丝	[+细]	间接
74	湎	mǐan	沉溺在饮酒中	[+无]	沉溺在饮酒中则意味着对外界事物不闻不问，一无所知；间接
75	麪	mien	面粉	[+小]	面粉当然是由细小的粉末构成的；间接
76	宷	mien	完全吻合，毫无破绽	[+无]	间接
77	晚	mǐwan	太阳快要下山的时候	[+少]	太阳快要下山意味着光线暗淡，看东西看不清楚，看东西看不清楚意味着进入视野的清晰部分少；间接
78	婉₂	mǐwan	顺从	[+无]	顺从意味着没有矛盾冲突；间接
79	妥	mǐwam	人的脑盖	[+消失]	人的脑盖显然是把人脑覆盖住的，从外面看不见人脑，即人脑在视野中消失了；间接

续表

序号	单音词	语音形式	本义	关联义素	本义与关联义素的联系
80	虿₁	mǐwan	蝎子一类的毒虫	[+消失]	蝎子一类的毒虫可以导致人或动物的死亡，而死亡则意味着生命的消失；间接
81	蟃	mǐwan	一种吃桑叶的虫子	[+受损]	该虫子会使桑叶受损；间接
82	贎	mǐwan	送给别人东西	[+消失]	送给别人东西意味着该东西在自己这里消失了；间接
83	幔	mǐwan	一种遮蔽车的用具	[+消失]	遮蔽车意味着使人看不见车，即车在视野中消失了；间接
84	樠₂	mǐwan	荆棘	[+细]	荆棘一般都是有细刺的；间接

　　从表 3-1 中可以看出，84 个上古汉语单音词的语音有 ［meo］、［mǐu］、［mo］、［meu］、［mu］、［mɔ］、［mǐo］、［meǒk］、［mǐwə］、［mǐɔ］、［mə］、［miu］、［mean］、［muan］、［mǐwan］、［mien］、［mǐan］、［mian］、［mǐwam］ 等 19 种，［m］ 在其中均作声母。这些单音词从与本义关联的义素的视角来看，可以归为两类：其一是 "小" 类，对应的关联义素为 "［+细］" "［+受损］" "［+小］" "［+低］" "［+少］" "［+短］"；其二是 "无" 类，对应的关联义素为 "［+无］" "［+消失］" "［+空］"。值得注意的是，84 个单音词的本义与各自的关联义素之间的关系只有间接一种，没有直接。就间接而言，本义与关联义素之间的联系有的明显有的不明显。如 "懋" 的本义为 "勉励或勉强自己或他人"，相应的隐性关联义素是 "［+少］" 或 "［+低］"，二者之间的联系就在于勉励或勉强自己或他人暗含着一个前提，就是毅力少或水平低；正因为毅力少或水平低，所以才需要强迫，才需要添加动力，这样 "懋" 的本义就和义素 "［+少］" 或 "［+低］" 联系起来了，这是属于不明显的。"眸" 的本义为 "瞳孔"，相应的显性关联义素是 "［+小］"，瞳孔无疑是小的，二者之间的联系是明显的。

第四章 词义基因 ｛m｝ 在 en 等七韵的分布

第一节 en 韵

（243）门 ［muən］

《说文·门部》："門。闻也。从二户。象形。凡門之属皆从門。"段注："（闻也。）以叠韵为训。闻者，谓外可闻于内。内可闻于外也。（从二户。象形。）此如門从二兀。不必有反兀字也。莫奔切。十三部。"《释名·释宫室》："门，扪也，在外为人所扪摸也。"《玉篇·门部》："门，人所出入也。"《玄应音义》卷十四："一扇曰户，两扉曰门。"《荀子·大略》："义有门。"杨倞注："门，所以出入也。"《礼记·檀弓上》："库门四郊。"朱彬训纂："门，所出入之地。"

由上可知，"门"的上古音是 ［muən］， ［m］ 在其中作声母。"门"的本义指安装在房屋或城墙上的供人出入的装置，该装置具有遮蔽内部情景的作用，而遮蔽内部情景则意味着使人看不见内部情景，即内部情景从视野中消失了，因此"门"的本义同义素"［+消失］"紧密相连。

（244）顝 ［muən］

《说文·页部》："顝。系头殟也。从頁。昏声。"段注："（系头殟也。）歺部曰。殟者，暴无知也。今本讹作胎败。则此以殟释顝，遂不可通。集韵、类篇引此条有谓头被系无知也七字。当是古注语。玉篇引庄子云。问焉则顝然。顝，不晓也。按与心部之惛音义略同。（从页。昏声。）莫奔切。十三部。"《玉篇·页部》："顝，不晓也。"《广韵·

魂韵》："顜，头多殟顜。"

由上可知，"顜"的上古音是［muən］，［m］在其中作声母。"顜"的本义指不知道，不知道就是对某事一无所知，因此"顜"的本义同义素"［+无］"紧密相连。

（245）氊［muan］

《说文·毛部》："氊。以氂为纑。色如虋。故谓之氊。虋，禾之赤苗也。从毛。㒼声。诗曰。氂衣如氊。"段注："（以氂为纑。）氂，兽细毛也。纑，西胡氂布也。（色如虋。故谓之氊。）与虋双声。（虋，禾之赤苗也。）详艸部。取其同赤。故名略同。（从毛。㒼声。）莫奔切。古音在十四部。（诗曰。氂衣如氊。）王风文。今诗氊作璊。毛曰。璊，赪也。按许云氂纑谓之氊。然则诗作如璊为长。作如氊则不可通矣。玉部曰，璊，玉赪色也。禾之赤苗谓之虋，璊玉色如之。是则氊与璊皆于虋得音义。许称诗证氂衣色赤。非证氊篆体也。浅人改从玉为从毛。失其旨矣。抑西胡氂布，中国即自古有之。断非法服。毛传曰。大车，大夫之车也。天子大夫四命。其出封五命。如子男之服。乘其大车槛槛然。服氂冕以决讼。是则诗所云氂衣者，周礼之氂冕。非西胡氂布也。许专治毛诗。岂容昧此。疑此六字乃浅人妄增。非许书固有。然郑司农之注周礼曰。氂，罽衣也。至后郑乃云氂画虎蜼。谓宗彝也。是则自康成以前皆谓氂为纑衣。毛公但云氂冕而不言何物。许说正同大郑耳。"《玉篇·毛部》："氊，以氂为罽也。"《广韵·魂韵》："氊，赤色罽名。"

由上可知，"氊"的上古音是［muan］，［m］在其中作声母。"氊"的本义指一种用野兽细毛做成的红布，因此"氊"的本义同义素"［+细］"紧密相连。

（246）悗₂［muan］

《集韵·混韵》："悗，废忘也。"《庄子·大宗师》："悗乎忘其言也。"陆德明释文引王云："悗，废忘也。"又成玄英疏："悗，无心貌也。"《韩非子·忠孝》："古者黔首悗密蠢愚。"王先慎集解引旧注："悗，忘情貌。"

由上可知，"悗₂"的上古音是［muan］，［m］在其中作声母。

"悗₂"的本义指忘记的样子，而忘记则意味着某事在记忆中消失，因此"悗₂"的本义同义素"［+消失］"紧密相连。

（247）闷［muən］

《说文·心部》："闷。懑也。从心。门声。"段注："（懑也。从心。门声。）莫困切。十三部。"又《说文·心部》："懑。烦也。从心从满。"段注："（烦也。）烦者，热头痛也。引申之，凡心闷皆为烦。问丧曰。悲哀志懑气盛。古亦假满为之。（从心满。）满亦声。广韵莫旱切。十四部。大徐莫困切。"《玉篇·心部》："闷，懑也。"《尔雅·释训》："懰懰，闷也。"郭璞注："闷，烦闷。"《易·乾·文言》："遁世无闷。"惠栋述引《说文》曰："闷，懑也。"《楚辞·九章·惜诵》："中闷瞀之忳忳。"王逸注："闷，烦也。"

由上可知，"闷"的上古音是［muən］，［m］在其中作声母。"闷"的本义指心中郁积的情绪抒发不出来，而抒发不出来则意味着没有抒发的通道，因此"闷"的本义同义素"［+无］"紧密相连。

（248）殙₁［muən］

《集韵·恨韵》："殙，气绝也。"《吕氏春秋·论威》："则知所兔起凫举死殙之地矣。"高诱注："殙音闷，谓绝气之闷。"

由上可知，"殙₁"的上古音是［muən］，［m］在其中作声母。"殙₁"的本义指气绝身亡，而气绝身亡则意味着生命的消失，因此"殙₁"的本义同义素"［+消失］"紧密相连。

（249）懑［muan］

《说文·心部》："懑。烦也。从心从满。"段注："（烦也。）烦者，热头痛也。引申之，凡心闷皆为烦。问丧曰。悲哀志懑气盛。古亦假满为之。（从心满。）满亦声。广韵莫旱切。十四部。大徐莫困切。"《玉篇·心部》："懑，烦也。"《广韵·缓韵》："懑，烦闷也。"《汉书·司马迁传》："不得舒愤懑。"颜师古注："懑，烦闷也。"《资治通鉴·汉纪十六》："忧懑不知所为。"胡三省注："懑，中烦也。"

由上可知，"懑"的上古音是［muan］，［m］在其中作声母。"懑"的本义指心中郁积的情绪抒发不出来，而抒发不出来则意味着没有抒发的通道，因此"懑"的本义同义素"［+无］"紧密相连。

第二节 in 韵

（250）罠〔mǐen〕

《说文·网部》："罠。钓也。从网。民声。"段注："（所以钓也。）所以二字今补。召南曰。其钓维何。维丝伊缗。传曰。缗，纶也。笺云。以丝为之纶。则是善钓也。按糸部曰。缗，钓鱼缴也。此曰罠，所以钓也。然则缗罠古今字。一古文、一小篆也。吴都赋注曰。罠，麋网。广韵曰。罠，麑网。则又古今义殊。释器。麑罟谓之羉。本或作罠。张载七命。布飞羉。张修罠。则羉与罠非一字也。（从网。民声。）武巾切。十二部。自罩至此十一篆皆谓以渔者也。"《玉篇·网部》："罠，钓也。"《广韵·真韵》："罠，麑网。"《文选·左思〈吴都赋〉》："罠蹏连网。"刘逵注："罠，麋网。"《文选·张协〈七命〉》："张修罠。"李周翰注："罠，网也。"

由上可知，"罠"的上古音是〔mǐen〕，〔m〕在其中作声母。"罠"的本义似应指一种鱼网，理由有二：一是"罠"的形旁是网，说明与网有关，而钓鱼线与网无关，所以其本义不可能是钓鱼线。二是"罠"还有捕野兽的网的意思，这个意思从钓鱼线无法引申过来，而从鱼网则较易引申。鱼网的最大特点就是由很多网眼组成，网眼自然是中空的，因此"罠"的本义同义素"〔+空〕"紧密相连。

（251）缗〔mǐen〕

《说文·糸部》："緡。钓鱼缴也。从糸。昏声。吴人解衣相被谓之緡。"段注："（钓鱼缴也。）缴本施于鸟者。而钩鱼之绳似之。故曰钓鱼缴。召南曰。其钓维何。维丝伊缗。传曰。缗，纶也。谓纠丝为绳也。（从糸。昏声。）武巾切。十三部。（吴人解衣相被谓之緡。）方言。缗、绵，施也。秦口缗。赵曰绵。吴越之间脱衣相被谓之缗绵。按人雅。荏染柔木。言缗之丝。传曰。缗被也。是其为古义古训，不始方言也。"《玉篇·糸部》："缗，丝绪钓缴也。"《广韵·真韵》："缗，亦丝绪钓鱼纶也。"《文选·王褒〈四子讲德纶〉》："明之如缗。"李周翰注："缗，钓鱼缴也。"《诗·大雅·抑》："言缗之丝。"朱熹集传："缗，纶也。"

由上可知，"缗"的上古音是［mǐen］，［m］在其中作声母。"缗"的本义指钓鱼线，而钓鱼线一般都是细的，因此"缗"的本义同义素"［+细］"紧密相连。

（252）瘨［mǐen］

《玉篇·疒部》："瘨，病也。"《广韵·真韵》："瘨，病也。"《诗·大雅·桑柔》："多我觏瘨。"郑玄笺："瘨，病也。"

由上可知，"瘨"的上古音是［mǐen］，［m］在其中作声母。"瘨"的本义指病，而生病身体自然就会虚弱，因此"瘨"的本义同义素"［+弱］"紧密相连。

（253）民［mǐen］

《说文·民部》："民。众萌也。从古文之象。凡民之属皆从民。"段注："（众萌也。）萌古本皆不误。毛本作氓。非。古谓民曰萌。汉人所用不可枚数。今周礼以兴锄利甿。许末部引以兴锄利萌。愚谓郑本亦作萌。故注云变民言萌，异外内也。萌犹懵懵无知貌也。郑本亦断非甿字。大抵汉人萌字，浅人多改为氓。如周礼音义此节摘致氓是也。继又改氓为甿。则今之周礼是也。说详汉读考，民萌异者，析言之也。以萌释民者，浑言之也。（从古文之象。）仿佛古文之体少整齐之也。凡许书有从古文之形者四。曰革、曰弟、曰民、曰酉。说见革下。弥邻切。十二部。"《玉篇·民部》："民，众氓也。"《广雅·释言》："民，氓也。"《文选·张衡〈东京赋〉》："民忘其劳。"薛综注："民，谓百姓也。"《书·多士序》："迁殷顽民。"江声集注音疏："民之为言冥；冥，无知之谓也。"

由上可知，"民"的上古音是［mǐen］，［m］在其中作声母。"民"的本义指老百姓，而上古时的老百姓基本上没受过什么教育，一般都是愚昧无知的，因此"民"的本义同义素"［+无］"紧密相连。

（254）旻［mǐən］

《说文·日部》："旻。秋天也。从日。文声。虞书曰。仁闵覆下则称旻天。"段注："（秋天也。）此尔雅释天及欧阳尚书说也。释天曰。春为昊天。夏为苍天。秋为旻天。冬为上天。许、郑本如是。孙炎、郭璞本乃作春苍夏昊。（从日。文声。）武巾切。十三部。（虞书说。）说各本作曰。今依韵会订。虞书说三字当作唐书说曰四字。古文尧典钦若昊天说也。（仁覆闵下则称旻天。）覆闵各本作闵覆。误。今依玉篇、广韵皆作仁覆愍下谓之旻天订。此古尚书说也。与毛诗王风传同。五经异义天号。今上书欧阳说。尧典钦若昊天。春曰昊天。夏曰苍天。秋曰旻天。冬曰上天。总为皇天。尔雅亦云。古尚书、毛诗说。天有五号。各用所宜称之。尊而君之则曰皇天。元气广大则称昊天。仁覆愍下则称旻天。自天监下则称上天。据远视之苍苍然则称苍天。许君曰。谨按尧典。羲和以昊天总敕以四时。故昊天不独昊春也。左传。夏四月孔丘卒。称曰旻天不吊。非秋也。玄之闻也。尔雅者，孔子门人所作。以释六艺之言。盖不误也。春气博施。故以广大言之。夏气高明。故以远言之。秋气或生或杀。故以闵下言之。冬气闭藏而清察。故以监下言之。皇天者，至尊之号也。六艺之中诸称天者。以情所求言之耳。非必于其时称之。浩浩昊天。求天之博施。苍天苍天。求天之高明。旻天不吊。求大之生杀当其宜。上大同云。求天之所为当顺其时也。此之求天。犹人之说事各从其主耳。若察于是则尧命羲和钦若昊天。孔丘卒称旻天不吊。无可怪尔。按许作五经异义。不从尔雅从毛诗。造说文兼载二说。而先尔雅于毛。与郑说无不合。盖异义早成。说文后出。不待郑之驳正。而已权衡悉当。观此及社下姓下皆与异义不同。与郑说相合。可证。"《释名·释天》："秋曰旻天，旻，闵也，物就枯落，可闵伤也。"《玉篇·日部》："旻，秋天也。"《书·多士》："旻天大降丧于殷。"蔡沈集传："旻天，秋天也。"《孟子·万章上》："号泣于旻天。"赵岐注："旻天，秋天也。"

由上可知，"旻"的上古音是［mǐən］，［m］在其中作声母。"旻"的本义指秋天，而秋天则意味着一片肃杀的景象，万物凋零，生机消失，因此"旻"的本义同义素"［+消失］"紧密相连。

（255）闽［mǐən］

《说文·虫部》："闽。东南越。蛇种。从虫。门声。"段注："（东南越。）释名曰。越，夷蛮之国也。度越礼义。无所拘也。职方氏。七闽。郑司农曰。南方曰蛮。后郑曰。闽，蛮之别也。引国语闽芈蛮矣。（蛇种。从虫。门声。）武巾切。古音在十三部。月令注假为蚊字。"《玉篇·虫部》："闽，东南越。"《广韵·真韵》："闽，闽越，蛇种也。"《周礼·夏官·职方氏》："八蛮八闽。"孙诒让正义："闽，即今福建，在周为南蛮之别也。"《文选·左思〈吴都赋〉》："选自闽禺。"刘渊林注："闽，越名也。"

由上可知，"闽"的上古音是［mǐən］，［m］在其中作声母。"闽"的本义指古代南方少数名族的一支，而在古代，南方少数民族常被认为没有开化，愚昧无知，因此"闽"的本义同义素"［+无］"紧密相连。

（256）忞［mǐən］

《说文·心部》："忞。强也。从心。文声。周书曰。在受德忞。读若旻。"段注："（自勉强也。）各本少自勉二字。韵会有之。与篇、韵合。大雅。亹亹文王。毛传曰。亹亹，勉也。亹即𡠗之俗。𡠗从分声。𡠗𡠗即忞之假借也。（从心。文声。）武巾切。十三部。（周书曰。在受德忞。）立政文。今尚书作敯。释诂。敯，强也。许所据古文不同。"《玉篇·心部》："忞，自勉强也。"《广韵·真韵》："忞，自勉强也。"

由上可知，"忞"的上古音是［mǐən］，［m］在其中作声母。"忞"的本义指勉励或勉强自己或他人，而勉励或勉强自己或他人暗含着一个前提，就是毅力少或水平低。正因为毅力少或水平低，所以才需要强迫，才需要添加动力。因此，"忞"的本义同义素"［+少］"紧密相连。

（257）皿［miaŋ］

《说文·皿部》："皿。饭食之用器也。象形。与豆同意。凡皿之属皆从皿。读若猛。"段注："（饭食之用器也。）饭汲古阁作饮。误。孟子。牲杀器皿。赵注。皿所以覆器者。此谓皿为幎之假借。似非孟意。（象形。与豆同意。）上象其能容。中象其体。下象其底也。与豆略同而少异。（凡皿之属皆从皿。读若猛。）按古孟猛皆读如芒。皿在十部。今音武永切。"《说文系传·皿部》："皿，饭食之用器也。"《说文·皿部》桂馥义证引《增韵》："皿，食器，盘盂之属。"

由上可知，"皿"的上古音是［miaŋ］，［m］在其中作声母。"皿"的本义指盛饭菜的器具，而盛饭菜的器具必然是中空的，因此"皿"的本义同义素"［+空］"紧密相连。

（258）泯［mǐen］

《玉篇·水部》："泯，灭也。"《广韵·轸韵》："泯，灭也。"《诗·大雅·桑柔》："靡国不泯。"毛传："泯，灭也。"《左传·成公十六年》："是大泯曹也。"杜预注："泯，灭也。"

由上可知，"泯"的上古音是［mǐen］，［m］在其中作声母。"泯"的本义指灭亡，而灭亡则意味着消失，因此"泯"的本义同义素"［+消失］"紧密相连。

（259）笢［mǐen］

《说文·竹部》："笢。竹肤也。从竹。民声。"段注："（竹肤也。）肤，皮也。竹肤曰笢。亦曰笋。见礼器。俗作筍。已析可用者曰蔑。礼注作篾。士丧礼谓之靲。析之谓之筡。亦谓之篾。（从竹。民声。）武尽切。十二部。"《广雅·释草》："竺，竹也，其表曰笢。"《广韵·真韵》："笢，竹肤也。"

由上可知，"笢"的上古音是［mǐen］，［m］在其中作声母。"笢"的本义指竹子的表皮，而竹子的表皮覆盖着竹子内部，使内部不被看见，从视野中消失，因此"笢"的本义同义素"［+消失］"紧密相连。

（260）愍［mǐen］

《说文·心部》："愍。痛也。从心。敃声。"段注："（痛也。）与闵义殊。（从心。敃声。）眉殒切。十三部。"《玉篇·心部》："愍，悲也。"《广韵·轸韵》："愍，悲也。"《楚辞·九章·怀沙》："离愍而长鞠。"朱熹集注："愍，痛也。"《文选·潘岳〈悼亡诗〉》："戚戚弥相愍。"刘良注："愍，痛也。"

由上可知，"愍"的上古音是［mǐen］，［m］在其中作声母。"愍"的本义指内心悲痛，而内心悲痛则意味着情绪低落，因此"愍"的本义同义素"［+低］"紧密相连。

（261）敃［mǐen］

《说文·攴部》："敃。强也。从攴。民声。"段注："（强也。）释诂。昏暋强也。按说文暋作敃。冒也。则许所据尔雅作敃。强也。昏字从氏省。不从民声。自俗写淆讹。音韵亦乱。玉篇谓敃敂同字。是也。（从攴。民声。）眉殒切。十二部。"《玉篇·攴部》："敃，勉也。"《集韵·真韵》："敃，勉也。"

由上可知，"敃"的上古音是［mǐen］，［m］在其中作声母。"敃"的本义指勉励或勉强自己或他人，而勉励或勉强自己或他人暗含着一个前提，就是毅力少或水平低。正因为毅力少或水平低，所以才需要强迫，才需要添加动力。因此，"敃"的本义同义素"［+少］"紧密相连。

（262）悗［mĭən］

《说文·门部》："闵。吊者在门也。从门。文声。"段注："（吊者在门也。）引申为凡痛惜之辞。俗作悗。邶风。覯闵既多。豳风。鬻子之闵斯。传曰。闵，病也。（从门。文声。）眉殒切。十三部。"《广韵·轸韵》："悗，伤也。"《慧琳音义》卷十九："悗，痛也。"《诗·周南·汝坟序》："妇人能悗其君子。"陆德明释文："悗，伤念也。"《书·君奭》："予惟用悗于天越民。"孙星衍今古文注疏引《诗笺》："悗者，悼伤也。"

由上可知，"悗"的上古音是［mĭən］，［m］在其中作声母。"悗"的本义指内心悲痛，与"愍"音近义同，二者可能是方言的区别。既然"愍"的本义是内心悲痛，因而"悗"的本义自然也应该是内心悲痛。"吊者在门也"义在文献中找不到相关例证，不可取。"悗（闵）"应该是个双声字，文和门都是声旁，没有形旁。内心悲痛说明情绪低落，因此"悗"的本义同义素"［＋低］"紧密相连。

（263）篾［mĭən］

《尔雅·释草》："篾，笢中。"郭璞注："笢中，言其中空，竹类。"《玉篇·竹部》："篾，竹，中空。"《说文·竹部》："笢。折竹箟也。从竹。余声。读若絮。"段注："（析竹箟也。）析各本讹折。今正。方言。荼，析也。析竹谓之荼。郭云。今江东呼蔑竹里为荼。亦名荼之也。按此注谓已析之蔑为荼。人析之亦称荼之。本无误字。戴氏疏证改荼之二字为箟字。非也。尔雅。篾，荼中。盖此义之引伸。肉薄好大者谓之笢中。如析去青皮而薄也。医方竹笝音如。即此字。别录从竹。俗从艸。（从竹。余声。读若絮。）絮宋刻作絮。小徐同。同都切。五部。"

由上可知，"篾"的上古音是［mĭən］，［m］在其中作声母。"篾"的本义指一种皮薄、中间空旷度大的竹子，皮薄就是厚度小，因此"篾"的本义同义素"［＋小］"或"［＋空］"紧密相连。

第三节　uen 韵

（264）闻₁［mĭwən］

《说文·门部》："闻。知闻也。从耳。门声。"段注："（知声也。）往曰听。来曰闻。大学曰。心不在焉。听而不闻。引申之为令闻广誉。（从耳。门声。）无分切。十二部。"《玄应音义》卷十四："闻，知声也。"《广韵·文韵》："闻，知声也。"《大戴礼记·曾子疾病》："君子尊其所闻。"王聘珍解诂引《说文》云："闻，知闻也。"唐玄宗《孝经序》："朕闻上古其风朴略。"邢昺疏："闻者，目之不睹，耳之所传曰闻。"

由上可知，"闻₁"的上古音是［mǐwən］，［m］在其中作声母。"闻₁"的本义指听见，而听见则意味着只是听说，没有亲眼看到，因此"闻₁"的本义同义素"［+无］"紧密相连。

（265）蚊［mǐwən］

《说文·蚰部》："蟲。啮人飞虫。从蚰。民声。蟲或从昏。以昏时出也。俗蟲。从虫。从文。"段注："（啮人飞虫。）啮人而又善飞者。（从蚰。民声。）无分切。十三部。此字民声，则当十二部。疑古本只有蟲。而蟲乃后人所制也。（蟲或从昏。）昏从氏省。氏者，下也。俗沾一曰民声。而蟲篆上亦沾蟲篆矣。（以昏时出也。）说会意之旨。而形声在其中。（俗蟲。从虫。从文。）虫部曰。秦晋谓之蜹。楚谓之蚊。"《玉篇·虫部》："蚊，啮人飞虫。"《慧琳音义》卷三十二："蚊，啮人飞虫。"

由上可知，"蚊"的上古音是［mǐwən］，［m］在其中作声母。"蚊"的本义指蚊子，古人认为蚊子多在黄昏时出现，而黄昏即太阳快要下山的时候，意味着光线暗淡，看东西看不清楚，看东西看不清楚意味着进入视野的清晰部分少，因此"蚊"的本义同义素"［+少］"紧密相连。

（266）鸡［mǐwən］

《尔雅·释鸟》："鹑子，鸡。"邢昺疏："鹑之子雏名鸡。"《玉篇·鸟部》："鸡，鹑子也。"

由上可知，"鸡"的上古音是［mǐwən］，［m］在其中作声母。"鸡"的本义指鹌鹑所生的小鹌鹑，因此"鸡"的本义同义素"［+小］"紧密相连。

（267）阌［mǐwən］

《说文·夏部》："閿。低目视也。从夏。門声。弘农湖县有閿乡。

汝南西平有閺亭。"段注："（氐目视也。）氐各本低。按人部无低。日部曰。氐者，下也。（从夏。門声。）无分切。十三部。俗作閿。（弘农湖县有閺乡。）后汉书。郑兴客授閺乡。注曰。閺，建安中改作闻。"《玉篇·夏部》："閺，低目视人也。"《广韵·真韵》："閺，低目视也。"

由上可知，"閺"的上古音是［mǐwən］，［m］在其中作声母。"閺"的本义指低着眼睛看东西，因此"閺"的本义同义素"［+低］"紧密相连。

（268）吻［mǐwən］

《说文·口部》："吻。口边也。从口。勿声。吻或从肉从昏。"段注："（口边也。）曲礼注云。口旁曰咡。广雅云。咡谓之吻。考工记。锐喙、决吻。郑曰。吻，口腃也。释名曰。吻，免也。抆也。卷也。（从口。勿声。）武粉切。十三部。勿声在十五部。合韵也。（吻或从肉从昏。）昏声也。凡昏，皆从氏。不从民。字亦作脗，作脗。皆脗之俗也。凡言吻合当用此。"《慧琳音义》卷六十三："吻，口边也。"《希麟音义》卷二："吻，唇之端也。"《墨子·尚同中》："使人之吻。"孙诒让闲诂引《说文》云："吻，口边也。"《资治通鉴·汉纪六十》："颇能弄唇吻。"胡三省注："口边曰吻。"

由上可知，"吻"的上古音是［mǐwən］，［m］在其中作声母。"吻"的本义指嘴巴的左右两端，而嘴巴的左右两端则是嘴巴临近消失之处，因此"吻"的本义同义素"［+消失］"紧密相连。

（269）刎［mǐwən］

《玄应音义》："断首曰刎，刎，割也。"《广韵·吻韵》："刎，刎颈。"《公羊传·宣公六年》："遂刎刭而死。"何休注："刎，勇士自断头也。"《汉书·苏建传》："伏剑自刎。"颜师古注："刎，断也，断其颈也。"

由上可知，"刎"的上古音是［mǐwən］，［m］在其中作声母。"刎"的本义指割脖子自杀，而自杀必然导致生命的消失，因此"刎"的本义同义素"［+消失］"紧密相连。

（270）问［mǐwən］

《说文·口部》："问。讯也。从口。门声。"段注："（讯也。）言部曰。讯，问也。引伸为礼之聘问。（从口。门声。）亡运切。十三部。"《玉篇·口部》："问，讯也。"《广韵·问韵》："问，讯也。"《大戴礼记·曾子立事》："未问则不言。"王聘珍解诂云："问，论难也。"《礼记·学记》："善问者，如攻坚木。"孔颖达疏："问，谓论难也。"

由上可知，"问"的上古音是［mǐwən］，［m］在其中作声母。"问"的本义指询问，而询问则意味着不知道某事，不知道某事就是对该事一无所知，因此"问"的本义同义素"［+无］"紧密相连。

（271）璺［mǐwən］

《方言》卷六："璺，器破而未离谓之璺。"《慧琳音义》卷六十："璺，器物破裂而不相离也。"《周礼·春官·大卜》："大卜掌三兆之法。"郑玄注："其象似玉、瓦、原之璺罅。"陆德明释文："璺，玉之坼也。"李贺《长平箭头歌》："折锋赤璺曾刲肉。"王琦注："璺，物将断而未离之义也。"

由上可知，"璺"的上古音是［mǐwən］，［m］在其中作声母。"璺"的本义指器物上的裂缝，而裂缝自然是中空的，因此"璺"的本义同义素"［+空］"紧密相连。

（272）闻₂［mǐwən］

《汉书·贾山传》："而令闻不忘。"颜师古注："闻，声之闻也。"《楚辞·九章·思没人》："羌居蔽而闻章。"蒋骥注："闻，名誉也。"

由上可知，"闻₂"的上古音是［mǐwən］，［m］在其中作声母①。"闻₂"的本义指名声，而名声则意味着只是传播在外，被听见而已，并没有亲眼所见，因此"闻₂"的本义同义素"［+无］"紧密相连。

（273）文₂［mǐwən］

《说文·文部》："文。错画也。象交文。凡文之属皆从文。"段注："（错画也。）错当作逪，逪画者交错之画也。考工记曰。青与赤谓之文。逪画之一端也。逪画者，文之本义。文章者，彣之本义。义不同也。黄帝之史仓颉见鸟兽迹远之迹。知分理之可相别异也。初造书契。依类象形，故谓之文。（象交文。）像两纹交互也。纹者，文之俗字。

---

① "闻₂"和"闻₁"在上古声韵相同，但声调不同，是典型的变调构词现象。"闻₁"是如字，后读阳平；"闻₂"是破读，后读去声。

无分切。十三部。"《广雅·释诂二》:"文,饰也。"《集韵·真韵》:"文,饰也。"《荀子·儒效》:"取是而文之也。"杨倞注:"文,饰也。"《礼记·玉藻》:"大夫以鱼须文竹。"郑玄注:"文,犹饰也。"

由上可知,"文$_2$"的上古音是[mǐwən],[m]在其中作声母①。"文$_1$"的本义指交错的花纹,而"文$_2$"的本义指装饰,而装饰则意味着使某物的原来面貌看不见,即使某物的原来面貌消失,因此"文$_2$"的本义同义素"[+消失]"紧密相连。

第四节 ang 韵

(274) 盲 [maŋ]

《方言》卷十:"沅沣之间,使之而不肯答曰盲。"《玉篇·口部》:"使人问而不肯答曰盲。"

由上可知,"盲"的上古音是[maŋ],[m]在其中作声母。"盲"的本义指问而不答,不答就是没有回答,因此"盲"的本义同义素"[+无]"紧密相连。

(275) 芒 [maŋ]

《说文·艸部》:"芒。草端。从艸。亡声。"段注:"(草端也。)说文无铓字。此即锋铓字也。(从艸。亡声。)武方切。十部。"《广韵·阳韵》:"芒,草端也。"《玄应音义》卷二:"芒,禾杪也。"《文选·陆机〈文赋〉》:"定去留于毫芒。"李善注引《汉书音义》曰:"芒,稻芒。"

由上可知,"芒"的上古音是[maŋ],[m]在其中作声母。"芒"的本义指植物上像刺的部分,而刺一般来说都是细的,因此"芒"的本义同义素"[+细]"紧密相连。

(276) 懋 [maŋ]

《玉篇·耳部》:"懋,勉也。"《广韵·唐韵》:"懋,勉也。"《书·洛诰》:"汝乃是不懋。"陆德明释文引马云:"懋,勉也。"又孔

---

① "文$_2$"和"文$_1$"在上古声韵相同,但声调不同,是典型的变调构词现象。"文$_1$"是如字,后读阳平;"文$_2$"是破读,后读去声。

颖达疏：“覭之为勉，相传训也，郑、王皆以为勉。”

由上可知，“覭”的上古音是 [maŋ]，[m] 在其中作声母。“覭”的本义指勉励或勉强自己或他人，而勉励或勉强自己或他人暗含着一个前提，就是毅力少或水平低。正因为毅力少或水平低，所以才需要强迫，才需要添加动力。因此，“覭”的本义同义素“［+少］”紧密相连。

（277）幠 ［maŋ］

《说文·巾部》：“幠。设色之工治丝练者。从巾。无声。一曰幠，隔。读若荒。”段注：“（设色之工治丝练者。）考工记。设色之工。幠氏。掌涑丝、涑帛。此云治丝，谓涑丝。云治练，谓涑帛也。糸部曰。练，涑缯也。此谓帛为练者，浑言之也。涑见水部。（从巾。无声。）呼光切。十部。（一曰幠，）逗。（隔也。）也字今补。诗曰。葛藟荒之。传曰。荒，掩也。隔之义谓网其上而盖之。即诗所谓荒之也。玉篇曰。幠，幪也。（读若荒。）考工记先郑注曰。读为芒芒禹迹之芒。读为当是读如之误。”《说文·巾部》朱骏声通训定声：“幠，犹蒙覆也。”《广韵·唐韵》：“幠，蒙掩。”

由上可知，“幠”的上古音是 [maŋ]，[m] 在其中作声母。“幠”的本义指覆盖，而覆盖就意味着看不见被覆盖的东西了，即该东西在视野中消失了，因此“幠”的本义同义素“［+消失］”紧密相连。

（278）盲 ［meaŋ］

《说文·目部》：“盲。目无牟子。从目。亡声。”段注：“（目无牟子也。）牟俗作眸。赵注孟子曰。眸子，目瞳子也。释名曰。眸，冒也。相裹冒也。毛传曰。无眸子曰瞍。郑司农、韦昭皆云。有目无眸子谓之瞍。许云目无牟子谓之盲。说与毛、郑异。无牟子者，白黑不分是也。今俗谓青盲。（从目。亡声。）武庚切。古音在十部。”《玉篇·目部》：“盲，目无牟子。”《广韵·庚韵》：“盲，目无瞳了。”《庄子·逍遥游》：“岂惟形骸有聋盲。”成玄英疏：“盲者，眼根败也。”《汉书·杜钦传》：“家富而目偏盲。”颜师古注：“盲，目无见也。”

由上可知，“盲”的上古音是 [meaŋ]，[m] 在其中作声母。“盲”的本义指眼睛失明，而眼睛失明则意味着看不见东西，即该东西在视野中消失了，因此“盲”的本义同义素“［+消失］”紧密相连。

第五节　uang 韵

（279）亡 ［mǐwaŋ］

《说文·亡部》："亾。逃也。从入从乚。凡亾之属皆从亾。"段注："（逃也。）逃者，亡也。二篆为转注。亡之本义为逃。今人但谓亡为死。非也。引申之则谓失为亡。亦谓死为亡。孝子不忍死其亲。但疑亲之出亡耳。故丧篆从哭亡。亦假为有无之无。双声相借也。（从入乚。）会意。谓入于迟曲隐蔽之处也。武方切。十部。"《玉篇·亡部》："亡，逃也。"《广雅·释诂三》："亡，避也。"《逸周书·文儆》："乱维生亡。"朱右曾集训校释："亡，逃亡也。"《资治通鉴·周纪四》："追亡逐北。"胡三省注："亡，逃亡也。"

由上可知，"亡"的上古音是 ［mǐwaŋ］， ［m］ 在其中作声母。"亡"的本义指逃亡，而逃亡则意味着从别人的视野中消失了，因此"亡"的本义同义素 ［+消失］ 紧密相连。

（280）莣 ［mǐwaŋ］

《说文·艸部》："莣。杜荣也。从艸。忘声。"段注："（杜荣也。）见释草。郭云。今芒草也。似茅。皮可以为绳索履屩也。按太平御览引杂字解诂。芒，杜荣。而芒讹作芸。（从艸。忘声。）武方切。十部。"《说文·艸部》："茅。菅也。从艸。矛声。"段注："（菅也。）按统言则茅菅是一。析言则菅与茅殊。许菅茅互训。此从统言也。陆玑曰。菅似茅而滑泽、无毛。根下当作上五寸中有白粉者，柔韧宜为索。沤乃尤善矣。此析言也。（从艸。矛声。）莫交切。古音在三部。（可缩酒、为藉。）各本无此五字。依韵会所引补。缩酒见左传。为藉见周易。此与莜可以香口、荑可以为苹席一例。"《尔雅·释草》："莣，杜荣也。"《玉篇·艸部》："莣，杜荣也。"

由上可知，"莣"的上古音是 ［mǐwaŋ］， ［m］ 在其中作声母。"莣"的本义指一种像茅的草，而茅本身就是一种纤细的草，正因为纤细，才可以过滤酒。莣像茅，自然也是纤细的，因此"莣"的本义同义素 ［+细］ 紧密相连。

（281）网［mǐwaŋ］

《说文·网部》："网。庖牺所结绳以渔。从冂。下象网交文。凡网之属皆从网。网或从亡。网或从糸。"段注："（庖牺氏所结绳以田以渔也。）以田二字依广韵太平御览补。周易系辞传文。（从冂。）幂其上也。（下象网交文。）乂乂象网目。文纺切。在十部。五经文字曰。说文作网。今依石经作冂。（网或加亡。）亡声也。（或从糸。）以结绳为之也。"《慧琳音义》卷六十六："网，庖牺所结绳以田以渔也。"《广韵·养韵》："网，庖牺所结绳以田以渔也。"

由上可知，"网"的上古音是［mǐwaŋ］，［m］在其中作声母。"网"的本义指捕兽或捕鱼的网，而网的最大特点就是由很多网眼组成，网眼自然是中空的，因此"网"的本义同义素"［+空］"紧密相连。

（282）辋［mǐwaŋ］

《释名·释车》："辋，网也，网罗周轮之外也。关西曰䡇，言曲䡇也。或曰䡆，䡆，绵也，绵连其外也。"《玉篇·车部》："辋，车辋。"《资治通鉴·晋纪十七》："载以四轮缠辋车。"胡三省注："辋，车䡇也。"又《资治通鉴·梁纪四》："延伯取车轮去辋。"胡三省注："辋，车之牙，车䡇也。"

由上可知，"辋"的上古音是［mǐwaŋ］，［m］在其中作声母。"辋"的本义指套在车轮外的木框，套在车轮外则意味着看不见车轮了，即车轮从视野中消失了，因此"辋"的本义同义素"［+无］"紧密相连。

（283）誷［mǐwaŋ］

《玉篇·言部》："誷，诬也。"《慧琳音义》卷八十八："誷，以言欺诬也。"柳宗元《登蒲州石矶》："自誷非所欣。"蒋之翘辑注："誷，诬也。"

由上可知，"誷"的上古音是［mǐwaŋ］，［m］在其中作声母。"誷"的本义指用言语欺骗，而用言语欺骗则意味着说没有事实根据的话，因此"誷"的本义同义素"［+无］"紧密相连。

（284）妄［mǐwaŋ］

《说文·女部》："妄。乱也。从女。亡声。"段注："（乱也。从女。

亡声。）巫放切。十部。"《广雅·释诂三》："妄，乱也。"《广韵·漾韵》："妄，乱也。"《大戴礼记·卫将军文子》："贤人无妄。"王聘珍解诂："妄，诬也。"《易·无妄·象传》："大亨以正，天之命也。"王弼注："使有妄之道灭，无妄之道成。"孔颖达疏："妄，谓虚妄狡诈不循正理。"

由上可知，"妄"的上古音是［mǐwaŋ］，［m］在其中作声母。"妄"的本义指乱想、乱说或乱做，而乱想、乱说或乱做则意味着没有常理可循，因此"妄"的本义同义素"［+无］"紧密相连。

（285）忘［mǐwaŋ］

《说文·心部》："忘。不识也。从心从亡。亡亦声。"段注："（不识也。）识者，意也。今所谓知识。所谓记忆也。（从心。亡声。）依韵会本。武方切。十部。"《玉篇·心部》："忘，不忆也。"《广韵·漾韵》："忘，遗忘也。"《潜夫论·叙录》："财令不忽忘。"汪继培笺引《说文》云："忘，不识也。"《资治通鉴·汉纪十四》："遂苦忽忽善忘。"胡三省注："忘，遗忘也。"

由上可知，"忘"的上古音是［mǐwaŋ］，［m］在其中作声母。"忘"的本义指忘记，而忘记则意味着某种事物在脑中消失了，因此"忘"的本义同义素"［+消失］"紧密相连。

（286）望［mǐwaŋ］

《说文·亡部》："望。出亡在外。望其还也。从亡。朢省声。"段注："（出亡在外。望其还也。）还者，复也。本义。引申之为令闻令望之望。（从亡。朢省声。）按望以朢为声。朢以望为义。其为二字较然也。而今多乱之。巫放切。十部。亦平声。"《释名·释姿容》："望，茫也，远视茫茫也。"《玉篇·亡部》："望，远视也。"《礼记·内则》："豕望视而交睫，腥。"郑玄注："望视，远视也。"

由上可知，"望"的上古音是［mǐwaŋ］，［m］在其中作声母。"望"的本义指向远处看，《说文》的解释很明显是牵强附会的，而向远处看则意味着看得不清楚，进入视野的清晰部分少，因此"望"的本义同义素"［+少］"紧密相连。

第六节　　eng 韵

（287）懜［məŋ］

《说文·心部》：“懜。不明也。从心。夢声。”段注：“（不明也。从心。夢声。）夕部夢，不明也。此举形声包会意。武亘切。六部。”《广韵·嶝韵》：“懜，不明也。

由上可知，“懜”的上古音是［məŋ］，［m］在其中作声母。“懜”的本义指心里对某事不清楚，即对某事一无所知，因此“懜”的本义同义素“［+无］”紧密相连。

（288）甍［meəŋ］

《说文·瓦部》：“甍。屋栋也。从瓦。夢省声。”段注：“（屋栋也。）栋者，极也。屋之高处也。方言。甋谓之甍。广雅作甍谓之甋。每夢一声之转。之蒸合韵之理。栋自屋中言之，故从木。甍自屋表言之，故从瓦。尔雅、方言谓之甋者，屋极为分水之脊。雨水各从高雷瓦而下也。释名曰。甍，蒙也。在上覆蒙屋也。左传子之援庙桷，动于甍。未详其说。（从瓦。夢省声。）莫耕切。古音在六部。按惟此篆主谓屋瓦。故先之。”《玉篇·瓦部》：“甍，屋栋也。”《广韵·耕韵》：“甍，屋栋也。”《国语·晋语二》：“既镇其甍矣。”韦昭注：“甍，栋也。”《后汉书·谢夷吾传》：“大汉之栋甍。”李贤注：“甍，亦栋也。”

由上可知，“甍”的上古音是［meəŋ］，［m］在其中作声母。“甍”的本义指覆盖在屋栋上的瓦，而覆盖在屋栋上则意味着看不见屋栋及屋内的东西，因此“甍”的本义同义素“［+无］”紧密相连。

（289）蘪［muəŋ］

《说文·艸部》：“蘪。灌渝。从艸。夢声。读若萌。”段注：“（灌渝。）今释草。葭芦荄薍其萌蘪。郭云。今江东呼芦笋为蘪。音缱绻。下文蘠茅菫华荣。郭别为一条。许君所据尔雅蘪灌渝。句字皆与今本大乖。今不可得其读矣。（从艸。夢声。读若萌。）古音在六部。而读若萌者，转入十部也。今莫中切。”《广雅·释草》：“蘪，蘗也。”王念孙疏证：“蘪，犹萌也。”

　　由上可知，"夢"的上古音是［muəŋ］，［m］在其中作声母。"夢"的本义指灌渝，灌渝又可写作蘳藆，蘳藆即权舆，指初生的植物（叶斌、徐晓韵，2015），这与王念孙所说的"夢，犹萌也"不谋而合，而初生的植物则意味着年龄小，因此"夢"的本义同义素"［+小］"紧密相连。

　　（290）瞢［mǐwəŋ］

　　《说文·苜部》："瞢。目不明也。从苜。从旬。旬，目数摇也。"段注："（目不明也。）周礼视祲。六曰瞢。注云。日月瞢瞢无光也。按小雅。视天梦梦。梦与瞢音义同也。又左传。亦无瞢焉。小尔雅。瞢，惭也。此引申之义。（从苜。从旬。旬，目数摇也。）苜旬皆不明之意。木空切。古音在六部。广韵武登切是也。"《玉篇·苜部》："瞢，目不明也。"《广韵·东韵》："瞢，目不明也。"《楚辞·天问》："冥昭瞢闇。"洪兴祖补注："瞢，目不明也。"《山海经·中山经》："可以已瞢。"郝懿行笺疏引《说文》云："瞢，目不明也。"

　　由上可知，"瞢"的上古音是［mǐwəŋ］，［m］在其中作声母。"瞢"的本义指眼睛看东西看不清楚，进入视野的清晰部分少，因此"瞢"的本义同义素"［+少］"紧密相连。

　　（291）夢［mǐwəŋ］

　　《说文·夕部》："夢。不明也。从夕。瞢省声。"段注："（不明也。）小雅。民今方殆。视天夢夢。传曰。王者为乱夢夢然。释训曰。夢夢，乱也。按故训释为乱。许云不明者，由不明而乱也。以其字从夕。故释为不明也。夢之本义为不明。今字假为癔寐字。夢行而癔废矣。（从夕。瞢省声。）莫忠切。又亡贡切。古音在六部。举形声包会意也。"《诸子平议·管子三》："用日为夢。"俞樾按："今按夢觉字依《说文》本作癔，非此夢字。夢隶夕部，与夜篆相次。然则夢之本义，为夜不明。"

　　由上可知，"夢"的上古音是［mǐwəŋ］，［m］在其中作声母。"夢"的本义指光线暗淡不明亮，光线暗淡不明亮意味着看东西看不清楚，进入视野的清晰部分少，因此"夢"的本义同义素"［+少］"紧密相连。

（292）冡 ［mɔŋ］

《说文·冂部》："冡。覆也。从冂豕。"段注："（覆也。）凡蒙覆、童蒙之字今字皆作蒙。依古当作冡。蒙行而冡废矣。艸部蒙，草名也。（从冂豕。）会意。莫红切。九部。"《玉篇·艸部》："冡，覆也。"

由上可知，"冡"的上古音是 ［mɔŋ］，［m］在其中作声母。"冡"的本义指覆盖，而把东西覆盖住了则意味着看不见该东西了，即该东西从视野中消失了，因此"冡"的本义同义素"［+消失］"紧密相连。

（293）濛 ［mɔŋ］

《说文·水部》："濛。微雨也。从水。蒙声。"段注："（微雨貌。）微各本作微。今正。貌叶本作也。今依玉篇正。微溟濛三字，一声之转。豳风曰。零雨其濛。传云。濛，雨貌。广韵。空濛，小雨。广雅作霥。霥，俗字也。（从水。蒙声。）莫红切。九部。"《玉篇·水部》："濛，微雨貌。"《集韵·董韵》："濛，微雨也。"

由上可知，"濛"的上古音是 ［mɔŋ］，［m］在其中作声母。"濛"的本义指下小雨的样子，因此"濛"的本义同义素"［+小］"紧密相连。

（294）矇 ［mɔŋ］

《说文·目部》："矇。童矇也。一曰不明也。从目。蒙声。"段注："（童蒙也。）此与周易童蒙异。谓目童子如蒙覆也。毛公、刘熙、韦昭皆云。有眸子而无见曰矇。郑司农云。有目朕而无见谓之矇。其意略同。毛说为长。许主毛说也。礼记。昭然若发矇。谓如发其覆。（从目。蒙声。）莫中切。九部。（一曰不明也。）此泛言目不明。为别一义。"《释名·释疾病》："矇，有眸子而失明，蒙蒙无所别也。"《玉篇·目部》："有眸子而无见曰矇。"《国语·周语上》："矇诵。"韦昭注："有眸子而无见曰矇。"《楚辞·九章·怀沙》："矇瞍谓之不章。"洪兴祖补注："有眸子而无见曰矇。"

由上可知，"矇"的上古音是 ［mɔŋ］，［m］在其中作声母。"矇"的本义指有瞳孔却失明，而失明则意味着看不见东西，即东西在视野中消失了，因此"矇"的本义同义素"［+消失］"紧密相连。

（295）醴 ［mɔŋ］

《说文·酉部》："醴。籍生衣也。从酉。冡声。"段注："（籍生衣也。）方言曰。籱，曲也。郭注云。音蒙。有衣曲。（从酉。）曲，所以为酒也。故字从酉。（冡声。）包会意。莫红切。九部。"《广韵·东韵》："醲，籱生衣貌。"

由上可知，"醲"的上古音是［mɔŋ］，［m］在其中作声母。"醲"的本义指表面长毛（菌丝）的酒曲，而酒曲长毛则意味着酒曲被毛覆盖住了，像穿了一件衣服一样，酒曲本身看不见了，即酒曲在视野中消失了，因此"醲"的本义同义素"［+消失］"紧密相连。

（296）幪［mɔŋ］

《说文·巾部》："幪。盖衣也。从巾。冡声。"段注："（盖衣也。）覆盖物之衣也。法言。震风凌雨。然后知夏屋之为帡幪也。幪即幏之俗。尚书大传。下刑墨幪。方言。幪，巾也。与许义稍异。大雅。麻麦幪幪。传曰。幪幪然茂盛也。按此亦引申之义。谓遍覆于地也。（从巾。冡声。）莫红切。九部。"《广韵·东韵》："幪，盖衣也。"李白《志公画赞》："锦幪鸟爪。"王琦注引《说文》："幪，盖衣也。"

由上可知，"幪"的上古音是［mɔŋ］，［m］在其中作声母。"幪"的本义指覆盖物体的织物，而覆盖物体则意味着看不见该物体了，即该物体在视野中消失了，因此"幪"的本义同义素"［+消失］"紧密相连。

（297）霿［mɔŋ］

《说文·雨部》："霿。天气下，地不应曰霿。霿，晦也。从雨。瞀声。"段注："（天气下，地不应曰霿。）释天曰。天气下，地不应曰霿。今本作曰霁。或作曰雾。皆非也。霿，释名作蒙。开元占经作濛。释名曰。蒙，日光不明蒙蒙然也。开元占经引郗萌曰。在天为濛。在人为雾。日月不见为濛。前后人不相见为雾。按雾与霿之别，以郗所言为确。许以霿系天气。以雾系地气。亦分别井然。大抵雾下霿上。霿湿雾干。雾读如务。霿读如蒙。霿之或体作雾。霿之或体作蒙。不可乱也。而尔雅自陆氏不能谛正。讹舛不可读。如玉篇云霿，天气下地不应也。霿，地气发天不应也。盖本尔雅而与说文互易。则又在陆氏前矣。其他经史雾霿霿三字往往涍讹。要当以许书为正。开元占经引月令仲冬行夏令。氛濛冥冥。今月令作氛雾。雾乃霿之误也。卫包尚书曰。蒙，恒风

若。汉五行志作霿。尚书大传作督。刘向曰。督，眊，眊，乱也。按此
霿字引申假借之义也。本音茂。转音蒙。易传。蒙者，蒙也。亦霿之假
借。（霿，晦也。）晦本训月尽。引申为日月不见之称。释天曰。霿谓
之晦。许言此者，欲人知霿与雾异也。（从雨。督声。）莫弄切。亦平
声。督亦孜声而入九部者，合音也。"《广韵·送韵》："天气下，地不
应曰霿。"《晋书音义上·志卷十七》："霿，天气下，地不应。"

由上可知，"霿"的上古音是［mɔŋ］，［m］在其中作声母。"霿"
的本义指雾的一种，可以阻碍人的视线，使人看东西看不清楚，进入视
野的清晰部分少，因此"霿"的本义同义素"［+少］"紧密相连。

（298）騬 ［mɔŋ］

《说文·马部》："騬。驴子也。从马。冡声。"段注："（驴子
也。）何承天纂文同。（从马。冡声。）莫红切。九部。"《玉篇·马部》：
"騬，驴子也。"《小学蒐佚·纂文》："驴，一名漠骊，其子曰騬。"

由上可知，"騬"的上古音是［mɔŋ］，［m］在其中作声母。"騬"
的本义指驴子所生的小驴，因此"騬"的本义同义素"［+小］"紧密
相连。

（299）莔 ［meaŋ］

《说文·艸部》："莔。贝母也。从艸。朙省声。"段注："（贝母
也。）诗。言采其虻。毛传曰。蝱，贝母。释草，说文作莔。莔正字。
虻假借字也。根下子如聚小贝。韵会引作贝母草，疗蛇毒六字。（从艸。
朙省声。）武庚切。古音在十部。不曰囧声，而曰省声者，取皆读如茫
也。"《尔雅·释草》："莔，贝母也。"郭璞注："莔，根如小贝，圆而
白花，叶似韭。"《玉篇·艸部》："莔，贝母也。"《文选·张衡〈西京
赋〉》："王刍莔台。"李善注引《尔雅》曰："莔，贝母也。"

由上可知，"莔"的上古音是［meaŋ］，［m］在其中作声母。"莔"
的本义指贝母草，而贝母草的根像小贝壳聚在一起，因此"莔"的本
义同义素"［+小］"紧密相连。

（300）䁕 ［meaŋ］

《说文·冥部》："䁕。冥也。从冥。黾声。读若黾蛙之黾。"段注：
"（冥也。从冥。黾声。读若黾蛙之黾。）黾蛙即黾部之鼃黾。武庚切。

古音在十部。读如芒。此字见于经者。文十五年左传曰。一人门于句
鼆。杜云。鲁邑名。"《说文·冥部》:"冥。幽也。从日从六。冖声。
日数十。十六日而月始亏。幽也。凡冥之属皆从冥。" 段注:"(窈
也。) 窈各本作幽。唐玄应同。而李善思玄赋、叹逝赋陶渊明赴假还江
陵诗三注皆作窈。许书多宗尔雅、毛传。释言曰。冥,窈也。孙炎云。
深暗之窈也。郭本作幼。释云。幼稚者多冥昧。颇纡回。小雅斯干传
曰。正,长也。冥,窈也。正谓宫室之宽长深窈处。王肃本作幼。其说
以人之长幼对文。与下君子攸宁不相属。然则三者互相证。知皆当作
窈。穴部曰。窈,深远也。窈与杳音义同。故杳之训曰冥也。莫之训曰
日且冥也。昏之训曰日冥也。郑笺斯干曰。正昼也。冥夜也。引伸为凡
暗昧之称。(从日六。从冖。) 从冖各本作冖声。下文曰冖亦声。则此
只当云从冖矣。冖者,覆也。覆其上则窈冥。(日数十。十六日而月始
亏。冥也。) 冥各本作幽。今依玄应本。冥也二字当作冥之意也四字。
此释从日六之义也。日之数十。昭五年左传文。谓甲至癸也。历十日复
加六日而月始亏。是冥之意。故从日六。(冖亦声。) 亦字旧夺。依小
徐说补。冖今音莫狄切。鼎盖之鼏用为声。蚰部𧒒又用鼏为声。冥在十
一部。莫经切。以双声为声也。"《广雅·释诂四》:"鼆,冥也。"《玉
篇·冥部》:"鼆,冥也。"

　　由上可知,"鼆" 的上古音是 [meaŋ],[m] 在其中作声母。"鼆"
的本义指暗淡无光,而暗淡无光意味着看不见东西,即东西在视野中消
失了,因此 "鼆" 的本义同义素 "[+消失]" 紧密相连。

　　(301) 虻 [meaŋ]

　　《说文·蚰部》:"䖟。啮人飞虫。从蚰。亡声。" 段注:"(啮人飞
虫。) 人当作牛。楚语。譬如牛马。处暑之既至。虻蜚之既多。而不能
掉其尾。韦云。大曰虻。小曰蜚。说苑曰。蠹蝼仆柱梁。蚊虻走牛羊。
史记。搏牛之虻,不可以破虮虱。淮南书曰。蚊虻不食驹犊。今人尚谓
啮牛者为牛虻。本草经有木虻、飞虻。(从蚰。亡声。) 武庚切。古音
在十部。读如茫。"《玉篇·蚰部》:"虻,蚊虻也。"《慧琳音义》卷
三:"虻,蚊蚋之属,似蝇而大。"《大戴礼记·诰志》:"蚊虻不食夭
驹。" 孔广森补注引《说文》曰:"虻,啮人飞虫。"

　　由上可知,"虻" 的上古音是 [meaŋ],[m] 在其中作声母。"虻"

的本义指一种专门吸牛马等牲畜血的飞虫，会导致牛马等牲畜身体受损，因此"虻"的本义同义素"［+受损］"紧密相连。

（302）萌［meaŋ］

《说文·艸部》："萌。草芽也。从艸。明声。"段注："（草木芽也。）木字依玉篇补。说文以草木芽、草木干、草木叶联缀成文。萌芽析言则有别。尚书大传。周以至动，殷以萌，夏以牙是也。统言则不别。故曰萌，草木芽也。月令。句者毕出。萌者尽达。注。句，屈生者。芒而直曰萌。乐记作区萌。（从艸。明声。）武庚切。古音在十部。"《广韵·耕韵》："萌，萌芽也。"《尔雅·释草》："笋，竹萌。"邢昺疏："凡草木初生谓之萌。"《孟子·告子上》："非无萌蘗之生也。"朱熹集注："萌，芽也。"《列女传·仁智·鲁臧孙母》："言取郭外萌内之于城中也。"王照圆补注："萌，萌芽也。"

由上可知，"萌"的上古音是［meaŋ］，［m］在其中作声母。"萌"的本义指植物初生的芽，而初生则意味着年龄小，因此"萌"的本义同义素"［+小］"紧密相连。

（303）氓［meaŋ］

《说文·民部》："氓。民也。从民。亡声。读若盲。"段注："（民也。）诗。氓之蚩蚩。传曰。氓，民也。方言亦曰。氓，民也。孟子。则天下之民皆悦而愿为之氓矣。赵注。氓者，谓其民也。按此则氓与民小别。盖自他归往之民则谓之氓。故字从民亡。（从民。亡声。读若盲。）武庚切。古音在十部。"《说文·民部》："民。众萌也。从古文之象。凡民之属皆从民。"段注："（众萌也。）萌古本皆不误。毛本作氓。非。古谓民曰萌。汉人所用不可枚数。今周礼以兴锄利甿。许未部引以兴锄利萌。愚谓郑本亦作萌。故注云变民言萌，异外内也。萌犹懵懵无知貌也。郑本亦断非甿字。大抵汉人萌字，浅人多改为氓。如周礼音义此节摘致氓是也。继又改氓为甿。则今之周礼是也。说详汉读考，民萌异者，析言之也。以萌释民者，浑言之也。（从古文之象。）仿佛古文之体少整齐之也。凡许书有从古文之形者四。曰革、曰弟、曰民、曰酉。说见革下。弥邻切。十二部。"《广韵·耕韵》："氓，民也。"《慧琳音义》卷八十二："氓，百姓也。"《孟子·万章下》："君之于氓也。"赵岐注："氓，民也。"《诗·卫风·氓》："氓之蚩蚩。"孔颖达疏："氓，民之一名，对文则异。"

由上可知，"氓"的上古音是［meaŋ］，［m］在其中作声母。"氓"的本义指老百姓，而上古时的老百姓基本上没受过什么教育，一般都是愚昧无知的，因此"氓"的本义同义素"［+无］"紧密相连。

（304）甿［meaŋ］

《说文·田部》："甿。田民也。从田。亡声。"段注："（田民也。）甿为田民。农为耕人。其义一也。民部曰。氓，民也。此从田。故曰田民也。唐人讳民。故氓之蚩蚩、周礼以下剂致氓、石经皆改为甿。古只作萌。故许引周礼以兴锄利萌。盖古本如是。郑云。变民言萌。异外内也。萌犹懵懵无知貌。（从田。亡声。）武庚切。古音在十部。"《慧琳音义》卷十一："甿，田野人也。"《集韵·隥韵》："甿，田民也。"《史记·陈涉世家赞》："甿隶之人。"裴骃集解引徐广曰："田民曰甿。"《文选·左思〈吴都赋〉》："富中之甿。"李善注引《说文》曰："甿，田人也。"

由上可知，"甿"的上古音是［meaŋ］，［m］在其中作声母。"甿"的本义指农民，而上古时的农民基本上没受过什么教育，一般都是愚昧无知的，因此"甿"的本义同义素"［+无］"紧密相连。

（305）盟［miaŋ］

《说文·皿部》："盟。周礼曰。国有疑则盟。诸侯再相与会。十二岁一盟。北面诏天之司慎司命。盟杀牲歃血。朱盘玉敦。以立牛耳。从囧。从血。"段注："（周礼曰。国有疑则盟。）周礼司盟职。掌盟载之法。凡邦国有疑会同。则掌其盟约之载及其礼仪。郑云。有疑不协也。（诸侯再相与会。十二岁一盟。）再相与会四字当作再朝而会、再会六字。转写之误也。昭十三年左传曰。明王之制。使诸侯岁聘以志业。间朝以讲礼。再朝而会以示威。再会而盟以显昭明。杜云。三年而一朝。六年而一会。十二年而一盟。（北面诏天之司慎司命。）司盟职曰。北面诏明神。僖二十八年左传曰。有渝此盟。以相及也。明神先君。是纠是殛。襄十一年载书曰。或间兹盟。司慎司命。名山名川。群神群祀。先王先公。七姓十二国之祖。明神殛之。按今左传襄十一年盟与命二字互讹。陆、孔皆不能正。许合周礼、左传为言。谓司慎、司命为明神之首。司慎、司命益大宗伯职之司中、司命。文昌宫第五、第四星也。尚书大传注司中作司人。又按天之司盟见觐礼注。然则左传正文不容轻改。（盟杀牲歃血。朱盘玉敦。以立牛耳。）朱小徐及周礼作珠。今依大徐本。立当为莅。莅，临也。曲礼曰。莅牲曰盟是也。玉府职曰。若合诸侯。则共珠盘玉敦。郑云。合诸侯者必割牛耳。取其血。歃之以盟。朱盘以盛牛耳。尸盟者执之。玉敦，歃血玉器。戎右职曰。赞牛耳桃茢。左传曰。诸候盟。谁执牛耳。（从囧。）囧，明也。左传所谓昭明于神。蒙上诏司慎司命言。（皿声。）锴皿作血。云声字衍。铉因作从血。删声字。今与篆体皆正。按盟与孟皆皿声。故孟津、盟津通用。今音武兵切。古音在十部。读如芒。亦举形声包会意。朱盘玉敦，器也。故从皿。"《释名·释言语》："盟，明也。告其事于神明也。"《玄应音义》卷四："盟，歃血誓。"《春秋·庄公十六年》："同盟于幽。"孔颖达疏引《释例》曰："盟者，假神明以要不信。"《荀子·大略》："盟诅不及三王。"杨倞注："莅牲曰盟，谓杀生歃血告神以盟约也。"

由上可知，"盟"的上古音是［miaŋ］，［m］在其中作声母。"盟"的本义指一种向神灵发誓以求得互相信任的祭祀活动，而出现该祭祀活动则意味着相互之间没有信任，因此"盟"的本义同义素"［+无］"紧密相连。

（306）懜［muəŋ］

《玉篇·心部》："懜，心乱。"《广韵·董韵》："懜，心乱貌。"柳宗元《设渔者对智伯》："宛委冒懜。"蒋之翘辑注："懜，心迷也。"

由上可知，"懜"的上古音是［muəŋ］，［m］在其中作声母。"懜"的本义指心乱，而心乱就是内心迷惑，迷惑则意味着头脑不清楚，对某事一无所知，因此"懜"的本义同义素"［+无］"紧密相连。

（307）癮［mǐwəŋ］

《说文·癮部》："癮。寐而有觉也。从宀。从爿。夢声。周礼。以日月星辰占六癮之吉凶。一曰正癮。二曰咢癮。三曰思癮。四曰悟癮。五曰喜癮。六曰惧癮。凡癮之属皆从癮。"段注："（寐而觉者也。）寐而觉，与醒字下醉而觉同意。今字假夢为之。夢行而癮废矣。（从宀。从爿。梦声。）宀者，覆也。爿者，倚着也。夢者，不明也。夢亦声。古音在六部。今莫凤切。(周礼。以日月星辰占六癮之吉凶。)郑注详矣。(一曰正癮。)郑云。无所感动。平安自夢也。(二曰噩癮。)噩者,哗讼也。借为惊愕之愕。周礼作噩夢。杜子春云。当为惊愕之愕。谓惊愕为夢也。(三曰思癮。)郑云。觉时所思念之而夢也。思小徐作鬝。误。(四曰寤癮。)郑云。觉时所道之而夢也。寤大徐作悟。(五曰喜癮。)郑云。喜悦而夢也。(六曰惧癮。)郑云。恐惧而夢也。以上周礼占夢文。"《墨子·经上》:"癮,卧而以为然也。"《周礼·春官·大卜》:"掌三癮之法。"郑玄注:"癮者,人精神所寤可占者。"

由上可知,"癮"的上古音是〔mǐwəŋ〕, 〔m〕在其中作声母。"癮"的本义指做梦,做梦是在人睡着后,而睡着则意味着对外界事物一无所知,因此"癮"的本义同义素"〔+无〕"紧密相连。

第七节　ing 韵

(308)名〔mǐeŋ〕

《说文·口部》:"名。自命也。从口从夕。夕者冥也。冥不相见。故以口自名。"段注:"(自命也。)祭统曰。夫鼎有铭。铭者,自名也。此许所本也。周礼小祝故书作铭。今书或作名。士丧礼古文作铭。今文皆为名。按死者之铭。以缁长半幅。赪末长终幅。广三寸。书名于末曰。某氏某之柩。此正所谓自名。其作器刻铭。亦谓称扬其先祖之德。着己名于下。皆只云名已足。不必加金旁。故许君于金部不录铭字。从周宫今书、礼今文也。许意凡经传铭字皆当作名矣。郑君注经乃释铭为刻。刘熙乃云。铭,名也。记名其功也。吕忱乃云。铭,题勒也。不用许说。(从口夕。夕者冥也。冥不相见。)冥,幽也。(故以口自名。)故从夕口会意。武并切。十部。"《字诂·名》:"以声相命曰名。"《玄应音义》卷十九:"名,所以名质也。"《礼记·檀弓上》:"幼名冠字。"孔颖达疏:"名以名质。"《墨子·尚贤中》:"乃名三后。"孙诒让闲诂引《说文》:"名,自命也。"

由上可知,"名"的上古音是〔mǐeŋ〕,〔m〕在其中作声母。"名"的本义指自己称呼自己的名字,而在上古,自己称呼自己的名字多在光线暗淡、别人看不见自己的情况下进行，别人看不见自己则意味着自己在对方的视野中消失了，因此“名”的本义同义素“［＋消失］”紧密相连。

（309）冥［mieŋ］

《说文·冥部》：“冥。幽也。从日从六。冖声。日数十。十六日而月始亏。幽也。凡冥之属皆从冥。”段注：“（窈也。）窈各本作幽。唐玄应同。而李善思玄赋、叹逝赋陶渊明赴假还江陵诗三注皆作窈。许书多宗尔雅、毛传。释言曰。冥，窈也。孙炎云。深暗之窈也。郭本作幼。释云。幼稚者多冥昧。颇纡回。小雅斯干传曰。正，长也。冥，窈也。正谓宫室之宽长深窈处。王肃本作幼。其说以人之长幼对文。与下君子攸宁不相属。然则三者互相证。知皆当作窈。穴部曰。窈，深远也。窈与杳音义同。故杳之训曰冥也。莫之训曰日且冥也。昏之训曰日冥也。郑笺斯干曰。正昼也。冥夜也。引伸为凡暗昧之称。（从日六。从冖。）从冖各本作冖声。下文曰冖亦声。则此只当云从冖矣。冖者，覆也。覆其上则窈冥。（日数十。十六日而月始亏。冥也。）冥各本作幽。今依玄应本。冥也二字当作冥之意也四字。此释从日六之义也。日之数十。昭五年左传文。谓甲至癸也。历十日复加六日而月始亏。是冥之意。故从日六。（冖亦声。）亦字旧夺。依小徐说补。冖今音莫狄切。鼎盖之鼏用为声。蚰部䁞又用鼏为声。冥在十一部。莫经切。以双声为声也。”《慧琳音义》卷一百：“冥，幽也。”《广韵·青韵》：“冥，幽也。”《汉书·五行志下之上》：“其庙独冥。”颜师古注：“冥，暗也。”《楚辞·大招》：“冥凌浃行。”朱熹集注：“冥，幽暗也。”

由上可知，“冥”的上古音是［mieŋ］，［m］在其中作声母。“冥”的本义指暗淡无光，而暗淡无光意味着看不见东西，即东西在视野中消失了，因此“冥”的本义同义素“［＋消失］”紧密相连。

（310）溟₁［mieŋ］

《说文·水部》：“溟。小雨溟溟也。从水。冥声。”段注：“（小雨溟溟也。）太玄经。密雨溟沐。玉篇曰。溟濛小雨。庄子南溟北溟，其字当是本作冥。（从水。冥声。）莫经切。十一部。”《广韵·青韵》：“溟，海也。”《希麟音义》卷三：“北海谓之溟。”《文选·孙绰〈游天台山赋〉》：“或倒景于重冥。”李周翰注：“溟，海也。”李白《大鹏赋》："溟涨沸渭。"王琦辑注引李周翰注："溟、涨，皆海也。"

由上可知，"溟₁"的上古音是［mieŋ］，［m］在其中作声母。"溟₁"的本义指海，而"溟₂"则用于联绵词"溟溟""溟濛"（下小雨的样子）、"溟沐"（雨密集的样子）中，记录联绵词中的一个音节，本身没有意义。海的深处一般都是暗淡无光的，暗淡无光意味着看不见东西，即东西在视野中消失了，因此"溟₁"的本义同义素"［+消失］"紧密相连。

（311）螟［mieŋ］

《说文·虫部》："螟。虫食谷叶者。吏冥冥犯法即生螟。从虫从冥。冥亦声。"段注："（虫食谷心者。吏冥冥犯法即生螟。）心各本讹叶。今依开元占经正。释虫、毛传皆曰。食心曰螟。食叶曰蟘。食根曰蟊。食节曰贼。云吏冥冥犯法即生螟，正为食心言之。惟食心，故从虫冥会意。（从虫冥。冥亦声。）此从宋本及小徐本。莫经切。十一部。按铉本于此下妄增又螟蛉三字。宋本所无。且螟蠕，桑虫也。见下文。字不作蛉。"《尔雅·释虫》："食苗心，螟。"《玉篇·虫部》："螟，食苗心虫也。"《诗·小雅·大田》："去其螟螣。"毛传："食心曰螟。"《吕氏春秋·仲冬》："则虫螟为败。"高诱注："食谷心曰螟。"

由上可知，"螟"的上古音是［mieŋ］，［m］在其中作声母。"螟"的本义指一种专吃谷心的虫，而谷心是处于谷物内部，虫吃谷心，从外面看当然看不见，也就是说在视野中消失了，因此"螟"的本义同义素"［+消失］"紧密相连。

（312）瞑［mieŋ］

《说文·目部》："瞑。翕目也。从目冥。冥亦声。"段注："（翕目也。）释诂、毛传皆曰。翕，合也。庄子。昼瞑。据槁梧而瞑。引伸为瞑眩。（从目冥。）韵会引小徐曰会意。此以会意包形声也。武延切。按古音在十一部。俗作眠。非也。"《慧琳音义》卷五十三："瞑，闭目也。"《集韵·青韵》："瞑，翕目也。"《资治通鉴·汉纪二十五》："吾死瞑目矣。"胡三省注："瞑，闭目也。"

由上可知，"瞑"的上古音是［mieŋ］，［m］在其中作声母。"瞑"的本义指闭眼，而闭眼则意味着什么东西都看不见了，也就是说在视野中消失了，因此"瞑"的本义同义素"［+消失］"紧密相连。

（313）覛［mieŋ］

《说文·见部》：“覛。小见也。从见。冥声。尔雅曰。覛髳弗离。”段注：“（小见也。）如溟之为小雨，皆于冥取意。释言曰。冥，幼也。（从见。冥声。）莫经切。十一部。（尔雅曰。覛髳弗离。）释诂文。今本弗作莆。非古也。郭云。孙叔然字别为义。按许单出覛字而释之。则孙与合。”《玉篇·见部》：“覛，小见也。”《广韵·青韵》：“覛，小见也。”

由上可知，“覛”的上古音是［mieŋ］，［m］在其中作声母。“覛”的本义指偷看，而偷看则意味着看东西看不清楚，进入视野的清晰部分少，因此“覛”的本义同义素“［+少］”紧密相连。

（314）窳［miaŋ］

《说文·穴部》：“窳。北方谓地空因以为土穴为窳户。从穴。皿声。读若猛。”段注：“（北方谓地空因以为土穴为窳户。）因地之孔为土屋也。广雅窳，窟也。（从穴。皿声。读若猛。）武永切。古音若芒。在十部。”《玉篇·穴部》：“窳，北方谓地空，因以为土穴，为窳户。”《广雅·释宫》：“窳，窟也。”

由上可知，“窳”的上古音是［miaŋ］，［m］在其中作声母。“窳”的本义指土穴，而土穴必然是中空的，因此“窳”的本义同义素“［+空］”紧密相连。

（315）命［mieŋ］

《说文·口部》：“命。使也。从口从令。”段注：“（使也。从口令。）令者，发号也。君事也。非君而口使之。是亦令也。故曰命者，天之令也。眉病切。古音在十二部。令亦声。”《广雅·释诂一》：“命，使也。”《玉篇·口部》：“命，使也。”《吕氏春秋·孟夏》：“命太尉。”高诱注：“命，使也。”《诗·大雅·卷阿》：“维君了命。”郑玄笺：“命，犹使也。”

由上可知，“命”的上古音是［mieŋ］，［m］在其中作声母。“命”的本义指发布命令，而发布命令是在行动之前对整个行动的步骤和方法的一种要求，是还没有实现的，因此“命”的本义同义素“［+无］”紧密相连。

第八节　小结

本章一共考察了"门""顓"等 73 个上古汉语单音词，它们的语音、本义和与本义关联的义素见表 4-1。

表 4-1　　　　　"门""顓"等 73 个上古汉语单音词的语音、
本义和与本义关联的义素

序号	单音词	语音形式	本义	关联义素	本义与关联义素的联系
1	门	muən	安装在房屋或城墙上的供人出入的装置	[+消失]	该装置具有遮蔽内部情景的作用，而遮蔽内部情景则意味着使人看不见内部情景，即内部情景从视野中消失了；间接
2	顓	muən	不知道	[+无]	不知道就是对某事一无所知；间接
3	毪	muan	一种用野兽细毛做成的红布	[+细]	间接
4	惛₂	muan	忘记的样子	[+消失]	忘记意味着某事在记忆中消失；间接
5	闷	muən	心中郁积的情绪抒发不出来	[+无]	抒发不出来意味着没有抒发的通道；间接
6	殙₁	muən	气绝身亡	[+消失]	气绝身亡意味着生命的消失；间接
7	懑	muan	心中郁积的情绪抒发不出来	[+无]	抒发不出来意味着没有抒发的通道；间接
8	罠	mǐen	一种渔网	[+空]	渔网的最大特点就是由很多网眼组成，网眼自然是中空的；间接
9	緡	mǐen	钓鱼线	[+细]	钓鱼线一般都是细的；间接
10	瘤	mǐen	病	[+弱]	生病身体自然就会虚弱；间接
11	民	mǐen	老百姓	[+无]	上古时的老百姓基本上没受过什么教育，一般都是愚昧无知的；间接
12	旻	mǐen	秋天	[+消失]	秋天意味着一片肃杀的景象，万物凋零，生机消失；间接

续表

序号	单音词	语音形式	本义	关联义素	本义与关联义素的联系
13	闽	mǐən	古代南方少数民族的一支	[+无]	在古代，南方少数民族常被认为没有开化，愚昧无知；间接
14	忞	mǐən	勉励或勉强自己或他人	[+少]	勉励或勉强自己或他人暗含着一个前提，就是毅力少或水平低；间接
15	皿	miaŋ	盛饭菜的器具	[+空]	盛饭菜的器具必然是中空的；间接
16	泯	mǐen	灭亡	[+消失]	灭亡意味着消失；间接
17	笢	mǐen	竹子的表皮	[+消失]	竹子的表皮覆盖着竹子内部，使内部不被看见，从视野中消失；间接
18	愍	mǐen	内心悲痛	[+低]	内心悲痛意味着情绪低落；间接
19	敃	mǐen	勉励或勉强自己或他人	[+少]	勉励或勉强自己或他人暗含着一个前提，就是毅力少或水平低；间接
20	悯	mǐən	内心悲痛	[+低]	内心悲痛说明情绪低落；间接
21	篾	mǐən	一种皮薄、中间空旷度大的竹子	[+空]①	间接
22	闻₁	mǐwən	听见	[+无]	听见意味着只是听说，没有亲眼看到；间接
23	蚊	mǐwən	蚊子	[+少]	古人认为蚊子多在黄昏时出现，而黄昏即太阳快要下山的时候，意味着光线暗淡，看东西看不清楚，看东西看不清楚意味着进入视野的清晰部分少；间接
24	鳼	mǐwən	鹌鹑所生的小鹌鹑	[+小]	间接
25	阌	mǐwən	低着眼睛看东西	[+低]	间接
26	吻	mǐwən	嘴巴的左右两端	[+消失]	嘴巴的左右两端是嘴巴临近消失之处；间接
27	刎	mǐwən	割脖子自杀	[+消失]	自杀必然导致生命的消失；间接
28	问	mǐwən	询问	[+无]	询问则意味着不知道某事，不知道某事就是对该事一无所知；间接

---

　① "篾"的关联义素本是"［+空］"或"［+小］"，这里只取"［+空］"一个。

序号	单音词	语音形式	本义	关联义素	本义与关联义素的联系
29	璺	mǐwən	器物上的裂缝	[+空]	裂缝自然是中空的；间接
30	闻₂	mǐwən	名声	[+无]	名声意味着只是传播在外，被听见而已，并没有亲眼所见；间接
31	文₂	mǐwən	装饰	[+消失]	装饰意味着使某物的原来面貌看不见，即使某物的原来面貌消失；间接
32	吂	maŋ	问而不答	[+无]	不答就是没有回答；间接
33	芒	maŋ	植物上像刺的部分	[+细]	刺一般来说都是细的；间接
34	勖	maŋ	勉励或勉强自己或他人	[+少]	勉励或勉强自己或他人暗含着一个前提，就是毅力少或水平低；间接
35	帗	maŋ	覆盖	[+消失]	覆盖就意味着看不见被覆盖的东西了，即该东西在视野中消失了；间接
36	盲	meaŋ	眼睛失明	[+消失]	眼睛失明则意味着看不见东西，即该东西在视野中消失了；间接
37	亡	mǐwaŋ	逃亡	[+消失]	逃亡意味着从别人的视野中消失了；间接
38	茫	mǐwaŋ	一种像茅的草	[+细]	茅本身就是一种纤细的草；间接
39	网	mǐwaŋ	捕兽或捕鱼的网	[+空]	网的最大特点就是由很多网眼组成，网眼自然是中空的；间接
40	辋	mǐwaŋ	套在车轮外的木框	[+无]	套在车轮外意味着看不见车轮了，即车轮从视野中消失了；间接
41	誷	mǐwaŋ	用言语欺骗	[+无]	用言语欺骗意味着说没有事实根据的话；间接
42	妄	mǐwaŋ	乱想、乱说或乱做	[+无]	乱想、乱说或乱做意味着没有常理可循；间接
43	忘	mǐwaŋ	忘记	[+消失]	忘记意味着某种事物在脑中消失了；间接
44	望	mǐwaŋ	向远处看	[+少]	向远处看意味着看得不清楚，进入视野的清晰部分少；间接
45	懵	məŋ	心里对某事不清楚	[+无]	对某事不清楚即对某事一无所知；间接

续表

序号	单音词	语音形式	本义	关联义素	本义与关联义素的联系
46	甍	meəŋ	屋栋	[+无]	覆盖在屋栋上意味着看不见屋栋及屋内的东西；间接
47	萌	mĭuaŋ	初生的植物	[+小]	初生的植物意味着年龄小；间接
48	瞢	mĭwəŋ	眼睛看东西看不清楚	[+少]	看不清楚意味着进入视野的清晰部分少；间接
49	夢	mĭwəŋ	光线暗淡不明亮	[+少]	光线暗淡不明亮意味着看东西看不清楚，进入视野的清晰部分少；间接
50	冡	mɔŋ	覆盖	[+消失]	把东西覆盖住了意味着看不见该东西了，即该东西从视野中消失了；间接
51	濛	mɔŋ	下小雨的样子	[+小]	间接
52	矇	mɔŋ	有瞳孔却失明	[+消失]	失明意味着看不见东西，即东西在视野中消失了；间接
53	醭	mɔŋ	表面长毛（菌丝）的酒曲	[+消失]	酒曲长毛意味着酒曲被毛覆盖住了，像穿了一件衣服一样，酒曲本身看不见了，即酒曲在视野中消失了；间接
54	幪	mɔŋ	覆盖物体的织物	[+消失]	覆盖物体意味着看不见该物体了，即该物体在视野中消失了；间接
55	霿	mɔŋ	雾的一种	[+少]	此种雾可以阻碍人的视线，使看东西看不清楚，进入视野的清晰部分少；间接
56	驘	mɔŋ	驴子所生的小驴	[+小]	间接
57	茴	meaŋ	贝母草	[+小]	贝母草的根像小贝壳聚在一起；间接
58	甿	meaŋ	暗淡无光	[+消失]	暗淡无光意味着看不见东西，即东西在视野中消失了；间接
59	虻	meaŋ	一种专门吸牛马等牲畜血的飞虫	[+受损]	该飞虫会导致牛马等牲畜身体受损；间接
60	萌	meaŋ	植物初生的芽	[+小]	初生意味着年龄小；间接
61	氓	meaŋ	老百姓	[+无]	上古时的老百姓基本上没受过什么教育，一般都是愚昧无知的；间接
62	甿	meaŋ	农民	[+无]	上古时的农民基本上没受过什么教育，一般都是愚昧无知的；间接

续表

序号	单音词	语音形式	本义	关联义素	本义与关联义素的联系
63	盟	miaŋ	一种向神灵发誓以求得互相信任的祭祀活动	[+无]	出现该祭祀活动意味着相互之间没有信任；间接
64	懑	muəŋ	心乱	[+无]	心乱就是内心迷惑，迷惑则意味着头脑不清楚，对某事一无所知；间接
65	瘼	mǐwəŋ	做梦	[+无]	做梦是在人睡着后，而睡着则意味着对外界事物一无所知；间接
66	名	mǐeŋ	自己称呼自己的名字	[+消失]	在上古，自己称呼自己的名字多在光线暗淡、别人看不见自己的情况下进行，别人看不见自己则意味着自己在对方的视野中消失了；间接
67	冥	mieŋ	暗淡无光	[+消失]	暗淡无光意味着看不见东西，即东西在视野中消失了；间接
68	溟₁	mieŋ	海	[+消失]	海的深处一般都是暗淡无光的，暗淡无光意味着看不见东西，即东西在视野中消失了；间接
69	螟	mieŋ	一种专吃谷心的虫	[+消失]	谷心是处于谷物内部，虫吃谷心，从外面看当然看不见，也就是说在视野中消失了；间接
70	瞑	mieŋ	闭眼	[+消失]	闭眼意味着什么东西都看不见了，也就是说在视野中消失了；间接
71	覭	mieŋ	偷看	[+少]	偷看意味着看东西看不清楚，进入视野的清晰部分少；间接
72	窅	miaŋ	土穴	[+空]	土穴必然是中空的；间接
73	命	mieŋ	发布命令	[+无]	发布命令即在行动之前对整个行动的步骤和方法的一种要求，是还没有实现的；间接

从表 4 中可以看出，73 个上古汉语单音词的语音有［muən］、［muan］、［mǐen］、［mǐeŋ］、［miaŋ］、［mǐwəŋ］、［maŋ］、［meaŋ］、

［mǐwaŋ］、［məŋ］、［meəŋ］、［muəŋ］、［mǐwəŋ］、［mɔŋ］、［mǐeŋ］、［mieŋ］等16种，［m］在其中均作声母。这些单音词从与本义关联的义素的视角来看，可以归为两类：其一是"小"类，对应的关联义素为"［+细］""［+受损］""［+低］""［+少］""［+小］""［+弱］"；其二是"无"类，对应的关联义素为"［+无］""［+消失］""［+空］"。值得注意的是，73个单音词的本义与各自的关联义素之间的关系只有间接一种，没有直接。就间接而言，本义与关联义素之间的联系有的明显有的不明显。如"命"的本义为"发布命令"，相应的隐性关联义素是"［+无］"，二者之间的联系就在于发布命令是在行动之前对整个行动的步骤和方法的一种要求，是还没有实现的，这样"命"的本义就和义素"［+无］"联系起来了，这是属于不明显的；"芒"的本义为"植物上像刺的部分"，相应的显性关联义素是"［+细］"，刺无疑是细的，二者之间的联系是明显的。

第五章　口型说与上古汉语单音词的衍生

第一节　口型说与汉语起源弱任意观

前面四章一共考察了 315 个上古汉语单音词，这些单音词的本义虽然绝大部分各不相同，比较繁杂，但它们的关联义素却可以归为两类：一是"无"类，包括"［+无］""［+消失］""［+空］"等三种义素；二是"小"类，包括"［+细］""［+受损］""［+低］""［+少］""［+小］""［+弱］""［+短］"等七种义素。由此可见，关联义素虽然在表述上各不相同，但无非是"无""小"两类。从语音形式上看，这些单音词都有一个共同的特点，就是［m］在其中均作声母。关联义素就好像一座桥梁，把词义同"无""小"二义联系起来。换句话说，充当声母的辅音［m］所在的词的意义可与"无"义相同或相关，也可与"小"义相同或相关，见表 5-1。

表 5-1　　　　　　315 个上古汉语单音词的本义以及本义与
"无""小"二义的联系

序号	单音词	本义	本义与"无""小"二义的联系
1	麻	一种草本植物	宽度上的"小"；相关
2	縻	用来扎住头发使之成髻的带子	体积上的"小"；相关
3	瘼	眼病	视觉上的"小"；相关
4	骂	用难听的话侮辱别人	名誉上的"小"；相关
5	袜	袜子	视觉上的"无"；相关
6	模	把材料压制或浇铸成型的工具	区别上的"小"；相关
7	谟	谋划	目前这个时间点上的"无"；相关
8	摹	临摹	区别上的"小"；相关

续表

序号	单音词	本义	本义与"无""小"二义的联系
9	膜	动物皮肉之间的薄膜	视觉上的"无"；相关
10	髍	偏瘫	体力上的"小"；相关
11	麼	细小	与"小"相同
12	墨	用黑土制成的用来书写和绘画的黑色液体	视觉上的"无"；相关
13	默	狗突然窜出来追人	动静上的"无"；相关
14	蟔	一种毛虫	宽度上的"小"；相关
15	纆	由两股或三股绳拧成的一根绳	宽度上的"小"；相关
16	嘿	不说话	听觉上的"无"；相关
17	媢	因嫉妒而发怒	水平、地位上的"小"；相关
18	莫₂	无	与"无"相同
19	漠	沙漠	视觉上的"无"；相关
20	瘼	病	体力上的"小"；相关
21	嗼	安静无声	听觉上的"无"；相关
22	纊	质量低的絮	质量上的"小"；相关
23	貊	古代北方少数民族	认识上的"无"；相关
24	脉	人体中的筋脉	宽度上的"小"；相关
25	眽	斜着眼看	视觉上的"小"；相关
26	没	淹没	视觉上的"无"；相关
27	歿	死	生命上的"无"；相关
28	頮	把头部潜入水中	视觉上的"无"；相关
29	昗	潜入水中取东西	视觉上的"无"；相关
30	圽	埋	视觉上的"无"；相关
31	末	树梢	宽度上的"小"；相关
32	眜	眼睛歪斜	视觉上的"小"；相关
33	糳	面粉	体积上的"小"；相关
34	眛	眼睛看东西看不清楚	视觉上的"小"；相关
35	沫	浮在水面上的小泡沫	视觉上的"小"；相关
36	觅	隐蔽起来使对方看不见	视觉上的"无"；相关
37	灭	消失	视觉上的"无"；相关
38	蔑	因眼睛疲劳看东西无精打采	视觉上的"小"；相关
39	懱	轻蔑	水平、地位上的"小"；相关

序号	单音词	本义	本义与"无""小"二义的联系
40	瞦	眼屎	视觉上的"小";相关
41	箈	竹子的硬皮	视觉上的"无";相关
42	幦	覆盖东西的织物	视觉上的"无";相关
43	莫	眼睛看东西看不清楚	视觉上的"小";相关
44	麛	鹿所生的小鹿	体积上的"小";相关
45	麋	一种像鹿的动物	视觉上的"无";相关
46	粊	遗漏在地上的米	数量上的"小";相关
47	鸊	一种像鸭子但比鸭子小的水鸟	体积上的"小";相关
48	罞	一种网	视觉上的"无";相关
49	瓕	使弓弦松弛	紧度上的"小";相关
50	迷	迷惑	认识上的"无";相关
51	眯	在生病的状态下看东西	视觉上的"小";相关
52	糜	粥	紧度上的"小";相关
53	縻	牛的缰绳	面积上的"小";相关
54	爢	煮熟至烂	紧度上的"小";相关
55	糜	碎	体积上的"小";相关
56	穈	不黏的黍	紧度上的"无";相关
57	穈	初生的赤粱粟	时间上的"小";相关
58	攠	钟受撞击而磨损的地方	体积上的"小";相关
59	籎	把完整的竹子析成一条一条的竹篾	宽度上的"小";相关
60	湄	洗涤尸体	视觉上的"无";相关
61	弭	一种没有用丝线包裹并且没有涂漆的弓	视觉上的"无";相关
62	䔉	一种有毒的草	生命上的"无";相关
63	蟆	一种生在谷类作物中的小黑虫	体积上的"小";相关
64	㑵	停止	动静上的"无";相关
65	敉	安抚	动静上的"无";相关
66	米	小米	体积上的"小";相关
67	眛	因异物入眼而闭上眼	视觉上的"无";相关
68	絑	画出细条纹	宽度上的"小";相关
69	蔝	鸡肠草	宽度上的"小";相关
70	靡	无	与"无"相同

续表

序号	单音词	本义	本义与"无""小"二义的联系
71	嬎	古代女性人名或官职名用字	动静上的"小"；相关
72	觅	寻找	视觉上的"无"；相关
73	幂	覆盖东西的织物	视觉上的"无"；相关
74	幭	覆盖车轼的布或皮	视觉上的"无"；相关
75	糸	细丝	宽度上的"小"；相关
76	鼏	鼎盖	视觉上的"无"；相关
77	冖	盖东西的盖子	视觉上的"无"；相关
78	甝	白虎	视觉上的"无"；相关
79	謐	安静	动静上的"无"；相关
80	醊	把酒全部喝完	视觉上的"无"；相关
81	幦	擦拭用的器具	视觉上的"无"；相关
82	妼	女子	动静上的"无"；相关
83	蔤	荷花的茎的下端埋在泥中的部分	视觉上的"无"；相关
84	否	看不见	视觉上的"无"；相关
85	汨	潜藏	视觉上的"无"；相关
86	诬	说假话	事实根据上的"无"；相关
87	巫	向鬼神祈祷以办事的人	体积上的"无"；相关
88	无	没有	与"无"相同
89	毋	不要、别；表示禁止	视觉上的"无"；相关
90	芜	荒芜	视觉上的"无"；相关
91	璑	质量低的玉	质量上的"小"；相关
92	侮	轻慢地对待	名誉上的"小"；相关
93	武	征伐示威	生命上的"无"；相关
94	舞	舞蹈	体积上的"无"；相关
95	羉	安装在窗户上的网状物	视觉上的"无"；相关
96	怃	怅然失意的样子	心理上的"无"；相关
97	庑	大堂周围的小屋子	体积上的"小"；相关
98	甒	一种小的瓦罐	体积上的"小"；相关
99	膴₁	无骨的腊肉	视觉上的"无"；相关
100	戊	大斧	生命上的"无"；相关
101	雾	空气中的水蒸气遇冷结成的飘浮在空气中的小水珠	视觉上的"小"；相关

序号	单音词	本义	本义与"无""小"二义的联系
102	㹇	生下六个月的小羊	体积上的"小";相关
103	帓	覆盖车衡的布	视觉上的"无";相关
104	鹜	家鸭	动静上的"无";相关
105	勿₂	不要、别;表示禁止	与"无"相同
106	伤	离开	视觉上的"无";相关
107	眀₁	闭眼	视觉上的"无";相关
108	亩	百步见方的田地	面积上的"小";相关
109	莽	一种有毒的草	生命上的"无";相关
110	艒	小船	体积上的"小";相关
111	目	人眼	体积上的"小";相关
112	睦	和睦	动静上的"无";相关
113	穆₂	和谐	动静上的"无";相关
114	廖	细的纹路	宽度上的"小";相关
115	沐	洗头	视觉上的"无";相关
116	鞪	包裹车轴的皮制品	视觉上的"无";相关
117	䩞	包裹曲辕的皮制品	视觉上的"无";相关
118	幕	起遮蔽作用的布	视觉上的"无";相关
119	慕	因心中崇敬某人而有意向其学习	水平、地位上的"小";相关
120	墓	平坦的埋葬死者的地方	视觉上的"无";相关
121	懞	勉励或勉强自己或他人	毅力、水平上的"小";相关
122	莫₁	太阳快要下山的时候	视觉上的"小";相关
123	埋	用草或土等东西把人或物藏起来	视觉上的"无";相关
124	霾	尘土悬浮在空中形成的像雾一样的灰蒙蒙的天气	视觉上的"小";相关
125	瞒	偷看	视觉上的"小";相关
126	买	买东西	视觉上的"无";相关
127	麦	麦子	视觉上的"无";相关
128	卖	出售货物	视觉上的"无";相关
129	劢	勉励或勉强自己或他人	毅力、水平上的"小";相关
130	譮	浮夸	事实根据上的"无";相关
131	媒	媒人	目前这个时间点上的"无";相关

序号	单音词	本义	本义与"无""小"二义的联系
132	煤	烟尘	视觉上的"小"；相关
133	脢	背上的肉	视觉上的"无"；相关
134	脒	妇女怀孕最初的征兆	时间上的"小"；相关
135	禖	求子的祭祀	目前这个时间点上的"无"；相关
136	罞	捕捉飞禽的网	视觉上的"无"；相关
137	鍪	贯穿两个小环的大环	视觉上的"无"；相关
138	眉	人的眉毛	宽度上的"小"；相关
139	湄	水岸	视觉上的"无"；相关
140	楣	屋檐	视觉上的"无"；相关
141	霉	东西遇雨潮湿变黑	视觉上的"无"；相关
142	壝	坛外周围的短墙	高度上的"小"；相关
143	塺	尘土	体积上的"小"；相关
144	痗	病	体力上的"小"；相关
145	籄	一种竹子	宽度上的"小"；相关
146	眑₂	眯着眼睛向远方看	面积上的"小"；相关
147	靺	用来给皮革染色的一种颜料	视觉上的"无"；相关
148	魅	一种鬼怪	数量上的"小"；相关
149	寐	睡着	知觉上的"无"；相关
150	妹	妹妹	时间上的"小"；相关
151	昧	天将明未明之时	视觉上的"无"；相关
152	袂	袖子	视觉上的"无"；相关
153	微₂	隐藏	视觉上的"无"；相关
154	薇	一种像小豆的蔬菜	视觉上的"小"；相关
155	矖	窥视	视觉上的"小"；相关
156	尾	尾巴	视觉上的"小"；相关
157	娓	顺从	动静上的"无"；相关
158	未₂	不、没有	与"无"相同
159	喵	苗条	宽度上的"小"；相关
160	茅	一种纤细的草	宽度上的"小"；相关
161	矛	长矛	宽度上的"小"；相关
162	蟊	一种吃草根的虫子	体积上的"小"；相关

序号	单音词	本义	本义与"无""小"二义的联系
163	髫	幼儿梳的一种发型	时间上的"小"；相关
164	毛	人或动物的毛发	宽度上的"小"；相关
165	髦	人或动物的毛发中长的毛发	宽度上的"小"；相关
166	芼	草长得旺盛把地面覆盖住了	视觉上的"无"；相关
167	旄	用牦牛尾装饰的旗子	体积上的"小"；相关
168	氂	牦牛尾	体积上的"小"；相关
169	卯	杀	生命上的"无"；相关
170	昴	天上的一种星宿	视觉上的"小"；相关
171	帽	帽子	视觉上的"无"；相关
172	冒	遮住眼睛向前走	视觉上的"无"；相关
173	瞀	低头看	高度上的"小"；相关
174	媢	男子嫉妒女子	水平、地位上的"小"；相关
175	楣	门枢上的横梁	视觉上的"无"；相关
176	贸	贸易	视觉上的"无"；相关
177	眊	眼睛看东西无精打采	视觉上的"小"；相关
178	覭	选择	数量上的"小"；相关
179	絻	有毛刺的织物	宽度上的"小"；相关
180	楸	冬天成熟的桃子	时间上的"小"；相关
181	懋	勉励或勉强自己或他人	毅力、水平上的"小"；相关
182	督	低着头谨慎地看	高度上的"小"；相关
183	荔	一种有毒的草	生命上的"无"；相关
184	苗	初生的谷物	时间上的"小"；相关
185	緢	牦牛尾上的细毛	宽度上的"小"；相关
186	眇	眼睛小	体积上的"小"；相关
187	訬	开玩笑	事实根据上的"无"；相关
188	杪	树的顶端	体积上的"小"；相关
189	秒	谷物的顶端	体积上的"小"；相关
190	篍	小的管乐器	体积上的"小"；相关
191	邈	远	体积上的"小"；相关
192	庙	祭祀祖先的屋室	视觉上的"无"；相关
193	妙	埋藏在事实中的隐晦的道理	视觉上的"无"；相关

续表

序号	单音词	本义	本义与"无""小"二义的联系
194	谋	谋划	目前这个时间点上的"无"；相关
195	眸	瞳孔	体积上的"小"；相关
196	侔	齐等	区别上的"无"；相关
197	麰	大麦	视觉上的"无"；相关
198	鍪	一种像锅的金属容器	视觉上的"无"；相关
199	堥	一种像锅的土制容器	视觉上的"无"；相关
200	某₂	不知道确定的名字而给予的代称	认识上的"无"；相关
201	谬	没有事实根据的错误言论	事实根据上的"无"；相关
202	蛮	古代南方少数民族	认识上的"无"；相关
203	瞒	闭上眼睛的样子	视觉上的"无"；相关
204	谩	欺骗	事实根据上的"无"；相关
205	槾₁	涂泥用的工具	视觉上的"无"；相关
206	樠	完全闭合，没有缝隙	视觉上的"无"；相关
207	鞔	鞋帮	视觉上的"无"；相关
208	樠	松树心	视觉上的"无"；相关
209	鳗	鳗鱼	宽度上的"小"；相关
210	㒲	相当	区别上的"无"；相关
211	悗₁	迷惑	认识上的"无"；相关
212	趨	走得慢	长度上的"小"；相关
213	缦	没有花纹的丝织品	视觉上的"无"；相关
214	幔	蒙在物体上的织物	视觉上的"无"；相关
215	慢	懒惰	动静上的"小"；相关
216	嫚	用难听的话侮辱别人	名誉上的"小"；相关
217	蔓	一种葛类植物	视觉上的"无"；相关
218	眠	睡着	知觉上的"无"；相关
219	绵	细的东西连在一起	宽度上的"小"；相关
220	矈	瞳孔	体积上的"小"；相关
221	宀	有堂有室的屋子	视觉上的"无"；相关
222	榙	屋檐	视觉上的"无"；相关
223	矊	眼皮又薄又密	高度、面积上的"小"；相关
224	雺	看不见	视觉上的"无"；相关

序号	单音词	本义	本义与"无""小"二义的联系
225	丏	看不见	视觉上的"无";相关
226	眄	斜视	视觉上的"小";相关
227	娩₁	生孩子	高度上的"小";相关
228	勉	勉励或勉强自己或他人	毅力、水平上的"小";相关
229	俯	低头	高度上的"小";相关
230	冕	大夫以上的官员戴的帽子	视觉上的"无";相关
231	缅	细丝	宽度上的"小";相关
232	湎	沉溺在饮酒中	知觉上的"无";相关
233	麪	面粉	体积上的"小";相关
234	宀	完全吻合;毫无破绽	破绽上的"无";相关
235	晚	太阳快要下山的时候	视觉上的"小";相关
236	娩₂	顺从	动静上的"无";相关
237	妥	人的脑盖	视觉上的"无";相关
238	万₁	蝎子一类的毒虫	生命上的"无";相关
239	蝒	一种吃桑叶的虫子	体积上的"小";相关
240	購	送给别人东西	视觉上的"无";相关
241	鞔	一种遮蔽车的用具	视觉上的"无";相关
242	樠₂	荆棘	宽度上的"小";相关
243	门	安装在房屋或城墙上的供人出入的装置	视觉上的"无";相关
244	顲	不知道	认识上的"无";相关
245	緢	一种用野兽细毛做成的红布	宽度上的"小";相关
246	恾₂	忘记的样子	认识上的"无";相关
247	闷	心中郁积的情绪抒发不出来	通道上的"无";相关
248	殙₁	气绝身亡	生命上的"无";相关
249	懑	心中郁积的情绪抒发不出来	通道上的"无";相关
250	罞	一种渔网	视觉上的"无";相关
251	緡	钓鱼线	宽度上的"小";相关
252	瘼	病	体力上的"小";相关
253	民	老百姓	认识上的"无";相关
254	旻	秋天	生命上的"无";相关

序号	单音词	本义	本义与"无""小"二义的联系
255	闽	古代南方少数民族的一支	认识上的"无"；相关
256	忞	勉励或勉强自己或他人	毅力、水平上的"小"；相关
257	皿	盛饭菜的器具	视觉上的"无"；相关
258	泯	灭亡	视觉上的"无"；相关
259	筤	竹子的表皮	视觉上的"无"；相关
260	愍	内心悲痛	情绪上的"小"；相关
261	敃	勉励或勉强自己或他人	毅力、水平上的"小"；相关
262	悯	内心悲痛	情绪上的"小"；相关
263	篃	一种皮薄、中间空旷度大的竹子	视觉上的"无"；相关
264	闻₁	听见	视觉上的"无"；相关
265	蚊	蚊子	视觉上的"小"；相关
266	鴄	鹌鹑所生的小鹌鹑	体积上的"小"；相关
267	瞒	低着眼睛看东西	高度上的"小"；相关
268	吻	嘴巴的左右两端	视觉上的"无"；相关
269	刎	割脖子自杀	生命上的"无"；相关
270	问	询问	认识上的"无"；相关
271	璺	器物上的裂缝	体积上的"无"；相关
272	闻₂	名声	视觉上的"无"；相关
273	文₂	装饰	视觉上的"无"；相关
274	吂	问而不答	听觉上的"无"；相关
275	芒	植物上像刺的部分	宽度上的"小"；相关
276	蘉	勉励或勉强自己或他人	毅力、水平上的"小"；相关
277	帲	覆盖	视觉上的"无"；相关
278	盲	眼睛失明	视觉上的"无"；相关
279	亡	逃亡	视觉上的"无"；相关
280	芏	一种像茅的草	宽度上的"小"；相关
281	网	捕兽或捕鱼的网	视觉上的"无"；相关
282	辋	套在车轮外的木框	视觉上的"无"；相关
283	誷	用言语欺骗	事实根据上的"无"；相关
284	妄	乱想、乱说或乱做	事实根据上的"无"；相关
285	忘	忘记	认识上的"无"；相关

续表

序号	单音词	本义	本义与"无""小"二义的联系
286	望	向远处看	视觉上的"小"；相关
287	懵	心里对某事不清楚	认识上的"无"；相关
288	甍	屋栋	视觉上的"无"；相关
289	蓩	初生的植物	时间上的"小"；相关
290	瞢	眼睛看东西看不清楚	视觉上的"小"；相关
291	夢	光线暗淡不明亮	视觉上的"小"；相关
292	冡	覆盖	视觉上的"无"；相关
293	濛	下小雨的样子	体积上的"小"；相关
294	矇	有瞳孔却失明	视觉上的"无"；相关
295	醭	表面长毛（菌丝）的酒曲	视觉上的"无"；相关
296	幪	覆盖物体的织物	视觉上的"无"；相关
297	霿	雾的一种	视觉上的"小"；相关
298	騾	驴子所生的小驴	体积上的"小"；相关
299	莔	贝母草	体积上的"小"；相关
300	朧	暗淡无光	视觉上的"无"；相关
301	虻	一种专门吸牛马等牲畜血的飞虫	体积上的"小"；相关
302	萌	植物初生的芽	时间上的"小"；相关
303	氓	老百姓	认识上的"无"；相关
304	甿	农民	认识上的"无"；相关
305	盟	一种向神灵发誓以求得互相信任的祭祀活动	目前这个时间点上的"无"；相关
306	憒	心乱	认识上的"无"；相关
307	瘳	做梦	知觉上的"无"；相关
308	名	自己称呼自己的名字	视觉上的"无"；相关
309	冥	暗淡无光	视觉上的"无"；相关
310	溟₁	海	视觉上的"无"；相关
311	螟	一种专吃谷心的虫	视觉上的"无"；相关
312	瞑	闭眼	视觉上的"无"；相关
313	覭	偷看	视觉上的"小"；相关
314	窢	土穴	视觉上的"无"；相关
315	命	发布命令	目前这个时间点上的"无"；相关

　　315 个单音词的词义同 16 种关联义素相联系，这些联系有直接间接之分，而 16 种关联义素又可归入"无""小"二义，所以原先同关联义素有直接联系的词义一定与"无""小"二义相同，共有五个，即"麽"的本义"细小"（与"小"义相同）、"莫$_2$"的本义"无"（与"无"义相同）、"靡"的本义"无"（与"无"义相同）、"无"的本义"没有"（与"无"义相同）、"未$_2$"的本义"不、没有"（与"无"义相同）；同关联义素有间接联系的词义一定与"无""小"二义相关，除去上述五个，剩下的 310 个都是如此。前文曾给词义基因下过一个定义，即存在于单音词语音内部的可以表示与该单音词词义有关联的意义的音素，而经过论证可知，[m] 均以声母的形式存在于上述 315 个词的语音形式中；另外我们系统地调查了《汉字古音手册》中所有以 [m] 为声母的上古汉语单音词共 448 个，发现其中 315 个的词义都与"无""小"二义相同或相关[①]，比例高达 70.31%，可见 [m] 与"无""小"二义的联系有着很明显的必然性，绝非偶然。因此，可以说这 315 个单音词中确实包含着词义基因 {m}。之前词义基因 {m} 仅仅是一个假设，在这里最终得到了证明。[②]

────────────────

　　① 本书调查的是词，《汉字古音手册》中的某些字只是联绵词的一个音节，本身不算词，也没有意义，这样的字当然不会计入总数 448 之中。如"嫫"，只是联绵词"嫫母"的一个音节，本身不算词，也没有意义，所以不予计入。如果均是词，但相互为异体字，那么选择其中的一种写法，只计一次。如"魅"和"彪"，均是词，但相互为异体字，那么选择其中的"魅"，只计该词出现一次。另外要注意的是，也有 29.69% 的词其意义与"无""小"二义没有关联。如"祃"，《说文》认为其本义是"师行所止，恐有慢其神，下而祀之曰祃"。"下而祀之"当然是指从马上下来，可见"祃"的本义与"马"义有关，而与"无""小"二义无关。

　　② 中古的一部分晓母字可以同一部分明母字构成谐声关系，如"每"（明母）与"悔""晦""海"（晓母）互谐，"黑"（晓母）与"墨""默""纆"（明母）互谐等。与这种互谐相关的问题，孙玉文（2005、2006）谈得很详细，其主要观点如下：

　　明母字的声母 [m] 是双唇浊鼻音，晓母字的声母 [x] 是舌根清擦音，音值相差很远，本不应该互谐。这些字在谐声时代之所以互谐，是因为当时韵母相同或相近，且声母相同或相近。实际上，上述中古晓母字的声母 [x] 来源于上古明母字的声母 [m]。与明母互谐的晓母字在上古主要见于合口韵母前，是 [m] 受到后面合口韵母的影响变成了 [x]，具体过程如下：当说话人还没有发 [m] 时，已经预料到要发合口介音，此时其声带还处于呼吸状态，就在这准备的时候，双唇来不及紧闭，声带来不及靠拢，舌根后部向软腭或软腭与硬腭相交的那一部分靠拢，软腭来不及下垂，因此 [m] 就在气流换道或气化的条件下发展为轻 （转下页）

　　从口型说的角度来看，发［m］音时双唇闭合，没有缝隙，象征着"无"，而"无"又与"小"相通，因而也可象征着"小"，因此以［m］为声母的单音词多与"无""小"二义有关联。对此，前人已有所察觉。如汤炳正（2015）就认为重唇音的特征是双唇闭合，因而有表蒙蔽义的功能，充当声母的辅音［m］所在的词在这一点上最突出；同时与蒙蔽义相关的昏暗、迷惘、灭亡、闷懑等义，也多以充当声母的辅音［m］所在的词表示。汤文还举了《说文》中"晦""瞑"等20个词来加以说明。其实不只是［m］与"无"义的联系，别的音与相应意义的联系，也早为学者们所注意到，绪论中已说得很清楚，这里不再赘述。词义基因｛m｝的语音就是［m］，意义就是表示"无"或"小"。综上所述，可以作出如下判断：就上述315词而言，每个词的形成都与发［m］音时的口型有关联，这表明口型说在汉语起源问题上

（接上页）擦音［x］。最晚到了汉代，跟明母谐声的晓母字已全部由原来的［m］变为［x］。谐声字、双声联绵词、汉代注音、假借字、声训等材料都能证明这一点。

　　既然这些晓母字的声母上古都是［m］，那么它们在上古就是明母字，和前文提到的315个字的性质是一样的。《汉字古音手册》中这类晓母字一共有46个，分别是"威"（与"灭"互谐）、"膴₂""幠""鄦"（与"無"互谐）、"忽""吻""圂""曶""惚""飀""滒""笏"（与"勿"互谐）、"海"（与"每"互谐）、"黑"（与"默"互谐）、"灰"（与"胅"互谐）、"秏"（与"毛"互谐）、"嘐"（与"谬"互谐）、"昏""惛""婚""闻""殙₂""潘"（与"脂"互谐）、"脘""荒""稬""肓""盳""駹""緃""帓""巟""忙""慌""谎"（与"亡"互谐）、"薨""儚"（与"曹"互谐）、"徽""徵""微"（与"微"互谐）、"悔""晦""海""悔""敏"（与"每"互谐）、"焜"（与"尾"互谐）、"沫"（与"未"互谐）。这里"灭""無""勿""每""默""胅""毛""谬""脂""亡""曹""微""每""尾""未"均为上古明母字。这46个字中，有"威""幠""忽""吻""圂""滒""笏""海""黑""灰""秏""嘐""昏""惛""婚""闻""殙₂""荒""稬""肓""緃""帓""忙""慌""谎""薨""儚""徽""微""悔""晦""海""敏""焜""沫"等35个词的语义与"无""小"二义相关，占76.09%。

　　由于跟这些中古明母字构成谐声关系的晓母字的声母在上古究竟是什么音说法不一，可能是［m］，也可能是别的音如［mx］（即清鼻音［m̥］）等（孙玉文，2005、2006），这里只是选取了本人认为最可信的一种——［m］，所以上述35例与先前的315例不同，不适合作证明词义基因｛m｝存在的主要证据，只能充当旁证。因为《汉字古音手册》中对这类晓母字的声母标的都是［x］而非［m］，不在上述已讨论过的315个明母字范围内，因此特地把这类晓母字拿出来稍微提一下。除此之外，其他语言中也有相关旁证，如 Mate Kapović（2017）曾列举了一些印欧语的禁止义小品词：吠陀梵语的 má、希腊语的 μή、亚美尼亚语的 mi、吐火罗语 A/B 的 mā、阿尔巴尼亚语的 mo，这些词的第一个辅音均为［m］。

确有其合理性。

证实词义基因 {m} 的存在等于给口型说添加了有力的证据，体现了口型说的合理性。既然口型说有其合理性，那么它跟约定俗成说之间的关系就很值得深入研究。对约定俗成说的评价，绪论部分已作了正反两方面的介绍，下面综合这些成果来谈一下我们对该说的看法。总的来说，约定俗成说认为就所有的词根和根词而言，二者的语音和意义没有自然属性上的必然联系，只有社会属性上的约定俗成的关系。这种观点我们称之为语言起源强任意观。索绪尔（1980）提供的证据有两个：一是某个词的语音和意义之间找不到任何内在的关系，如"姊妹"这个概念在法语里同其语音 soeur 之间就找不到任何内在的关系；二是某个词在不同的语言中也可以用别的语音来表示而意义不变，如"牛"这个概念的语音在法语中是 boeuf，在德语中却是 ochs。这类证据的最大问题就在于判断某个词的语音和意义之间究竟有无自然属性上的必然联系完全是从当代（即索绪尔本人所处的时代）的共时角度出发的，而没有进行历时的追根溯源。如果可以进行历时的追根溯源，一直追溯到法语"姊妹"这个词形成即音义结合的初始阶段，在这个时候进行分析，才是合理的。分析的结果无非有两种，要么音与义有自然属性上的必然联系，要么没有。同理，对"牛"这个词也应该作这样的追根溯源，才能判断音与义是否有自然属性上的必然联系。从初始阶段到当代，经历了漫长的岁月，语言发生了天翻地覆的变化，变得面目全非，即使过去音义有联系，也早已被掩盖，看不出了，正像从楷书中常常无法弄清字本义一样，因而以某个词在当代不可以论证，或者以某个概念在当代不同语言中有不同的语音来说明此概念与语音的联系是任意的、不可论证的，显然都是不科学的。总之，在当代看不出音义之间的联系不代表在历史上也看不出音义之间的联系，某个概念在当代不同语言中有不同语音完全有可能是该概念在历史上不同语言中有不同联系的结果。

综上所述，可以得出这样一个结论：在不进行追根溯源的情况下，仅从当代的视角出发，约定俗成说既不能被证明，也不能被证伪，但可以被怀疑，因为支持约定俗成说的证据不充分，同时有一些不支持约定俗成说的证据。在这些不支持约定俗成说的证据中，最重要的就是语言的稳定性所要求的易记忆性。王士元、柯津云（2001）曾推想过一个较为合理的语言中最基本的单位词产生的途径，即在原始人群里，一开始人们发出的声音只是对环境的一种潜意识的不自觉的反应，后来人们偶然地意识到可以用一些简单的声音来指示身边的一些事物，于是人们就可以以这种方式进行最简单的交流。可以假设一开始各人可能用不同的声音来表示同一个事物，各自表达的方式不一样，但后来经过彼此长期的交流，互相模仿，最后在人群里形成一个统一的音义结合体——词。在这个途径中，值得注意的是"长期的交流，互相模仿"这个环节。该环节要能持续下去的一个前提是某人用来表示同一个概念的声音必须具有稳定性，不能今天用这个音，明天用那个音，否则就会影响交流，别人也无法模仿，而既然要稳定，最好的方法就是让音义结合有一定的自然属性上的必然联系，目的是为了便于记忆，否则要表示的概念一旦多了起来，音义结合又没有自然属性上的必然联系，则势必会导致难以记忆，从而遗忘，只能重新用新的语音同此概念结合，进而影响到了稳定性。①

　　下面看一下在追根溯源的条件下约定俗成说是否具有合理性。词义基因 {m} 的存在证明了［m］所在的上古汉语单音词（包括名词、动词、形容词和副词等四种）的语音和意义之间有一定程度的自然属性上的必然联系，主要体现在发［m］音的口型象征的意义和词义之间的相同和相关关系上。既然 315 个词均有词义基因 {m}，那么这些词之间就互为同源词，只不过这些同源词有亲疏远近的区别，而这些同源词的源头就是"靡""麼""无""莫₂""未₂""勿₂"六个词。换句话说，"靡""麼""无""莫₂""未₂""勿₂"就是这 315 个词中的根词。由此可以推出，在汉语起源这个问题上，根词的语音和意义之间也有一定程度的自然属性上的必然联系。之所以说是一定程度，一是因为含有词义基因 {m} 的上古汉语单音词自身就构成了一个封闭的系统，这个系统有较大的容量（448 个）；在其内部，［m］所在的词有多数（315个，占 70.31%）在［m］和词义之间可以确定有自然属性上的必然联

---

① 这一点同甲骨文的情况比较类似。甲骨文中有纯粹表意的，如象形字、指示字、会意字；也有表意兼表音的，如形声字；还有纯粹表音的，如假借字。但纯粹表音的假借字在甲骨文中所占比例不高，仅为 10.52%（李孝定，1974）。也就是说，含表意成分的甲骨文的数量要远高于纯粹表音的甲骨文。这也从一个侧面反映了具有理据性的表意成分更便于记忆，更易为人们所接受。

系——［m］通过口型来表示否定义，但也有少数（133 个，占
29.69%）在［m］和词义之间未发现有上述自然属性上的必然联系，
这表明即使在追根溯源的条件下，约定俗成说仍然有其合理性。二是因
为本书只探讨了词义基因 ｛m｝，涉及的根词只有六个，即使算上由之
衍生出的词也只有 315 个，仍占上古汉语单音词的少数，未涉及其他词
义基因，是否存在像 ｛m｝ 这样的词义基因，还有待全面深入地研究，
在未得到确凿结论之前，只能承认在其他情况下（涉及的词占上古汉语
单音词的多数），约定俗成说仍然是正确的。正因为如此，把约定俗成
说和口型说结合起来，认为在汉语起源这个问题上，承认约定俗成说与
口型说均有其合理性且前者为主、后者为辅相对于仅承认约定俗成说更
符合客观事实。由于持强任意观的约定俗成说坚持汉语根词的音义结合
是绝对任意的、不可论证的、不具有理据性，而我们则引入了口型说，
坚持约定俗成说为主、口型说为辅，削弱了"汉语根词的音义结合是绝
对任意的"这种看法，认为汉语根词的音义结合是相对任意的、部分可
论证的、部分具有理据性，这种观点可叫作汉语起源弱任意观。

第二节　上古汉语单音词的衍生与汉语
起源弱任意观

上文已证明了词义基因 ｛m｝ 的存在以及口型说的合理性，并在此基
础上进一步阐明了汉语起源弱任意观。这里再次以词义基因 ｛m｝ 为基
础，通过它与上古汉语单音词语音和语义之间的关系来推测上古汉语单音
词的衍生过程，来为汉语起源弱任意观补充证据，见表 5-2 和表 5-3。

表 5-2　　　　315 个上古汉语单音词（"无"类）的衍生顺序

衍生次序	单音词	语音形式	本义与"无"义的联系 （语义条件）	语音条件
1	无	mǐwa	与"无"相同	原生
	靡	mǐai	与"无"相同	原生
	莫₂	mǎk	与"无"相同	原生
	未₂	mǐwət	与"无"相同	原生
	勿₂	mǐwət	与"无"相同	原生

续表

衍生次序	单音词	语音形式	本义与"无"义的联系 （语义条件）	语音条件
2	诬	mǐwa	与"无"相关；转喻	同音
	巫	mǐwa	与"无"相关；转喻	同音
	毋	mǐwa	与"无"相关；转喻	同音
	芜	mǐwa	与"无"相关；转喻	同音
	武	mǐwa	与"无"相关；转喻	同音
	舞	mǐwa	与"无"相关；转喻	同音
	鷡	mǐwa	与"无"相关；转喻	同音
	忬	mǐwa	与"无"相关；转喻	同音
	膴₁	mǐwa	与"无"相关；转喻	同音
	鏖	mǐai	与"无"相关；转喻	同音
	漠	mǎk	与"无"相关；转喻	同音
	嘆	mǎk	与"无"相关；转喻	同音
	幕	mǎk	与"无"相关；转喻	同音
	膜	mak	与"无"相关；转喻	同音
	墓	māk	与"无"相关；转喻	同音
	伆	mǐwət	与"无"相关；转喻	同音
	昒₁	mǐwət	与"无"相关；转喻	同音
3	谟	mua	与"无"相关；转喻	合口三等变合口一等① 叠韵
	莽	mua	与"无"相关；转喻	合口三等变合口一等 叠韵
	貉	meǎk	与"无"相关；转喻	开口一等变开口二等 叠韵
	眜	meət	与"无"相关；转喻	合口三等变开口二等 叠韵
	沕	mǐət	与"无"相关；转喻	合口三等变开口三等 叠韵
	寐	miət	与"无"相关；转喻	合口三等变开口四等 叠韵
	没	muət	与"无"相关；转喻	合口三等变合口一等 叠韵
	殁	muət	与"无"相关；转喻	合口三等变合口一等 叠韵

---

① 开口、合口以及等的区分参考了王力（2004）。

续表

衍生次序	单音词	语音形式	本义与"无"义的联系 （语义条件）	语音条件
3	顡	muət	与"无"相关；转喻	合口三等变合口一等 叠韵
	昒	muət	与"无"相关；转喻	合口三等变合口一等 叠韵
	圽	muət	与"无"相关；转喻	合口三等变合口一等 叠韵
4	灭	mĭăt	与"无"相关；转喻	歌月对转
	袺	mĭūt	与"无"相关；转喻	歌月对转
	宀	mĭan	与"无"相关；转喻	歌元对转
	槾	mĭan	与"无"相关；转喻	歌元对转
	冕	mĭan	与"无"相关；转喻	歌元对转
	湎	mĭan	与"无"相关；转喻	歌元对转
	瞒	muan	与"无"相关；转喻	歌元对转
	谩	muan	与"无"相关；转喻	歌元对转
	槾₁	muan	与"无"相关；转喻	歌元对转
	萬	muan	与"无"相关；转喻	歌元对转
	鞔	muan	与"无"相关；转喻	歌元对转
	構	muan	与"无"相关；转喻	歌元对转
	帗	muan	与"无"相关；转喻	歌元对转
	悗₁	muan	与"无"相关；转喻	歌元对转
	缦	muan	与"无"相关；转喻	歌元对转
	幔	muan	与"无"相关；转喻	歌元对转
	悗₂	muan	与"无"相关；转喻	歌元对转
	懣	muan	与"无"相关；转喻	歌元对转
	盲	maŋ	与"无"相关；转喻	铎阳对转
	帆	maŋ	与"无"相关；转喻	铎阳对转
	亡	mĭwaŋ	与"无"相关；转喻	鱼阳对转
	网	mĭwaŋ	与"无"相关；转喻	鱼阳对转
	辋	mĭwaŋ	与"无"相关；转喻	鱼阳对转
	誷	mĭwaŋ	与"无"相关；转喻	鱼阳对转
	妄	mĭwaŋ	与"无"相关；转喻	鱼阳对转
	忘	mĭwaŋ	与"无"相关；转喻	鱼阳对转

衍生次序	单音词	语音形式	本义与"无"义的联系（语义条件）	语音条件
4	闻₁	mǐwən	与"无"相关；转喻	物文对转
	吻	mǐwən	与"无"相关；转喻	物文对转
	刎	mǐwən	与"无"相关；转喻	物文对转
	问	mǐwən	与"无"相关；转喻	物文对转
	璺	mǐwən	与"无"相关；转喻	物文对转
	闻₂	mǐwən	与"无"相关；转喻	物文对转
	文₂	mǐwən	与"无"相关；转喻	物文对转
	微₂	mǐwəi	与"无"相关；转喻	物微对转
	娓	mǐwəi	与"无"相关；转喻	物微对转
5	蛮	mean	与"无"相关；转喻	开口三等变开口二等歌元对转
	雺	mian	与"无"相关；转喻	开口三等变开口四等歌元对转
	蔓	mǐwan	与"无"相关；转喻	开口三等变合口三等歌元对转
	娩₂	mǐwan	与"无"相关；转喻	开口三等变合口三等歌元对转
	万₁	mǐwan	与"无"相关；转喻	开口三等变合口三等歌元对转
	瞒	mǐwan	与"无"相关；转喻	开口三等变合口三等歌元对转
	鞔	mǐwan	与"无"相关；转喻	开口三等变合口三等歌元对转
	幭	mǐăt	与"无"相关；转喻	开口三等变开口四等歌月对转
	蹒	moāt	与"无"相关；转喻	开口三等变合口二等歌月对转
	袜	mǐwăt	与"无"相关；转喻	开口三等变合口三等歌月对转
	甍	meaŋ	与"无"相关；转喻	合口三等变开口二等鱼阳对转
	氓	meaŋ	与"无"相关；转喻	合口三等变开口二等鱼阳对转
	盲	meaŋ	与"无"相关；转喻	合口三等变开口二等鱼阳对转
	盲	meaŋ	与"无"相关；转喻	合口三等变开口二等鱼阳对转

续表

衍生次序	单音词	语音形式	本义与“无”义的联系（语义条件）	语音条件
5	皿	miaŋ	与“无”相关；转喻	合口三等变开口四等 鱼阳对转
	盟	miaŋ	与“无”相关；转喻	合口三等变开口四等 鱼阳对转
	寍	miaŋ	与“无”相关；转喻	合口三等变开口四等 鱼阳对转
	旻	mǐən	与“无”相关；转喻	合口三等变开口三等 物文对转
	闽	mǐən	与“无”相关；转喻	合口三等变开口三等 物文对转
	簢	mǐən	与“无”相关；转喻	合口三等变开口三等 物文对转
	门	muən	与“无”相关；转喻	合口三等变合口一等 物文对转
	顐	muən	与“无”相关；转喻	合口三等变合口一等 物文对转
	闷	muən	与“无”相关；转喻	合口三等变合口一等 物文对转
	殙$_1$	muən	与“无”相关；转喻	合口三等变合口一等 物文对转
6	姂	mǐwam	与“无”相关；转喻	鱼谈通转
	谋	mǐwə	与“无”相关；转喻	物之通转
	㝱	mǐwəŋ	与“无”相关；转喻	物蒸通转
7	某$_2$	mə	与“无”相关；转喻	合口三等变开口一等 物之通转
	埋	meə	与“无”相关；转喻	合口三等变开口二等 物之通转
	媒	muə	与“无”相关；转喻	合口三等变合口一等 物之通转
	脢	muə	与“无”相关；转喻	合口三等变合口一等 物之通转
	禖	muə	与“无”相关；转喻	合口三等变合口一等 物之通转
	䍙	muə	与“无”相关；转喻	合口三等变合口一等 物之通转
	鋂	muə	与“无”相关；转喻	合口三等变合口一等 物之通转
	墨	mǎk	与“无”相关；转喻	合口三等变开口一等 物职通转

续表

衍生次序	单音词	语音形式	本义与"无"义的联系（语义条件）	语音条件
7	默	mək	与"无"相关；转喻	合口三等变开口一等物职通转
	嘿	mək	与"无"相关；转喻	合口三等变开口一等物职通转
	麦	meək	与"无"相关；转喻	合口三等变开口二等物职通转
	愣	məŋ	与"无"相关；转喻	合口三等变开口一等物蒸通转
	甍	meəŋ	与"无"相关；转喻	合口三等变开口二等物蒸通转
	懵	muəŋ	与"无"相关；转喻	合口三等变合口一等物蒸通转
8	麋	mĭei	与"无"相关；转喻	歌脂旁转
	粟	mĭei	与"无"相关；转喻	歌脂旁转
	攻	mĭei	与"无"相关；转喻	歌脂旁转
	湄	mĭei	与"无"相关；转喻	歌脂旁转
	楣	mĭei	与"无"相关；转喻	歌脂旁转
	霉	mĭei	与"无"相关；转喻	歌脂旁转
	嵍	mĭwɔ	与"无"相关；转喻	鱼侯旁转
	鹜	mĭwɔ	与"无"相关；转喻	鱼侯旁转
	沐	mɔ̆k	与"无"相关；转喻	铎屋旁转
	鍪	mɔ̆k	与"无"相关；转喻	铎屋旁转
	槃	mɔ̆k	与"无"相关；转喻	铎屋旁转
9	买	me	与"无"相关；转喻	合口三等变开口二等鱼支旁转
	卖	me	与"无"相关；转喻	合口三等变开口二等鱼支旁转
	涊	mĭe	与"无"相关；转喻	合口三等变开口三等鱼支旁转
	弭	mĭe	与"无"相关；转喻	合口三等变开口三等鱼支旁转
	葞	mĭe	与"无"相关；转喻	合口三等变开口三等鱼支旁转
	恦	mĭe	与"无"相关；转喻	合口三等变开口三等鱼支旁转

续表

衍生次序	单音词	语音形式	本义与"无"义的联系（语义条件）	语音条件
9	觅	mǐek	与"无"相关；转喻	开口一等变开口三等铎锡旁转
	幂	mǐek	与"无"相关；转喻	开口一等变开口三等铎锡旁转
	幭	mǐek	与"无"相关；转喻	开口一等变开口三等铎锡旁转
	冪	mǐek	与"无"相关；转喻	开口一等变开口三等铎锡旁转
	冖	mǐek	与"无"相关；转喻	开口一等变开口三等铎锡旁转
	覛	mǐek	与"无"相关；转喻	开口一等变开口三等铎锡旁转
	迷	miei	与"无"相关；转喻	开口三等变开口四等歌脂旁转
	眯	miei	与"无"相关；转喻	开口三等变开口四等歌脂旁转
	覕	miět	与"无"相关；转喻	合口三等变开口四等物质旁转
	谧	mǐět	与"无"相关；转喻	合口三等变开口三等物质旁转
	醯	mǐět	与"无"相关；转喻	合口三等变开口三等物质旁转
	盗	mǐět	与"无"相关；转喻	合口三等变开口三等物质旁转
	宓	mǐět	与"无"相关；转喻	合口三等变开口三等物质旁转
	蔤	mǐět	与"无"相关；转喻	合口三等变开口三等物质旁转
	否	mǐět	与"无"相关；转喻	合口三等变开口三等物质旁转
	戊	mu	与"无"相关；转喻	合口三等变开口一等鱼幽旁转
	帽	mu	与"无"相关；转喻	合口三等变开口一等鱼幽旁转
	冒	mu	与"无"相关；转喻	合口三等变开口一等鱼幽旁转
	楣	mu	与"无"相关；转喻	合口三等变开口一等鱼幽旁转
	贸	mu	与"无"相关；转喻	合口三等变开口一等鱼幽旁转

续表

衍生次序	单音词	语音形式	本义与"无"义的联系（语义条件）	语音条件
9	卯	meu	与"无"相关；转喻	合口三等变开口二等鱼幽旁转
	侔	mǐu	与"无"相关；转喻	合口三等变开口三等鱼幽旁转
	蛑	mǐu	与"无"相关；转喻	合口三等变开口三等鱼幽旁转
	谬	miu	与"无"相关；转喻	合口三等变开口四等鱼幽旁转
	睦	mǐuk	与"无"相关；转喻	开口一等变开口三等铎幽旁转
	穆₂	mǐuk	与"无"相关；转喻	开口一等变开口三等铎幽旁转
	芼	mo	与"无"相关；转喻	合口三等变开口一等鱼宵旁转
	訬	mǐo	与"无"相关；转喻	合口三等变开口三等鱼宵旁转
	庙	mǐo	与"无"相关；转喻	合口三等变开口三等鱼宵旁转
	妙	mǐo	与"无"相关；转喻	合口三等变开口三等鱼宵旁转
	蓩	mɔ	与"无"相关；转喻	合口三等变开口一等鱼侯旁转
	鍪	mǐɔ	与"无"相关；转喻	合口三等变开口三等鱼侯旁转
	堥	mǐɔ	与"无"相关；转喻	合口三等变开口三等鱼侯旁转
10	罠	mǐen	与"无"相关；转喻	歌真旁对转
	民	mǐen	与"无"相关；转喻	歌真旁对转
	泯	mǐen	与"无"相关；转喻	歌真旁对转
	箆	mǐen	与"无"相关；转喻	歌真旁对转
	愍	mǐen	与"无"相关；转喻	歌真旁对转
	冢	mɔŋ	与"无"相关；转喻	铎东旁对转
	矇	mɔŋ	与"无"相关；转喻	铎东旁对转
	醲	mɔŋ	与"无"相关；转喻	铎东旁对转
	幪	mɔŋ	与"无"相关；转喻	铎东旁对转
11	名	mǐeŋ	与"无"相关；转喻	合口三等变开口三等鱼耕旁对转

续表

衍生次序	单音词	语音形式	本义与"无"义的联系（语义条件）	语音条件
11	冥	mieŋ	与"无"相关；转喻	合口三等变开口四等鱼耕旁对转
	溟₁	mieŋ	与"无"相关；转喻	合口三等变开口四等鱼耕旁对转
	螟	mieŋ	与"无"相关；转喻	合口三等变开口四等鱼耕旁对转
	瞑	mieŋ	与"无"相关；转喻	合口三等变开口四等鱼耕旁对转
	命	mieŋ	与"无"相关；转喻	合口三等变开口四等鱼耕旁对转
	眠	mien	与"无"相关；转喻	开口三等变开口四等歌真旁对转
	丏	mien	与"尢"相关；转喻	开口三等变开口四等歌真旁对转
	宆	mien	与"无"相关；转喻	开口三等变开口四等歌真旁对转

表 5-3　　　315 个上古汉语单音词（"小"类）的衍生顺序

衍生次序	单音词	语音形式	本义与"无""小"二义的联系（语义条件）	语音条件
1	麿	muai	与"小"相同	原生
2	髍	muai	与"小"相关；转喻	同音
	痤	muai	与"小"相关；转喻	同音
3	糜	mĭai	与"小"相关；转喻	合口一等变开口三等叠韵
	縻	mĭai	与"小"相关；转喻	合口一等变开口三等叠韵
	爢	mĭai	与"小"相关；转喻	合口一等变开口三等叠韵
	糜	mĭai	与"小"相关；转喻	合口一等变开口三等叠韵
	縻	mĭai	与"小"相关；转喻	合口一等变开口三等叠韵
	擵	mĭai	与"小"相关；转喻	合口一等变开口三等叠韵
	籭	mĭai	与"小"相关；转喻	合口一等变开口三等叠韵

续表

衍生次序	单音词	语音形式	本义与"无""小"二义的联系（语义条件）	语音条件
3	嬔	mǐai	与"小"相关；转喻	合口一等变开口三等叠韵
	麻	meai	与"小"相关；转喻	合口一等变开口二等叠韵
4	鳗	muan	与"小"相关；转喻	歌元对转
	趋	muan	与"小"相关；转喻	歌元对转
	穝	muan	与"小"相关；转喻	歌元对转
	昧	muǎt	与"小"相关；转喻	歌月对转
	首	muǎt	与"小"相关；转喻	歌月对转
	末	muǎt	与"小"相关；转喻	歌月对转
	糜	muǎt	与"小"相关；转喻	歌月对转
	沫	muǎt	与"小"相关；转喻	歌月对转
5	绵	mǐan	与"小"相关；转喻	合口一等变开口三等歌元对转
	瞒	mǐan	与"小"相关；转喻	合口一等变开口三等歌元对转
	勉	mǐan	与"小"相关；转喻	合口一等变开口三等歌元对转
	俯	mǐan	与"小"相关；转喻	合口一等变开口三等歌元对转
	缅	mǐan	与"小"相关；转喻	合口一等变开口三等歌元对转
	娩₁	mǐan	与"小"相关；转喻	合口一等变开口三等歌元对转
	嫚	mean	与"小"相关；转喻	合口一等变开口二等歌元对转
	慢	mean	与"小"相关；转喻	合口一等变开口二等歌元对转
	蔓	mǐwan	与"小"相关；转喻	合口一等变合口三等歌元对转
	樱₂	mǐwan	与"小"相关；转喻	合口一等变合口三等歌元对转
	晚	mǐwan	与"小"相关；转喻	合口一等变合口三等歌元对转
	蔑	mǐǎt	与"小"相关；转喻	合口一等变开口四等歌月对转
	薎	mǐǎt	与"小"相关；转喻	合口一等变开口四等歌月对转

衍生次序	单音词	语音形式	本义与"无""小"二义的联系（语义条件）	语音条件
5	莫	miǎt	与"小"相关；转喻	合口一等变开口四等 歌月对转
	懱	miǎt	与"小"相关；转喻	合口一等变开口四等 歌月对转
	篾	miǎt	与"小"相关；转喻	合口一等变开口四等 歌月对转
	劢	moāt	与"小"相关；转喻	合口一等变合口二等 歌月对转
	瞒	mian	与"小"相关；转喻	合口一等变开口四等 歌元对转
6	模	mua	与"小"相关；转喻	歌鱼通转
	摹	mua	与"小"相关；转喻	歌鱼通转
7	璑	mǐwa	与"小"相关；转喻	合口一等变合口三等 歌鱼通转
	庑	mǐwa	与"小"相关；转喻	合口一等变合口三等 歌鱼通转
	甒	mǐwa	与"小"相关；转喻	合口一等变合口三等 歌鱼通转
	麋	mea	与"小"相关；转喻	合口一等变开口二等 歌鱼通转
	瘕	mea	与"小"相关；转喻	合口一等变开口二等 歌鱼通转
	骂	mea	与"小"相关；转喻	合口一等变开口二等 歌鱼通转
	瘼	mǎk	与"小"相关；转喻	合口一等变开口一等 歌铎通转
	缦	mǎk	与"小"相关；转喻	合口一等变开口一等 歌铎通转
	慕	māk	与"小"相关；转喻	合口一等变开口一等 歌铎通转
	莫₁	māk	与"小"相关；转喻	合口一等变开口一等 歌铎通转
	慔	māk	与"小"相关；转喻	合口一等变开口一等 歌铎通转
	芒	mǐwaŋ	与"小"相关；转喻	合口一等变合口三等 歌阳通转
	望	mǐwaŋ	与"小"相关；转喻	合口一等变合口三等 歌阳通转
	芒	maŋ	与"小"相关；转喻	合口一等变开口一等 歌阳通转

衍生次序	单音词	语音形式	本义与"无""小"二义的联系 （语义条件）	语音条件
7	蘴	maŋ	与"小"相关；转喻	合口一等变开口一等 歌阳通转
	茴	meaŋ	与"小"相关；转喻	合口一等变开口二等 歌阳通转
	蝱	meaŋ	与"小"相关；转喻	合口一等变开口二等 歌阳通转
	萌	meaŋ	与"小"相关；转喻	合口一等变开口二等 歌阳通转
8	薇	mǐwəi	与"小"相关；转喻	合口一等变合口三等 歌微旁转
	尾	mǐwəi	与"小"相关；转喻	合口一等变合口三等 歌微旁转
	瓛	mǐəi	与"小"相关；转喻	合口一等变开口三等 歌微旁转
	鶥	mǐei	与"小"相关；转喻	合口一等变开口三等 歌脂旁转
	璺	mǐei	与"小"相关；转喻	合口一等变开口三等 歌脂旁转
	媚	mǐei	与"小"相关；转喻	合口一等变开口三等 歌脂旁转
	眉	mǐei	与"小"相关；转喻	合口一等变开口三等 歌脂旁转
	堳	mǐei	与"小"相关；转喻	合口一等变开口三等 歌脂旁转
	卷	mǐei	与"小"相关；转喻	合口一等变开口三等 歌脂旁转
	米	miei	与"小"相关；转喻	合口一等变开口四等 歌脂旁转
	絑	miei	与"小"相关；转喻	合口一等变开口四等 歌脂旁转
	薾	miei	与"小"相关；转喻	合口一等变开口四等 歌脂旁转
	睨	miei	与"小"相关；转喻	合口一等变开口四等 歌脂旁转
9	妹	muət	与"小"相关；转喻	歌物旁对转
	昧	muət	与"小"相关；转喻	歌物旁对转
10	眒₂	meət	与"小"相关；转喻	合口一等变开口二等 歌物旁对转
	魅	miət	与"小"相关；转喻	合口一等变开口四等 歌物旁对转

续表

衍生次序	单音词	语音形式	本义与"无""小"二义的联系 （语义条件）	语音条件
10	鸹	mǐwən	与"小"相关；转喻	合口一等变合口三等 歌文旁对转
	阌	mǐwən	与"小"相关；转喻	合口一等变合口三等 歌文旁对转
	蚊	mǐwən	与"小"相关；转喻	合口一等变合口三等 歌文旁对转
	忞	mǐən	与"小"相关；转喻	合口一等变开口三等 歌文旁对转
	惘	mǐən	与"小"相关；转喻	合口一等变开口三等 歌文旁对转
	缗	mǐen	与"小"相关；转喻	合口一等变开口三等 歌真旁对转
	瘠	mǐen	与"小"相关；转喻	合口一等变开口三等 歌真旁对转
	敃	mǐen	与"小"相关；转喻	合口一等变开口三等 歌真旁对转
	薂	mien	与"小"相关；转喻	合口一等变开口四等 歌真旁对转
	眄	mien	与"小"相关；转喻	合口一等变开口四等 歌真旁对转
11	煤	muə	与"小"相关；转喻	歌之旁通转①
	腜	muə	与"小"相关；转喻	歌之旁通转
	痗	muə	与"小"相关；转喻	歌之旁通转
	薆	muəŋ	与"小"相关；转喻	歌蒸旁通转
12	宙	mə	与"小"相关；转喻	合口一等变开口一等 歌之旁通转
	霾	meə	与"小"相关；转喻	合口一等变开口二等 歌之旁通转
	夢	mǐwəŋ	与"小"相关；转喻	合口一等变合口三等 歌蒸旁通转
	薨	mǐwəŋ	与"小"相关；转喻	合口一等变合口三等 歌蒸旁通转
	蠁	mǐək	与"小"相关；转喻	合口一等变开口一等 歌职旁通转
	嫼	mǐək	与"小"相关；转喻	合口一等变开口一等 歌职旁通转
	纆	mǐək	与"小"相关；转喻	合口一等变开口一等 歌职旁通转

---

　　① 旁通转指的就是元音不同，韵尾发音部位也不同的两个音之间的关系。王力（1982）将该类也算作通转，我们为了区别二者，将它独立出来，称为旁通转。

衍生次序	单音词	语音形式	本义与"无""小"二义的联系（语义条件）	语音条件
12	瞙	me	与"小"相关；转喻	合口一等变开口一等歌支旁通转
	蠛	mǐe	与"小"相关；转喻	合口一等变开口三等歌支旁通转
	糸	mǐek	与"小"相关；转喻	合口一等变开口三等歌锡旁通转
	麛	mie	与"小"相关；转喻	合口一等变开口四等歌支旁通转
	覭	mieŋ	与"小"相关；转喻	合口一等变开口四等歌耕旁通转
	脉	měk	与"小"相关；转喻	合口一等变开口一等歌锡旁通转
	眽	měk	与"小"相关；转喻	合口一等变开口一等歌锡旁通转
	艒	mǔk	与"小"相关；转喻	合口一等变开口一等歌觉旁通转
	目	mǐǔk	与"小"相关；转喻	合口一等变开口三等歌觉旁通转
	廖	mǐǔk	与"小"相关；转喻	合口一等变开口三等歌觉旁通转
	邈	meǒk	与"小"相关；转喻	合口一等变开口二等歌宵旁通转
	瞀	mu	与"小"相关；转喻	合口一等变开口一等歌幽旁通转
	媢	mu	与"小"相关；转喻	合口一等变开口一等歌幽旁通转
	昴	meu	与"小"相关；转喻	合口一等变开口二等歌幽旁通转
	矛	mǐu	与"小"相关；转喻	合口一等变开口三等歌幽旁通转
	蟊	mǐu	与"小"相关；转喻	合口一等变开口三等歌幽旁通转
	髳	mǐu	与"小"相关；转喻	合口一等变开口三等歌幽旁通转
	眸	mǐu	与"小"相关；转喻	合口一等变开口三等歌幽旁通转
	毛	mo	与"小"相关；转喻	合口一等变开口一等歌宵旁通转
	髦	mo	与"小"相关；转喻	合口一等变开口一等歌宵旁通转

续表

衍生次序	单音词	语音形式	本义与"无""小"二义的联系（语义条件）	语音条件
12	旄	mo	与"小"相关；转喻	合口一等变开口一等 歌宵旁通转
	氂	mo	与"小"相关；转喻	合口一等变开口一等 歌宵旁通转
	眊	mo	与"小"相关；转喻	合口一等变开口一等 歌宵旁通转
	覒	mo	与"小"相关；转喻	合口一等变开口一等 歌宵旁通转
	秏	mo	与"小"相关；转喻	合口一等变开口一等 歌宵旁通转
	媌	meo	与"小"相关；转喻	合口一等变开口二等 歌宵旁通转
	茅	meo	与"小"相关；转喻	合口一等变开口二等 歌宵旁通转
	苗	mǐo	与"小"相关；转喻	合口一等变开口三等 歌宵旁通转
	媌	mǐo	与"小"相关；转喻	合口一等变开口三等 歌宵旁通转
	眇	mǐo	与"小"相关；转喻	合口一等变开口三等 歌宵旁通转
	杪	mǐo	与"小"相关；转喻	合口一等变开口三等 歌宵旁通转
	秒	mǐo	与"小"相关；转喻	合口一等变开口三等 歌宵旁通转
	篎	mǐo	与"小"相关；转喻	合口一等变开口三等 歌宵旁通转
	楸	mɔ	与"小"相关；转喻	合口一等变开口一等 歌侯旁通转
	懋	mɔ	与"小"相关；转喻	合口一等变开口一等 歌侯旁通转
	瞀	mɔ	与"小"相关；转喻	合口一等变开口一等 歌侯旁通转
	雾	mǐwɔ	与"小"相关；转喻	合口一等变合口三等 歌侯旁通转
	侮	mǐwɔ	与"小"相关；转喻	合口一等变合口三等 歌侯旁通转
	鍪	mǐwɔ	与"小"相关；转喻	合口一等变合口三等 歌侯旁通转
	濛	mɔŋ	与"小"相关；转喻	合口一等变开口一等 歌东旁通转

衍生次序	单音词	语音形式	本义与"无""小"二义的联系 （语义条件）	语音条件
12	驥	mɔŋ	与"小"相关；转喻	合口一等变开口一等 歌东旁通转
	霿	mɔŋ	与"小"相关；转喻	合口一等变开口一等 歌东旁通转

　　表 5-2 和表 5-3 中的 315 个上古汉语单音词从语音形式上看，都有一个共同的特点，就是［m］在其中均作声母。从口型说的角度来看，发［m］音时双唇闭合，没有缝隙，象征着"无"，而"无"又与"小"相通，因而也可象征着"小"，因此以［m］为声母的单音词多与"无""小"二义有关联。因此最早产生的单音词应该有两类：一类与"无"义相同，一类与"小"义相同。与"小"义相同的只有一个"麼"，但与"无"义相同的有五个，分别是"靡""无""莫$_2$""未$_2$""勿$_2$"。从衍生的角度来说，显然是先模仿口型，以［m］为轴心，然后将不同的音素组合附于其上，再同相应的语义结合，形成了最早的单音词，因此"麼""靡""无""莫$_2$""未$_2$""勿$_2$"的形成过程可分别用以下公式表示：{m}（［m］/小）+［uai］=麼（［muai］/细小）、{m}（［m］/无）+［ǐai］=靡（［mǐai］/无）、{m}（［m］/无）+［ǐwa］=无（［mǐwa］/没有）、{m}（［m］/无）+［ǎk］=莫$_2$（［mǎk］/无）、{m}（［m］/无）+［ǐwət］=未$_2$（［mǐwət］/不、没有）、{m}（［m］/无）+［ǐwět］=勿$_2$（［mǐwět］/不要、别，表示禁止）。两类六个单音词的出现代表了两条方向，后来在此基础上沿着"麼"等词代表的方向根据一定的语音和语义条件先后产生了与"小"义相关的其他单音词；沿着"无"等词代表的方向根据一定的语音和语义条件先后产生了与"无"义相关的其他单音词。① 整个过程按产生的先后顺序可分为 11 个（"无"类方

----

　　① 除了第一阶段产生的 6 个单音词外，剩下 309 个单音词的衍生顺序只能根据语音相似性（即语音与第一阶段产生的 6 个单音词的近似程度）来判断，近似程度越高，形成得越早；近似程度越低，形成得越晚。从表 5-1 可以清楚地看出，这 309 个单音词在语义上显然是从"无""小"二义引申出来的，但引申的方式是辐射式引申，而非链条式引申，所以单从语义上无法判断衍生顺序，只能从语音上判断。

向）或 12 个（"小"类方向）阶段，除了"小"类方向的第 1 阶段形成一个单音词外，两个方向的每个阶段都同时形成两个或两个以上的单音词①。每个单音词的具体形成过程用公式表示如下：

第 1 阶段

"无"类："靡""无""莫₂""未₂""勿₂"。

{m}（［m］/无）+［ǐai］=靡（［mǐai］/无）

{m}（［m］/无）+［ǐwa］=无（［mǐwa］/没有）

{m}（［m］/无）+［ǎk］=莫₂（［mǎk］/无）

{m}（［m］/无）+［ǐwət］=未₂（［mǐwət］/不、没有）

{m}（［m］/无）+［ǐwət］=勿₂（［mǐwət］/不要、别，表示禁止）

"小"类："麼"。

{m}（「m」/小）+［uai］=麼（［muai］/细小）

第 2 阶段

"无"类："诬""巫""毋""芜""武""舞""鹦""怃""膴₁""䵘""漠""嗼""幕""膜""墓""伤""眊₁"。

无（［mǐwa］/没有）+（同音；转喻）=诬（［mǐwa］/说假话）②、巫（［mǐwa］/向鬼神祈祷以办事的人）、毋（［mǐwa］/不要、别，表示禁止）、芜（［mǐwa］/荒芜）、武（［mǐwa］/征伐示威）、舞（［mǐwa］/舞蹈）、鹦（［mǐwa］/安装在窗户上的网状物）、怃（［mǐwa］/怅然失意的样子）、膴₁（［mǐwa］/无骨的腊肉）

靡（［mǐai］/无）+（同音；转喻）=䵘（［mǐai］/不黏的黍）

莫₂（［mǎk］/无）+（同音；转喻）=漠（［mǎk］/沙漠）、嗼（［mǎk］/安静无声）、幕（［mǎk］/起遮蔽作用的布）、膜（［mak］/

_____

① 严格地说，如果一个阶段形成了两个或两个以上的单音词，那么它们之间应该也是有形成先后的区别。只是目前还没有办法确定这种先后，所以暂时只能看作同时产生的。

② 从理论上说，"靡""无""莫₂""未₂""勿₂"均为"无"义，所以都可以作为衍生词"诬"的源词，但在语音上"无"离"诬"最近，所以我们选择"无"作为"诬"的源词。另外，"未₂""勿₂"二词可以视为同音，所以"未₂"充当源词的场合"勿₂"也能充当源词，这里为了行文方便，"未₂"充当源词时只用"未₂"不用"勿₂"。

动物皮肉之间的薄膜）、墓（［māk］/平坦的埋葬死者的地方）

未₂（［mǐwət］/不、没有）+（同音；转喻）= 仿（［mǐwət］/离开）、眒₁（［mǐwət］/闭眼）①

"小"类："髍""塺"。

麼（［muai］/细小）+（同音；转喻）= 髍（［muai］/偏瘫）②、塺（［muai］/尘土）

第 3 阶段

"无"类："谟""莽""貉""靺""汩""寐""没""殁""顡""昒""坲"。

无（［mǐwa］/没有）+（合口三等变合口一等，叠韵；转喻）= 谟（［mua］/谋划）、莽（［mua］/一种有毒的草）

莫₂（［mǎk］/无）+（开口一等变开口二等，叠韵；转喻）= 貉（［meǎk］/古代北方少数民族）

未₂（［mǐwət］/不、没有）+（合口三等变开口二等，叠韵；转喻）= 靺（［meət］/用来给皮革染色的一种颜料）

未₂（［mǐwət］/不、没有）+（合口三等变开口三等，叠韵；转喻）= 汩（［mǐət］/潜藏）

未₂（［mǐwət］/不、没有）+（合口三等变开口四等，叠韵；转喻）= 寐（［miət］/睡着）

未₂（［mǐwət］/不、没有）+（合口三等变合口一等，叠韵；转喻）= 没（［muət］/淹没）、殁（［muət］/死）、顡（［muət］/把头部

---

① ［ǎ］、［ā］和［a］都是同一个元音，只不过在音长上［ǎ］比［a］略短，［ā］比［a］略长，三者差别很小，可以忽略不计，所以这里把三者当作同音看待。［ə̌］、［ə̄］和［ə］也是如此。

② 公式"麼（［muai］/细小）+（同音；与"小"相关）= 髍（［muai］/偏瘫）"表示在音［muai］义"细小"的"麼"的基础上，在同音和转喻的条件下，形成了音［muai］义"偏瘫"（与"小"相关）的"髍"。之所以是转喻，是因为涉及语义的转变，即在源词语义的基础上发展出衍生词的语义，二者没有相似性但具有相关性。如源词"麼"的意思是"细小"，衍生词"髍"的意思是"偏瘫"，二者截然不同，没有相似性，但具有相关性，即二者之间有某种联系，这种联系就体现在偏瘫是不全之病，使人体大部分活动能力丧失，只具备少量的活动能力，只具备少量的活动能力本质上也是一种数量上的小。所以可以说，是在"细小"的基础上通过转喻形成了"偏瘫"。

潜入水中）、戛（［muət］/潜入水中取东西）、圽（［muət］/埋）

"小"类："糜""縻""爁""糜""糜""攠""篾""嬖""麻"。

麽（［muai］/细小）+（合口一等变开口三等，叠韵；转喻）=糜（［mǐai］/粥）、縻（［mǐai］/牛的缰绳）、爁（［mǐai］/煮熟至烂）、糜（［mǐai］/碎）、糜（［mǐai］/初生的赤粱粟）、攠（［mǐai］/钟受撞击而磨损的地方）、篾（［mǐai］/把完整的竹子析称一条一条的竹篾）、嬖（［mǐai］/古代女性人名或官职名用字）

麽（［muai］/细小）+（合口一等变开口二等，叠韵；转喻）=麻（［meai］/一种草本植物）

第4阶段

"无"类："灭""袂""宀""檐""冕""沔""瞒""谩""槾₁""蛮""鞔""槾""莁""悗₁""缦""幔""悗₂""懑""盲""幪""亡""网""辋""誷""妄""忘""闻₁""吻""刎""问""璺""闻₂""文₂""微₂""娓"。

靡（［mǐai］/无）+（歌月对转；转喻）=灭（［mǐăt］/消失）、袂（［mǐāt］/袖子）

靡（［mǐai］/无）+（歌元对转；转喻）=宀（［mǐan］/有堂有室的屋子）、檐（［mǐan］/屋檐）、冕（［mǐan］/大夫以上的官员戴的帽子）、沔（［mǐan］/沉溺在饮酒中）

麽（［muai］/细小）+（歌元对转；转喻）=瞒（［muan］/闭上眼睛的样子）、谩（［muan］/欺骗）、槾₁（［muan］/涂泥用的工具）、莁（［muan］/完全闭合没有缝隙）、鞔（［muan］/鞋帮）、槾（［muan］/松树心）、莁（［muan］/相当）、悗₁（［muan］/迷惑）、缦（［muan］/没有花纹的丝织品）、幔（［muan］/蒙在物体上的织物）、悗₂（［muan］/忘记的样子）、懑（［muan］/心中郁积的情绪抒发不出来）

莫₂（［măk］/无）+（铎阳对转；转喻）=盲（［maŋ］/问而不答）、幪（［maŋ］/覆盖）

无（［mǐwa］/没有）+（鱼阳对转；转喻）=亡（［mǐwaŋ］/逃

亡）、网（［mǐwaŋ］/捕兽或捕鱼的网）、辋（［mǐwaŋ］/套在车轮外的木框）、誷（［mǐwaŋ］/用言语欺骗）、妄（［mǐwaŋ］/乱想、乱说或乱做）、忘（［mǐwaŋ］/忘记）

未₂（［mǐwət］/不、没有）+（物文对转；转喻）= 闻₁（［mǐwən］/听见）、吻（［mǐwən］/嘴巴的左右两端）、刎（［mǐwən］/割脖子自杀）、问（［mǐwən］/询问）、璺（［mǐwən］/器物上的裂缝）、闻₂（［mǐwən］/名声）、文₂（［mǐwən］/装饰）

未₂（［mǐwət］/不、没有）+（物微对转；转喻）= 微₂（［mǐwəi］/隐藏）、娓（［mǐwəi］/顺从）

"小"类："鳗""趨""毭""眜""眣""末""糆""沫"。

麼（［muai］/细小）+（歌元对转；转喻）= 鳗（［muan］/鳗鱼）、趨（［muan］/走得慢）、毭（［muan］/一种用野兽细毛做成的红布）

麼（［muai］/细小）+（歌月对转；转喻）= 眜（［muǎt］/眼睛看东西看不清楚）、眣（［muǎt］/眼睛歪斜）、末（［muǎt］/树梢）、糆（［muǎt］/面粉）、沫（［muǎt］/浮在水面上的小泡沫）

第5阶段

"无"类："蛮""雺""蔓""娩₂""万₁""购""幔""幦""誷""袜""飘""氓""盳""盲""皿""盟""窊""旻""闽""簡""门""颟""闷""殰₁"。

靡（［mǐai］/无）+（开口三等变开口二等，歌元对转；转喻）= 蛮（［mean］/古代南方少数民族）

靡（［mǐai］/无）+（开口三等变开口四等，歌元对转；转喻）= 雺（［mian］/看不见）

靡（［mǐai］/无）+（开口三等变合口三等，歌元对转；转喻）= 蔓（［mǐwan］/一种葛类植物）、娩₂（［mǐwan］/顺从）、万₁（［mǐwan］/蝎子一类的毒虫）、购（［mǐwan］/送给别人东西）、幔（［mǐwan］/一种遮蔽车的用具）

靡（［mǐai］/无）+（开口三等变开口四等，歌月对转；转喻）= 幦（［mǐǎt］/覆盖东西的织物）

靡（［mǐai］/无）＋（开口三等变合口二等，歌月对转；转喻）＝
講（［moāt］/浮夸）

靡（［mǐai］/无）＋（开口三等变合口三等，歌月对转；转喻）＝
袜（［mǐwǎt］/袜子）

无（［mǐwa］/没有）＋（合口三等变开口二等，鱼阳对转；转
喻）＝甍（［meaŋ］/暗淡无光）、氓（［meaŋ］/老百姓）、甿
（［meaŋ］/农民）、盲（［meaŋ］/眼睛失明）

无（［mǐwa］/没有）＋（合口三等变开口四等，鱼阳对转；转
喻）＝皿（［miaŋ］/盛饭菜的器具）、盟（［miaŋ］/一种向神灵发誓以
求得互相信任的祭祀活动）、窆（［miaŋ］/土穴）

未₂（［mǐwət］/不、没有）＋（合口三等变开口三等，物文对转；
转喻）＝旻（［mǐən］/秋天）、闽（［mǐən］/古代南方少数民族的一
支）、筸（［mǐən］/一种皮薄、中间空旷度大的竹子）

未₂（［mǐwət］/不、没有）＋（合口三等变合口一等，物文对转；
转喻）＝门（［muən］/安装在房屋或城墙上的供人出入的装置）、顸
（［muən］/不知道）、闷（［muən］/心中郁积的情绪抒发不出来）、殙₁
（［muən］/气绝身亡）

"小"类："绵""瞒""勉""俯""缅""娩₁""嫚""慢""蟃"
"楥₂""晚""蔑""瞢""莫""懑""箟""劢""瞢"。

麼（［muai］/小）＋（合口一等变开口三等，歌元对转；转喻）＝
绵（［mǐan］/细的东西连在一起）、瞒（［mǐan］/瞳孔）、勉
（［mǐan］/勉励或勉强自己或他人）、俯（［mǐan］/低头）、缅
（［mǐan］/细丝）、娩₁（［mǐan］/生孩子）

麼（［muai］/细小）＋（合口一等变开口二等，歌元对转；转
喻）＝嫚（［mean］/用难听的话侮辱别人）、慢（［mean］/懒惰）

麼（［muai］/细小）＋（合口一等变合口三等，歌元对转；转
喻）＝蟃（［mǐwan］/一种吃桑叶的虫子）、楥₂（［mǐwan］/荆棘）、晚
（［mǐwan］/太阳快要下山的时候）

麼（［muai］/细小）＋（合口一等变开口四等，歌月对转；转
喻）＝蔑（［miǎt］/因眼睛疲劳看东西无精打采）、瞢（［miǎt］/眼

屎）、莫（［miǎt］/眼睛看东西看不清楚）、懱（［miǎt］/轻蔑）、篾
（［miǎt］/竹子的硬皮）

麿（［muai］/小）+（合口一等变合口二等，歌月对转；转喻）=
劢（［moāt］/勉励或勉强自己或他人）

麿（［muai］/细小）+（合口一等变开口四等，歌元对转；转
喻）=矊（［mian］/眼皮又薄又密）

第 6 阶段

"无"类："妟""谋""癑"。

无（［mǐwa］/没有）+（鱼谈通转；转喻）=妟（［mǐwam］/人的
脑盖）

未₂（［mǐwət］/不、没有）+（物之通转；转喻）=谋（［mǐwə］/
谋划）

未₂（［mǐw ə t］/不、没有）+（物蒸通转；转喻）=癑
（［mǐwəŋ］/做梦）

"小"类："模""摹"。

麿（［muai］/细小）+（歌鱼通转；转喻）=模（［mua］/把材料
压制或浇铸成型的工具）、摹（［mua］/临摹）

第 7 阶段：

"无"类："某₂""埋""媒""脢""禖""罞""鍸""墨""默"
"嘿""麦""懡""薨""懵"。

未₂（［mǐwət］/不、没有）+（合口三等变开口一等，物之通转；
转喻）=某₂（［mə］/不知道确定的名字而给予的代称）

未₂（［mǐwət］/不、没有）+（合口三等变开口二等，物之通转；
转喻）=埋（［meə］/用草或土等东西把人或物藏起来）

未₂（［mǐwət］/不、没有）+（合口三等变合口一等，物之通转；
转喻）=媒（［muə］/媒人）、脢（［muə］/背上的肉）、禖（［muə］/
求子的祭祀）、罞（［muə］/捕捉飞禽的网）、鍸（［muə］/贯穿两个小
环的大环）

未₂（［mǐwət］/不、没有）+（合口三等变开口一等，物职通转；
转喻）=墨（［mǎk］/用黑土制成的用来书写和绘画的黑色液体）、默

（［mǎk］/狗突然窜出来追人）、嘿（［mǎk］/不说话）

未₂（［mǐwət］/不、没有）＋（合口三等变开口二等，物职通转；转喻）＝麦（［meǎk］/麦子）

未₂（［mǐwət］/不、没有）＋（合口三等变开口一等，物蒸通转；转喻）＝愣（［məŋ］/心里对某事不清楚）

未₂（［mǐwət］/不、没有）＋（合口三等变开口二等，物蒸通转；转喻）＝甍（［meəŋ］/屋栋）

未₂（［mǐwət］/不、没有）＋（合口三等变合口一等，物蒸通转；转喻）＝懵（［muəŋ］/心乱）

"小"类："瑶""庑""甒""髳""瘼""骂""瘼""缦""慕""莫₁、"慔""芒""望""芒""覆""茵""虻""萌"。

麼（［muai］/细小）＋（合口一等变合口二等，歌鱼通转；转喻）－瑶（［mǐwa］/质量低的玉）、庑（［mǐwa］/大室周围的小屋子）、甒（［mǐwa］/一种小的瓦罐）

麼（［muai］/细小）＋（合口一等变开口二等，歌鱼通转；转喻）＝髳（［mea］/用来扎住头发使之成髻的带子）、瘼（［mea］/眼病）、骂（［mea］/用难听的话侮辱别人）

麼（［muai］/细小）＋（合口一等变开口一等，歌铎通转；转喻）＝瘼（［mǎk］/病）、缦（［mǎk］/质量低的絮）、慕（［māk］/因心中崇敬某人而有意向其学习）、莫₁（［māk］/太阳快要下山的时候）、慔（［māk］/勉励或勉强自己或他人）

麼（［muai］/细小）＋（合口一等变合口三等，歌阳通转；转喻）＝芒（［mǐwaŋ］/一种像茅的草）、望（［mǐwaŋ］/向远处看）

麼（［muai］/细小）＋（合口一等变开口一等，歌阳通转；转喻）＝芒（［maŋ］/植物上像刺的部分）、覆（［maŋ］/勉励或勉强自己或他人）

麼（［muai］/细小）＋（合口一等变开口二等，歌阳通转；转喻）＝茵（［meaŋ］/贝母草）、虻（［meaŋ］/一种专门吸牛马等牲畜血的飞虫）、萌（［meaŋ］/植物初生的芽）

第8阶段

"无"类："麇""眔""敉""湄""楣""霉""酪""鹜""沐"

"鞪""綦"。

麛（［mǐai］/无）+（歌脂旁转；转喻）＝麛（［mǐei］/一种像鹿的动物）、罞（［mǐei］/一种网）、敉（［mǐei］/安抚）、湄（［mǐei］/水岸）、楣（［mǐei］/屋檐）、霉（［mǐei］/东西遇雨潮湿变黑）

无（［mǐwa］/没有）+（鱼侯旁转；转喻）＝帤（［mǐwɔ］/覆盖车衡的布）、鹜（［mǐwɔ］/家鸭）

莫₂（［mǎk］/无）+（铎屋旁转；转喻）＝沐（［mɔk］/洗头）、鞪（［mɔk］/包裹车轴的皮制品）、綦（［mɔk］/包裹曲辕的皮制品）

"小"类："薇""尾""瞂""鸍""彄""籄""眉""堳""耄""米""緜""蔝""眄"。

麼（［muai］/细小）+（合口一等变合口三等，歌微旁转；转喻）＝薇（［mǐwəi］/一种像小豆的蔬菜）、尾（［mǐwəi］/尾巴）

麼（［muai］/细小）+（合口一等变开口三等，歌微旁转；转喻）＝瞂（［mǐəi］/窥视）

麼（［muai］/细小）+（合口一等变开口三等，歌脂旁转；转喻）＝鸍（［mǐei］/一种像鸭子但比鸭子小的水鸟）、彄（［mǐei］/使弓弦松弛）、籄（［mǐei］/一种竹子）、眉（［mǐei］/人的眉毛）、堳（［mǐei］/坛外周围的短墙）、耄（［mǐei］/遗漏在地上的米）

麼（［muai］/细小）+（合口一等变开口四等，歌脂旁转；转喻）＝米（［mian］/小米）、緜（［mian］/画出细条纹）、蔝（［mian］/鸡肠草）

麼（［muai］/细小）+（开口三等变开口四等，歌脂旁转；转喻）＝眄（［miei］/在生病的状态下看东西）

第9阶段

"无"类："买""卖""洇""弭""荁""怋""觅""幂""幦""鼏""冖""甂""迷""眯""覛""谧""醯""崔""宓""密""否""戊""帽""冒""楣""贸""卯""侔""鳘""谬""睦""穆₂""芒""訬""庙""妙""荔""鍪""蛰"。

无（［mǐwa］/没有）+（合口三等变开口二等，鱼支旁转；转

喻）＝买（［me］/买东西）、卖（［me］/出售货物）

无（［mǐwa］/没有）＋（合口三等变开口三等，鱼支旁转；转喻）＝洝（［mǐe］/洗涤尸体）、弭（［mǐe］一种没有用丝线包裹并且没有涂漆的弓）、蒛（［mǐe］一种有毒的草）、㣆（［mǐe］/停止）

莫₂（［mǎk］/无）＋（开口一等变开口三等，铎锡旁转；转喻）＝觅（［mǐek］/寻找）、幂（［mǐek］/覆盖东西的织物）、幭（［mǐek］/覆盖车轼的布或皮）、鼏（［mǐek］/鼎盖）、冖（［mǐek］/盖东西的盖子）、䨲（［mǐek］/白虎）

靡（［mǐai］/无）＋（开口三等变开口四等，歌脂旁转；转喻）＝迷（［miei］/迷惑）、眯（［miei］/因异物入眼而闭上眼）

未₂（［mǐwət］/不、没有）＋（合口三等变开口四等，物质旁转；转喻）＝㧗（［miět］/隐蔽起来使对方看不见）

未₂（［mǐwət］/不、没有）＋（合口三等变开口三等，物质旁转；转喻）＝谧（［mǐět］/安静）、醊（［mǐět］/把酒全部喝完）、幭（［mǐět］/擦拭用的器具）、宓（［mǐět］/安宁）、蔤（［mǐět］/荷花的茎的下端埋在泥中的部分）、昒（［mǐět］/看不见）

无（［mǐwa］/没有）＋（合口三等变开口一等，鱼幽旁转；转喻）＝戊（［mu］/大斧）、帽（［mu］/帽子）、冒（［mu］/遮住眼睛向前走）、楣（［mu］/门枢上的横梁）、贸（［mu］/贸易）

无（［mǐwa］/没有）＋（合口三等变开口二等，鱼幽旁转；转喻）＝卯（［meu］/杀）

无（［mǐwa］/没有）＋（合口三等变开口三等，鱼幽旁转；转喻）＝侔（［mǐu］/齐等）、䵓（［mǐu］/大麦）

无（［mǐwa］/没有）＋（合口三等变开口四等，鱼幽旁转；转喻）＝谬（［miu］/没有事实根据的错误言论）

莫₂（［mǎk］/无）＋（开口一等变开口三等，铎幽旁转；转喻）＝睦（［mǐuk］/和睦）、穆₂（［mǐuk］/和谐）

无（［mǐwa］/没有）＋（合口三等变开口一等，鱼宵旁转；转喻）＝芼（［mo］/草长得旺盛把地面覆盖住了）

无（［mǐwa］/没有）＋（合口三等变开口三等，鱼宵旁转；转

喻）＝訬（［mǐo］/狡猾）、庙（［mǐo］/祭祀祖先的屋室）、妙（［mǐo］/埋藏在事实中的隐晦的道理）

　　无（［mǐwa］/没有）＋（合口三等变开口一等，鱼侯旁转；转喻）＝荔（［mɔ］/一种毒草）

　　无（［mǐwa］/没有）＋（合口三等变开口三等，鱼侯旁转；转喻）＝鍪（［mǐo］/一种像锅的金属容器）、堥（［cǐm］/一种像锅的土制容器）

　　"小"类："妹""昧"。

　　麼（［muai］/细小）＋（歌物旁对转；转喻）＝妹（［muət］/妹妹）、昧（［muət］/天将明未明之时）

　　第 10 阶段

　　"无"类："罠""民""泯""笢""愍""敃""冡""矇""醾""幪"。

　　靡（［mǐai］/无）＋（歌真旁对转；转喻）＝罠（［mǐen］/一种渔网）、民（［mǐen］/老百姓）、泯（［mǐen］/灭亡）、笢（［mǐen］/竹子的表皮）、愍（［mǐen］/内心悲痛）、敃（［mǐen］/勉励或勉强自己或他人）

　　莫₂（［mǎk］/无）＋（铎东旁对转；转喻）＝冡（［mɔŋ］/覆盖）、矇（［mɔŋ］/有瞳孔却失明）、醾（［mɔŋ］/表面长毛（菌丝）的酒曲）、幪（［mɔŋ］/覆盖物体的织物）

　　"小"类："眇₂""魅""鴟""阒""蚊""忞""惘""缗""瘠""敯""麳""旼"。

　　麼（［muai］/细小）＋（合口一等变开口二等，歌物旁对转；转喻）＝眇₂（［meət］/眯着眼睛向远方看）

　　麼（［muai］/细小）＋（合口一等变开口四等，歌物旁对转；转喻）＝魅（［miət］/一种鬼怪）

　　麼（［muai］/细小）＋（合口一等变合口三等，歌文旁对转；转喻）＝鴟（［mǐwən］/鹌鹑所生的小鹌鹑）、阒（［mǐwən］/低着眼睛看东西）、蚊（［mǐwən］/蚊子）

　　麼（［muai］/细小）＋（合口一等变开口三等，歌文旁对转；转

喻）＝忞（［mǐən］/勉励或勉强自己或他人）、㦖（［mǐən］/内心悲痛）

麼（［muai］/细小）＋（合口一等变开口三等，歌真旁对转；转喻）＝缗（［mǐen］/钓鱼线）、瘖（［mǐen］/病）、敃（［mǐen］/勉励或勉强自己或他人）

麼（［muai］/细小）＋（合口一等变开口四等，歌真旁对转；转喻）＝麪（［mien］/面粉）、眄（［mien］/斜视）

第 11 阶段

"无"类："名""冥""溟$_1$""螟""瞑""命""眠""丏""宩"。

无（［mǐwa］/没有）＋（合口三等变开口三等，鱼耕旁对转；转喻）＝名（［mǐeŋ］/自己称呼自己的名字）

无（［mǐwa］/没有）＋（合口三等变开口四等，鱼耕旁对转；转喻）＝冥（［mieŋ］/暗淡无光）、溟$_1$（［mieŋ］/海）、螟（［mieŋ］/一种专吃谷心的虫）、瞑（［mieŋ］/闭眼）、命（［mieŋ］/发布命令）

靡（［mǐai］/无）＋（开口三等变开口四等，歌真旁对转；转喻）＝眠（［mien］/睡着）、丏（［mien］/看不见）、宩（［mien］/完全吻合，毫无破绽）

"小"类："煤""腜""痗""萠"。

麼（［muai］/细小）＋（合口一等变开口四等，歌真旁对转；转喻）＝煤（［muə］/烟尘）、腜（［muə］/妇女怀孕最初的征兆）、痗（［muə］/病）

麼（［muai］/细小）＋（合口一等变开口四等，歌真旁对转；转喻）＝萠（［muəŋ］/初生的植物）

第 12 阶段

"小"类："亩""霾""萝""瞢""螺""嫖""缧""瞶""蝆""糸""麛""覭""脉""脈""艒""目""㲳""邈""䁾""娼""昴""矛""蟊""髳""眸""毛""髦""旄""氂""眊""覒""紝""媌""茅""苗""緢""眇""杪""秒""篎""㭌""懋""瞀""雾""侮""鍪""濛""驝""霿"。

　　麢（［muai］/细小）+（合口一等变开口一等，歌之旁通转；转喻）= 亩（［mə］/百步见方的田地）

　　麢（［muai］/细小）+（合口一等变开口二等，歌之旁通转；转喻）= 霾（［meə］/尘土悬浮在空中形成的像雾一样的灰蒙蒙的天气）

　　麢（［muai］/细小）+（合口一等变合口三等，歌蒸旁通转；转喻）= 夢（［mǐwəŋ］/光线暗淡不明亮）、瞢（［mǐwəŋ］/眼睛看东西看不清楚）

　　麢（［muai］/细小）+（合口一等变开口一等，歌职旁通转；转喻）= 蟔（［mǒk］/一种毛虫）、嫼（［mǒk］/因嫉妒而发怒）、纆（［mǒk］/由两股或三股绳拧成的一根绳）

　　麢（［muai］/细小）+（合口一等变开口一等，歌支旁通转；转喻）= 瞇（［me］/偷看）

　　麢（［muai］/细小）+（合口一等变开口三等，歌支旁通转；转喻）= 蛨（［mǐe］/一种生在谷类作物中的小黑虫）

　　麢（［muai］/细小）+（合口一等变开口三等，歌锡旁通转；转喻）= 糸（［mǐek］/细丝）

　　麢（［muai］/细小）+（合口一等变开口四等，歌支旁通转；转喻）= 麛（［mie］/鹿所生的小鹿）

　　麢（［muai］/细小）+（合口一等变开口四等，歌耕旁通转；转喻）= 覕（［mieŋ］/偷看）

　　麢（［muai］/细小）+（合口一等变开口二等，歌锡旁通转；转喻）= 脉（［mĕk］/人体中的筋脉）、眽（［mĕk］/斜着眼看）

　　麢（［muai］/细小）+（合口一等变开口一等，歌觉旁通转；转喻）= 艒（［mǔk］/小船）

　　麢（［muai］/细小）+（合口一等变开口三等，歌觉旁通转；转喻）= 目（［mǐuk］/人眼）、廖（［mǐuk］/细的纹路）

　　麢（［muai］/细小）+（合口一等变开口二等，歌宵旁通转；转喻）= 邈（［meǒk］/远）

　　麢（［muai］/细小）+（合口一等变开口一等，歌幽旁通转；转喻）= 瞀（［mu］/低头看）、媢（［mu］/男子嫉妒女子）

　　麢（［muai］/细小）+（合口一等变开口二等，歌幽旁通转；转

喻）＝昴（［meu］/天上的一种星宿）

麿（［muai］/细小）＋（合口一等变开口三等，歌幽旁通转；转喻）＝矛（［mǐu］/长矛）、蟊（［mǐu］/一种吃草根的虫子）、髳（［mǐu］/幼儿梳的一种发型）、眸（［mǐu］/瞳孔）

麿（［muai］/细小）＋（合口一等变开口一等，歌宵旁通转；转喻）＝毛（［mo］/人或动物的毛发）、髦（［mo］/人或动物的毛发中长的毛发）、旄（［mo］/用牦牛尾装饰的旗子）、氂（［mo］/牦牛尾）、眊（［mo］/眼睛没有精神）、覒（［mo］/选择）、絼（［mo］/有毛刺的织物）

麿（［muai］/细小）＋（合口一等变开口二等，歌宵旁通转；转喻）＝媌（［meo］/苗条）、茅（［meo］/一种纤细的草）

麿（［muai］/细小）＋（合口一等变开口三等，歌宵旁通转；转喻）＝苗（［mǐo］/初生的谷物）、緢（［mǐo］/牦牛尾上的细毛）、眇（［mǐo］/眼睛小）、杪（［mǐo］/树的顶端）、秒（［mǐo］/谷物的顶端）、篎（［mǐo］/小的管乐器）

麿（［muai］/细小）＋（合口一等变开口一等，歌侯旁通转；转喻）＝楸（［mɔ］/冬天成熟的桃子）、懋（［mɔ］/勉励或勉强自己或他人）、瞀（［mɔ］/低着头谨慎地看）

麿（［muai］/细小）＋（合口一等变合口三等，歌侯旁通转；转喻）＝雾（［mǐwɔ］/空气中的水蒸气遇冷结成的飘浮在空气中的小水珠）、侮（［mǐwɔ］/轻慢地对待）、䝉（［mǐwɔ］/生下六个月的小羊）

麿（［muai］/细小）＋（合口一等变开口一等，歌东旁通转；转喻）＝濛（［mɔŋ］/下小雨的样子）、騾（［mɔŋ］/驴子所生的小驴）、霿（［mɔŋ］/雾的一种）

从语义上看，最初产生的是与"无""小"二义相同的词，此时语义条件是同义；然后产生的是与"无""小"二义不同的词，此时语义条件是转喻。由于口型象征着"无""小"，所以与"无""小"二义相同的词自然出现得早，与"无""小"二义不同的词自然出现得晚，这是符合逻辑的。从语音上看，既然最初产生的六个词是"靡"

［mǐai］、"麽"［muai］、"无"［mǐwa］、"莫₂"［mǎk］、"未₂"［mǐwət］、"勿₂"［mǐwət］，那么根据离这六个音的远近，就可以判断其他衍生词先后产生的顺序。离得近的先产生，离得远的后产生，这也是符合逻辑的，顺序如下：同音>介音变化+叠韵>对转>介音变化+对转>通转>介音变化+通转>旁转>介音变化+旁转>旁对转>介音变化+旁对转>旁通转>介音变化+旁通转①。前面说过，词义基因和同源词有密切的联系，上述 315 个词之间互为同源词，只不过这些同源词有亲疏远近的区别②，而这些同源词的源头就是"靡""麽""无""莫₂""未₂""勿₂"③。换句话说，"靡""麽""无""莫₂""未₂""勿₂"就是这 315 个词中的根词。

在 315 个单音词的形成过程中，词义基因 {m} 一直贯穿着始终，因为既然其余 309 个单音词是在六个根词基础上产生的，而后者含有词义基因 {m}，那么前者就继承了后者中的词义基因 {m}。词义基因 {m} 固定不变也就意味着声母 [m] 固定不变，就是只变韵母和词义，因此 315 个单音词的衍生过程可以从另外一个角度看，就是以 [m] 为轴心充当声母，然后将不同的音素或音素组合 $[X_1]$、$[X_2]$ …… $[X_n]$ 按照时间先后依次附于其上充当韵母，结果就构成了众多的语音组合 $[mX_1]$、$[mX_2]$ …… $[mX_n]$。如上述第一阶段是：

{m}（[m]/无）+ [ǐai] = 靡（[mǐai]/无）

{m}（[m]/无）+ [ǐwa] = 无（[mǐwa]/没有）

{m}（[m]/无）+ [ǎk] = 莫₂（[mǎk]/无）

{m}（[m]/无）+ [ǐwət] = 未₂（[mǐwət]/不、没有）

---

① "＞"表示出现的时间早于。

② 离第一阶段越近，就越亲；离第一阶段越远，就越疏。

③ 王力（1982）对判断同源词提出了语义和语音标准。语音标准就是上面所说的对转、通转之类，语义标准是古训，包括互训（如《说文》："走，趋也。"又"趋，走也。"）、同训（如《说文》："扶，佐也。"又"辅，佐也。"）、通训（如《说文》："渔，捕鱼也。"）、声训（如《释名》："曲，局也。"）。上述标准比较严格，主要体现在同源词必须要出现在古训中。标准严格自然有其好处，即符合它的一定是同源词；缺点在于不符合它的未必就不是同源词，有相当多的同源词未必会出现在古训中。对某些特定的词判断其同源的语义标准可以放宽，比如这里的含有词义基因 {m} 的一批词虽然多不出现在古训中，但我们根据它们都具有词义基因 {m} 这一特性，仍然可以判断它们是同源词。

{m}（［m］/无）+［ĭwǝt］= 勿₂（［mĭwǝt］/不要、别，表示禁止）

{m}（［m］/小）+［uai］= 麼（［muai］/细小）

可以看作以［m］为轴心充当声母，然后将不同的音素组合［ĭai］、［ĭwa］、［ǎk］、［ĭwǝt］、［ĭwǝ̆t］、［uai］附于其上充当韵母，结果就构成了众多的语音组合［mĭai］、［mĭwa］、［mǎk］、［mĭwǝt］、［mĭwǝ̆t］、［muai］。

再如上述第二阶段是：

{m}（［m］/无）+［ĭwa］= 诬（［mĭwa］/说假话）、巫（［mĭwa］/向鬼神祈祷以办事的人）、毋（［mĭwa］/不要、别，表示禁止）、芜（［mĭwa］/荒芜）、武（［mĭwa］/征伐示威）、舞（［mĭwa］/舞蹈）、䍓（［mĭwa］/安装在窗户上的网状物）、怃（［mĭwa］/怅然失意的样子）、膴₁（［mĭwa］/无骨的腊肉）

{m}（［m］/无）+［ĭai］= 穈（［mĭai］/不黏的黍）

{m}（［m］/无）+［ǎk］= 漠（［mǎk］/沙漠）、嗼（［mǎk］/安静无声）、幕（［mǎk］/起遮蔽作用的布）、膜（［mak］/动物皮肉之间的薄膜）、墓（［māk］/平坦的埋葬死者的地方）

{m}（［m］/无）+［ĭwǝ̆t］= 刎（［mĭwǝ̆t］/离开）、䀛₁（［mĭwǝ̆t］/闭眼）

{m}（［m］/小）+［uai］= 髍（［muai］/偏瘫）、塺（［muai］/尘土）

可以看作以［m］为轴心充当声母，然后将不同的音素组合［ĭwa］、［ĭai］、［ǎk］、［ĭwǝ̆t］、［uai］附于其上充当韵母，结果就构成了众多的语音组合［mĭwa］、［mĭai］、［mǎk］、［mĭwǝ̆t］、［muai］。从第三阶段到第十二阶段依此类推，不再赘述。

这些语音组合形成了一条完整的历时发展脉络，相互之间可以相同，也可以不同。前面我们已经证明了［m］具有"无""小"二义，但［X_1］、［X_2］……［X_n］的确定意义是什么则很难说。如"罠""緡""瘼""民""泯""筕""愍""敯"等词，读音都是［mĭen］，意义却各不相同。"罠"指一种渔网，"緡"指钓鱼线，"瘼"指病，

“民”指老百姓，“泯”指灭亡，“篾”指竹子的表皮，“愍”指内心悲痛，“敃”指勉励或勉强自己或他人。［mǐen］中除了声母［m］表示确定的“无”“小”二义外，韵母［ǐen］表示的意义则是不确定的，因为上述八种词义虽然均与“无”“小”二义相关，但与“无”“小”二义的联系各不相同，无法通过删除［m］的方式来求得［ǐen］表示的固定意义。

再如“无”“诬”“巫”“毋”“芜”“璑”“武”“舞”“羃”“怃”“庑”“甒”“膴$_1$”等词，读音都是［mǐwa］，意义却各不相同。“无”指没有，“诬”指说假话，“巫”指向鬼神祈祷以办事的人，“毋”指不要、别，“芜”指荒芜，“璑”指质量低的玉，“武”指征伐示威，“舞”指舞蹈，“羃”指安装在窗户上的网状物，“怃”指怅然失意的样子，“庑”指大堂周围的小屋子，“甒”指一种小的瓦罐，“膴$_1$”指无骨的腊肉。［mǐwa］中除了声母［m］表示确定的“无”“小”二义外，韵母［ǐwa］表示的意义则是不确定的，同样是因为上述十三种词义虽然均与“无”“小”二义相关，但与“无”“小”二义的联系各不相同，无法通过删除［m］的方式来求得［ǐwa］表示的固定意义。剩下的若干组［mX］也可以作类似分析，这里不再赘述。既然韵母［X］的语义无法确定，那么这正雄辩地说明了［X］与其语义的结合是任意的、没有理据的。虽然［m］与其意义的结合是有理据的、非任意的，但［m］仅是一个音节中的一个音素，占次要地位；而［X］则多是一个音节中两个或两个以上的音素，占主要地位。所以在历时层面来观察315个上古汉语单音词的衍生过程，可以从另一个角度再次验证汉语起源弱任意观。

第三节　小结

所谓汉语起源弱任意观，指的是汉语根词的音义结合是相对任意的（占主要地位）、部分可论证的、部分具有理据性（占次要地位）。支持该观点的证据有两个：

其一，在《汉字古音手册》中448个以［m］为声母的上古汉语单音词中，有315个的词义都与“无”“小”二义相同或相关，比例高达

70.31%，有着很明显的必然性，绝非偶然。因此，可以说这 315 个单音词中确实包含着词义基因 {m}。词义基因 {m} 的语音就是 [m]，意义就是表示"无"或"小"。就上述 315 个词（两个根词，313 个衍生词）而言，每个词的形成都与发 [m] 音时的口型有关联，这表明口型说在汉语起源问题上确有其合理性。又因为 [m] 所在的词有少数在 [m] 和词义之间未发现有自然属性上的必然联系，且本书只探讨了词义基因 {m}，未涉及其他词义基因，所以认为约定俗成说与口型说均有其合理性，且前者为主后者为辅。

其二，315 个单音词都可以写成 [mX] 的形式，其中声母 [m] 的语义可以确定，但韵母 [X] 的语义无法确定，且 [m] 仅是一个音节中的一个音素，占次要地位；而 [X] 则多是一个音节中两个或两个以上的音素，占主要地位。

汉语起源弱任意观既不同于对索绪尔的观点持完全肯定的态度，也不同于对索绪尔的观点持完全否定的态度，可能更加接近于石安石的那种对索绪尔的观点持肯定态度，但有所补充的看法。但石安石的这种看法缺乏充分的论证，带有一定程度的猜测性，并且也没有谈到语言符号的任意性和可论证性谁主谁次。也就是说，汉语起源弱任意观并非是对约定俗成说的否定，只是对它的一种补充。在汉语的语言符号产生之初，任意性与理据性并存，且前者大于后者；随着语音和词义的演变，理据性变得越来越不明显，任意性变得越来越明显，以至于到了现在，从共时角度看，在绝大多数情况下，音义之间的关系找不到什么理据性，只有任意性。汉语如此，世界上的其他语言亦如此。因此，如今不管是在汉语界还是外语界，主流观点支持的是约定俗成说。

第六章 结论

　　全书一共考察了315个上古汉语单音词，分别是"麻""氅""瘭"
"骂""袜""模""谟""摹""膜""髍""麼""墨""默""蟹"
"繲""嘿""嬷""莫₂""漠""瘼""嘆""缦""貉""脉""眽"
"没""殁""颡""旻""圽""末""旹""糠""眛""沫""觅"
"灭""蔑""懱""薯""篾""幭""莫""麛""麋""卷""鼺"
"罙""瞿""迷""睨""糜""縻""爢""糜""糜""糜""攦"
"篗""洣""弭""葞""蜌""悯""敉""米""眯""絖""苿"
"靡""嬷""觅""幂""帟""糸""鼏""冖""鼎""谧""醯"
"谧""宓""蔤""否""沕""诬""巫""无""毋""芜""璑"
"侮""武""舞""翼""忤""庑""甒""膴₁""戊""雾""鍪"
"堥""鳌""勿₂""刎""吻₁""亩""莽""脂""目""睦""穆₂"
"廖""沐""鞪""綮""幕""慕""墓""慎""莫₁""埋""霾"
"瞒""买""麦""卖""劢""讀""媒""煤""腜""腜""禖"
"罟""鍪""眉""湄""楣""霉""湄""麈""痗""籣""吻₂"
"靺""魅""寐""妹""昧""袂""微₂""薇""疄""尾""娓"
"未₂""猫""茅""矛""蝥""鬏""毛""髦""芼""旄""氂"
"卯""昴""帽""冒""瞄""媚""楣""贸""眊""睨""絻"
"楸""懋""瞀""蓩""苗""绐""眇""訬""秒""秒""筱"
"邈""庙""妙""谋""眸""侔""犨""鍪""堥""某₂""谬"
"蛮""瞒""邉""樠₁""蘬""鞔""横""鳗""芇""悗""趱"
"缦""幔""慢""嫚""蔓""眠""绵""鹛""宀""楣""瞇"
"雺""丏""眄""婏₁""勉""俛""冕""缅""湎""麬""宆"
"晚""婏₂""妥""万₁""蝹""購""輓""樠₂""门""顝""菛"

"悗₂""闷""殙₁""懑""罠""缗""瘤""民""旻""闽""忞"
"皿""泯""筼""愍""敃""悯""简""闻₁""蚊""鸡""阒"
"吻""刎""问""璺""闻₂""文₂""盲""芒""蘤""帆""盲"
"亡""莣""网""辋""調""妄""忘""望""懡""甍""夢"
"瞢""夢""冢""濛""曚""酿""幪""霿""骡""茵""黽"
"虻""萌""怋""盯""盟""懵""瘼""名""冥""溟₁""蟆"
"瞑""觊""罶""命"。

　　结果发现，这些单音词的本义虽然繁复，但可以归为两类：一是
"无"类，共 177 词；二是"小"类，共 138 词。另一方面，上述单音
词的语音可归纳为 71 种，即 [muai]、[mǐai]、[mǐwa]、[mǎ（a∕
ū）k]、[mǐwə（ǎ）t]、[meai]、[mea]、[mua]、[meǎk]、[meət]、
[mlət]、[mu ə（ǎ）t]、[mǐət]、[mǐǎ（ā）t]、[muan]、[mǐan]、
[muǎt]、[mǐwaŋ]、[maŋ]、[mǐwən]、[mǐwəi]、[mean]、[mǐwan]、
[mǐwǎt]、[miǎt]、[moāt]、[mian]、[miaŋ]、[meaŋ]、[muən]、
[mǐən]、[mǐəi]、[mǐwə]、[mǐwam]、[mǐwəŋ]、[mǎk]、[meǎk]、
[meə]、[muə]、[mə]、[məŋ]、[meəŋ]、[muəŋ]、[mǐei]、[měk]、
[mɔ̌k]、[mǔk]、[mǐwɔ]、[miět]、[miei]、[mie]、[mǐe]、[mǐek]、
[mǐět]、[mǐǔk]、[meǒk]、[mu]、[me]、[meo]、[mǐu]、[mo]、
[meu]、[mɔ]、[mǐo]、[mǐɔ]、[miu]、[mǐen]、[mɔŋ]、[mǐeŋ]、
[mieŋ]、[mien]。在这些音节中，[m] 均是充当声母，与这些音节承
载的"无""小"二义有必然联系：发 [m] 音时双唇闭合，没有缝
隙，象征着"无"，而"小"与"无"语义相近，所以也可象征着
"小"。充当声母的 [m] 所在的词的意义可与"无"义相同或相关，
也可与"小"义相同或相关。值得注意的是，上述 315 个单音词选自
《汉字古音手册》中 448 个以 [m] 为声母的单音词，占 70.31%。综
上所述，词义基因 {m} 确实是存在的。所谓词义基因，指的是存在于
单音词语音内部的可以表示与该单音词词义有关联的意义的音素，因此
词义基因 {m} 的语音就是 [m]，意义就是表示"无"或"小"。证
实词义基因 {m} 的存在等于给口型说添加了有力的证据，体现了口型
说的合理性。

由上可见，在汉语起源这个问题上，口型说的合理性具体体现在根词的语音和意义之间有一定程度的自然属性上的必然联系。之所以说是一定程度，是因为［m］所在的词有少数在［m］和词义之间未发现有自然属性上的必然联系，且本书只探讨了词义基因｛m｝，涉及的根词只有六个，即使算上由之衍生出的词也只有315个，仍占上古汉语单音词的少数，未涉及其他词义基因，是否存在像｛m｝这样的词义基因，还有待全面深入的研究。因此，约定俗成说仍然是成立的，把约定俗成说和口型说结合起来，认为在汉语起源这个问题上，承认约定俗成说与口型说均有其合理性且前者为主后者为辅相是符合客观事实的。由于持强任意观的约定俗成说坚持汉语根词的音义结合是绝对任意的、不可论证的、不具有理据性，而我们则引入了口型说，坚持约定俗成说为主口型说为辅，削弱了汉语根词的音义结合是绝对任意的看法，认为汉语根词的音义结合是相对任意的、部分可论证的、部分具有理据性，这种观点可叫作汉语起源弱任意观。

弄清上古汉语单音词的衍生过程，可以为汉语起源弱任意观补充证据。最早出现的是"麼""靡""无""莫$_2$""未$_2$""勿$_2$"，接着在这六个单音词的基础上通过各种条件分11阶段先后产生了其余309个单音词。造成这种先后顺序的自然是不同的语音和语义条件，规律如下：从语义上看，最初产生的是与"无""小"二义相同的词，然后产生的是与"无""小"二义不同的词。由于口型象征着"无""小"，所以与"无""小"二义相同的词自然出现得早，与"无""小"二义不同的词自然出现得晚。从语音上看，以"靡"［mǐai］、"麼"［muai］、"无"［mǐwa］、"莫$_2$"［mǎk］、"未$_2$"［mǐwət］、"勿$_2$"［mǐwǎt］这最初产生的六个音为标准，其他的音离它们近的先产生，离它们远的后产生，顺序如下：同音>介音变化+叠韵>对转>介音变化+对转>通转>介音变化+通转>旁转>介音变化+旁转>旁对转>介音变化+旁对转>旁通转>介音变化+旁通转。

换个角度来看，315个单音词的形成过程就是以［m］为轴心充当声母，然后将不同的音素或音素组合［X$_1$］、［X$_2$］……［X$_n$］按照时间先后依次附于其上充当韵母，结果就构成了众多的语音组合［mX$_1$］、［mX$_2$］……［mX$_n$］。这些语音组合形成了一条完整的历时发展脉络，相互之间可以相同，也可以不同。虽然［m］具有"无""小"二义，但［X₁］、［X₂］……［Xₙ］的确定意义是什么则很难说。既然韵母［X］的语义无法确定，那么这正雄辩地说明了［X］与其语义的结合是任意的、没有理据的。虽然［m］与其意义的结合是有理据的、非任意的，但［m］仅是一个音节中的一个音素，占次要地位；而［X］则多是一个音节中两个或两个以上的音素，占主要地位。

全书提出汉语起源弱任意观的目的在于给出解释汉语起源的一种新视角，使人们重视规定性（即可论证性）在汉语起源中的作用。其实，不只是对汉语，对包括汉语在内的世界上所有语言，我们都应该思考规定性和任意性的关系以及二者所占的比重，不应该忽视了前者而只关注后者，甚至对后者持绝对肯定的态度。[①] 在规定性的语言起源观中，有可取之处的也并非仅有口型说，还包括摹声说，即模拟声音表示意义。一般认为，拟声词和叹词都是采用模拟声音来表示意义的；名词偶尔也会用这种方法，如汉语"鸡""鸭""鹅"之类，但数量少，不具备系统性。拟声词和叹词是被索绪尔（1980）排除的，理由是零碎、不具备系统性、不是一种语言的真正构成成分。但实际上，某些语言中相当数量的、成系统的副词的来源，是可以用摹声说来解释的。列维·布留尔（1981）引用魏斯脱曼的说法，指出在非洲的埃维语（Ewe）中，往往有一系列的描摹性副词只适用于某一个动词并且只能与这个动词连用，而这些描摹性副词正是来源于对声音的模仿。下面是该书 158—159 页举的一个例子：

Zobáfo bafo——小个子人的步态，走时四肢剧烈摇动。

Zobéhe behe——像身体虚弱的人那样拖拉着腿走。

Zobia bia——向前甩腿的长腿人的步态。

Zoboho boho——步履艰难的胖子的步态。

Zobúla bula——茫然若失地往前行，眼前的什么也不看。

Zo dzé dze——刚毅而坚定的步伐。

Zo dabo dabo——踌躇的、衰弱的、摇晃的步伐。

---

① 请注意，我们并不否定任意性，甚至承认任意性在语言起源过程中占主导作用，我们只是请人们重视规定性在语言起源过程中也起了一定作用，有其自身价值。

Zo gõe gõe——摇着脑袋摆着屁股地走。

Zo gowu gowu——稍微有点儿瘸，头向前歪着走。

Zo hloyi hloyi——穿着宽大摇曳的衣服或带着许多东西走。

Zo ka kà——不多余地动身子，傲然直前地走。

Zo kodzo kodzo——头稍歪着的高个子人或动物的步伐。

Zo kondobre kondobre——与上一种步伐同，但衰弱迟钝。

Zo kondzra kondzra——挺着肚子，大踏步地走。

Zo kpádi kpadi——胳膊肘贴着胁走。

Zo kpō kpō——宁静地悠闲地走。

Zo kpúdu kpudu——小个子人的小快步。

Zo kundo kundo——意思与 kondobre kondobre 相同，但没有任何贬义。

Zolûmo lûmo——鼠、大老鼠一类的小动物的急速步态。

Zomõe mõe——与 gõe gõe 一样。

Zopla pla——小步子走。

Zosî sî——走起来摇摇晃晃的小个子人的轻快步伐。

Zotaka taka——漫不经心地轻率地走。

Zotyatyra tyatyra——急速的但僵直的步伐。

Zotyende tyende——摆着肚子走。

Zotya tya——迅速地走。

Zotyádi tyadi——一瘸一瘸地走或者拖着脚步。

Zotyô tyô——个子极高的人歪着头的坚定的步伐。

Zowúdo wudo——宁静的步伐（有褒的意思），尤指妇女。

Zoẁla ẃla——急速、轻快、顺畅的步态。

Zoẁui wui——急速的、敏捷的步伐。

Zoẁ̃eẁ̃e——僵直地向前移动的肥胖人的步伐。

Zoẃiata ẃiata——以坚定有力的步伐向前迈进；特别指腿长的人而言。

Zo 是"走"的意思，后面的成分就是相应的描摹性副词。上面这些只是举例性质的，并不能将所有描写步态的副词全部涵盖。魏斯脱曼还特别强调，该语言中的许多动词，特别是那些描写通过感觉器官传达印象的动词，如表示跑、爬、游泳、骑乘、坐车等意义的动词，都拥有一整套上面这样的副词。根据以上论述可知，埃维语中的描摹性副词肯定可以算得上这种语言中的重要的组成成分，不仅数量多，还具备系统性。这对于我们认识到规定性在语言起源中的价值是很有帮助的，因而有必要加以重视。

参考文献

专著

陈澧:《东塾读书记》,光绪十二年,镕经铸史斋刊本,1886年。

陈澧:《东塾读书记》,上海古籍出版社2012年版。

段玉裁:《说文解字注》,上海古籍出版社1988年版。

[瑞士] 费尔迪南·德·索绪尔:《普通语言学教程》,高名凯译,商务印书馆1980年版。

郭锡良:《汉字古音手册》(增订本),商务印书馆2010年版。

胡继明:《〈广雅疏证〉同源词研究》,巴蜀书社2003年版。

蒋善国:《汉字的组成与性质》,文字改革出版社1960年版。

黎锦熙:《新著国语文法》,商务印书馆1924年版。

[法] 列维·布留尔:《原始思维》,丁由译,商务印书馆1981年版。

刘复:《中国文法通论》,中华书局1920年版。

刘钧杰:《同源字典补》,商务印书馆1999年版。

刘钧杰:《同源字典再补》,语文出版社1999年版。

石安石:《语义研究》,语文出版社1994年版。

汤炳正:《语言之起源》(增补本),三晋出版社2015年版。

王浩:《郑玄〈三礼注〉〈毛诗笺〉同源词研究》,商务印书馆2017年版。

王力:《汉语史稿》,中华书局2004年版。

王力:《同源字典》,商务印书馆1982年版。

王宁:《训诂学原理》,中国国际广播出版社1996年版。

许慎:《说文解字(附音序、笔画检字)》,中华书局2013年版。

姚孝遂、肖丁：《殷墟甲骨刻辞类纂》，中华书局 1989 年版。

殷寄明：《汉语同源字词丛考》，东方出版中心 2007 年版。

于省吾：《甲骨文字诂林》，中华书局 1996 年版。

章士钊：《中等国文典》，商务印书馆 1907 年版。

中华书局编辑部：《康熙字典》（检索本），中华书局 2010 年版。

朱文俊：《人类语言学论题研究》，北京语言文化大学出版社 2000
年版。

宗福邦、陈世铙、萧海波：《故训汇纂》，商务印书馆 2003 年版。

Darmesteter，A. 1887. *La vie des Mots Étudiée dans Leurs Significations*
［M］. Paris：Delagrave.

Erdmann，K. O. 1900. *Die Bedeutung des Wortes. Aufsätze aus dem Grenzgebiet der Sprachpsychologie und Logik* ［M］. Leipzig：Haessel.

Gonçalves，J. A. 1829. *Arte China，Constante de Alphabeto e Grammática，Compreendendo Modelos das Diferentes Composições //* 《汉字文法》［M］. Macao：Réal Collegio de San José.

Mate Kapović 2017 *The Indo-European Languages* （Second edition），
Routledge.

Paget，R. 1930. *Human Speech，Some Observations，Experiments，and Conclusions as to the Nature，Origin，Purpose and Possible Improvement of Human Speech* ［M］. London：Routledge and Kegan Paul Ltd.

Steinthal，H. 1860. *Charakteristik der Hauptsächlichsten Typen des Sprachbaus* ［M］. Berlin：Dümmler.

Whitney，W. D. 1875. *The Life and Growth of Language：An Outline of Linguistic Science* ［M］. New York：Appleton；London：King.

论文

岑运强、李海荣：《20 世纪 80 年代以来国内索绪尔语言符号任意
性研究评介》，《忻州师范学院学报》2005 年第 6 期。

侯广旭：《基于语音学与语义学视角的汉英音义象似性研究》，《南
京审计学院学报》2012 年第 3 期。

李葆嘉：《论索绪尔符号任意性原则的失误与复归》，《语言文字应

用》1994 年第 3 期。

李葆嘉：《论语言符号的可论证性、论证模式及其价值》，《江苏教育学院学报》1994 年第 2 期。

李葆嘉：《试论语言的发生学研究》，《南京师大学报》1994 年第 1 期。

李葆嘉：《先秦名论：认知—思辨论和伦理—权术论》，《南京师范大学文学院学报》2010 年第 2 期；人大报刊复印资料《语言文字学》2010 年第 11 期转载。

李葆嘉：《荀子的王者制名论与约定俗成说》，《徐州师范学院学报》1986 年第 4 期。

李孝定：《中国文字的原始与演变》（上篇），《中研院历史语言研究所集刊》第 45 本二分册，1974 年。

梁启超：《从发音上研究中国文字之源》，《饮冰室合集》之三十六，中华书局 1936 年版。

吕叔湘：《语文常谈之四·谈字、词、句》，《文字改革》1964 年第 5—6 期连载。

马清华：《论语源关系的系统分析方法——以太阳概念词"日"的语源分析为例》，《江苏大学学报》（社会科学版）2012 年第 5 期。

饶宗颐：《尼卢致论（Nirukta）与刘熙的〈释名〉》，《中国语言学报》1984 年第 2 期，商务印书馆。

苏瑞：《隐性义素》，《古汉语研究》1995 年第 3 期。

孙玉文：《试论跟明母谐声的晓母字的语音演变（二）》，《湖北大学学报》（哲学社会科学版）2006 年第 5 期。

孙玉文：《试论跟明母谐声的晓母字的语音演变（一）》，《古汉语研究》2005 年第 1 期。

索振羽：《索绪尔的语言符号任意性原则是正确的》，《语言文字应用》1995 年第 2 期。

王灿龙：《现代汉语句法语义研究 70 年》，刘丹青主编《新中国语言文字研究 70 年》，中国社会科学出版社 2019 年版。

王士元、柯津云：《语言的起源及建模仿真初探》，《中国语文》2001 年第 3 期。

王寅:《"名/实"与"能指/所指"对应的思考》,《外语与外语教学》2006 年第 6 期。

王蕴智:《同源字同源词说辨》,《古汉语研究》1993 年第 2 期。

徐通锵:《语言论——语义型语言的结构原理和研究方法》,东北师范大学出版社 1997 年版。

姚小平:《论语言的起源》,《语文建设》1987 年第 2 期。

叶斌、徐晓韵:《〈尔雅·释草〉失读一例》,《杭州师范大学学报》(社会科学版) 2015 年第 2 期。

赵维森:《象声表意——汉语生成的基本法则》,香港《人文》2001 年第 94 期。

赵元任:《汉语词的概念及其结构和节奏》,台湾大学《考古人类学学刊》1975 年第 37—38 期合刊。王洪君译,叶蜚声校,收入吴宗济、赵新那编《赵元任语言学论文集》,商务印书馆 2002 年版。

郑海:《原始舞蹈初探》,《云南社会科学》1986 年第 1 期。

郑振峰、李冬鸽:《关于同源词的判定问题》,《语文研究》2005 年第 1 期。

Bréal, M. 1863. Hercules et Cacus, Études de Mythologie Comparée [J]. *Mélanges de Mythologie et de Linguistique*. Paris: Hachette. 1877. pp. 1–162.

后　记

本书是我的第二本专著，和我的第一本专著《近代汉语因果句研究》相比，在内容上差距颇大——第一本写的是汉语复句，本书写的则是汉语起源问题。语言起源是一个相当复杂的论题，涉及语言学、心理学、分子生物学等多门学科，迄今为止假说很多，但没有一个统一的结论。相关的论文较多，国外国内都有，但专著较少，且多是国外的。所以以此为研究对象，显然有一定的困难。我最终还是选择了这个题目，主要原因就是对主流看法有不同见解。我在做学生的时候，在课堂上接受的就是索绪尔提出的约定俗成说；现在我给学生上课，传授给学生的也是索绪尔提出的约定俗成说。该说我曾深信不疑，但随着时间推移和阅历增长，也逐渐有了不同看法，于是就想把它付诸文字，也算是一种个人观点吧。

语言起源涉及的问题很多，如对前语言阶段的探索，有美国语言学家迈克尔·托马塞洛的《人类沟通的起源》；对人类如何将声音与意义联系在一起，有王士元教授的《语言的起源及建模仿真初探》。声音与意义间是否有必然联系只是诸多问题中的一个，但可能是最受人重视的一个，从古到今争论不休，虽未有定论，但现在主流观点认可语言符号的任意性原则。本书绝非否定语言符号的任意性原则，只是从一个侧面对它有所补充。当然，究竟补充得正确与否，只能是见仁见智了。

本书的创新简而言之就是从词义基因的角度入手，论证口型说的合理性，进而阐明汉语起源弱任意观，但意义则主要在于提供有一定价值的参考。这并非作者谦虚，而是切实感受到了较大的压力，主要是因为从实证角度研究汉语任意性和规定性关系的成果实在太少，印象中好像只有汤炳正教授的论文集《语言之起源》中有过只言片语的论述。所以在写此书时可供借鉴的地方并不多，我也只能尽量秉持系统观、历史观和辩证观，大胆地假设，小心地求证，以达到既定的研究目标。综上所述，囿于个人学识，书中论述只能力求言之成理，持之有据，舛误之处肯定不少，敬请广大读者批评指正。

能加入马清华教授的研究团队，本人深感荣幸，本书即为马清华教授主持的教育部人文社会科学研究规划基金项目"现代汉语语法复杂性计量研究"（18YJA740033）的中期成果。本书还得到了南昌师范学院博士科研启动基金项目（NSBSJJ2015031）的资助，且承蒙李葆嘉教授为本书作序，在此一并表示感谢。

李为政

辛丑年季夏